Claire Scobie, geboren 1972, wuchs in England auf und studierte Geschichte in Cambridge. Als Reporterin für die Zeitschrift *Telegraph Magazine* gewann sie unter anderem einen Preis als Nachwuchsjournalist des Jahres. Neben ihren zahlreichen Reisen nach Tibet schrieb sie über Indien, Nepal und China. Seit 2002 lebt sie als freie Journalistin in Australien, wo sie für *Sunday Times Magazine*, *Sydney Morning Herald* und *Bulletin* arbeitet. *Wiedersehen in Lhasa* ist ihr erstes Buch.

www.clairescobie.com
www.frederking-thaler.de

Bibliografische Information der Deutschen Nationalbibliothek
Die Deutsche Nationalbibliothek verzeichnet diese Publikation in der
Deutschen Nationalbibliografie; detaillierte bibliografische Daten
sind im Internet über http://dnb.d-nb.de abrufbar.

NATIONAL GEOGRAPHIC ADVENTURE PRESS
Reisen · Menschen · Abenteuer
Die Taschenbuch-Reihe von
National Geographic und Frederking & Thaler

1. Auflage August 2008, erstmals im Taschenbuch
© 2007 Frederking & Thaler Verlag GmbH, München
© Claire Scobie 2006
Titel der Originalausgabe: *Last seen in Lhasa*
erschienen bei Rider & Co/Random House, GB
Alle Rechte vorbehalten

Aus dem Englischen von Henriette Zeltner, München
Text und Fotos: Claire Scobie
Lektorat: Gudrun Honke, Bochum
Kartografie: Anneli Nau, München
Umschlaggestaltung: Dorkenwald Grafik-Design, München
Herstellung: Büro Sieveking, München
Druck und Bindung: Graspo CZ, Zlìn
Printed in the Czech Republic

ISBN 978-3-89405-853-1
www.frederking-thaler.de

Das Papier wurde aus chlorfrei gebleichtem Zellstoff hergestellt.

CLAIRE SCOBIE

WIEDERSEHEN IN LHASA

Die Geschichte einer außergewöhnlichen Freundschaft zweier Frauen

Aus dem Englischen
von Henriette Zeltner

*Für meine Eltern, die mich
mit ihren Reisen zu meiner
eigenen inspiriert haben*

Inhalt

1   Der Pass der spitzen Steine 9
2   Die Suche nach der roten Lilie 13
3   Monsun in Kathmandu 37
4   Erste Begegnung mit Ani 44
5   In den versteckten Tälern 58
6   Das Wesen der Blumen 81
7   Unter Arrest 97
8   Liebe in Lhasa 108
9   Leben im Exil 134
10 Aufstand in Lhasa 155
11 Die Höhle bei den Himmelsbestattungen 169
12 Auf dem Weg zum Nonnenkloster 179
13 Reise zum heiligen Berg 197
14 Auf den Spuren eines Mystikers 208
15 Treiben wie ein Wolkenwanderer 225
16 Eine vergehende Kultur 240
17 Ani gefunden! 250
18 Das Volkskrankenhaus 272
19 Mit neuen Augen sehen 276

Anmerkungen 287
Weiterführende Literatur 292
Dank 296

Jeder Freund repräsentiert eine Welt in uns. Eine Welt, die bis zu seinem Erscheinen ungeboren ist. Und erst durch diese Begegnung wird eine neue Welt geboren.

ANAÏS NIN

Wir schotten uns gegen das Paradies ab, um das vernünftige Leben zu leben, und finden dann Wege, diesem zu entfliehen, wenn es zu weltlich wird ...Wir fürchten Ekstase, weil sie zu anspruchsvoll ist, zu viel Disziplin fordert, zu viel Hingabe. Gelegentlich kommen wir damit in Berührung – durch Meditation, Tanz, Feste und Rituale, dann fangen wir Feuer und werden wirklich lebendig. Danach kehren wir in die solide Welt zurück und sterben erneut.

THEOLYN CORTENS

Not all those who wander are lost.

J.R.R. TOLKIEN

I

Der Pass der spitzen Steine

Ich weiß gar nicht, bei welcher Gelegenheit ich Ani so kennengelernt habe, wie ich sie heute kenne. Ich weiß zwar, wie ich sie zum ersten Mal traf. Ich weiß, wie alt sie ist und dass sie mit 22 von zu Hause weglief und in ein Kloster eintrat. Ich weiß, dass sie das fünfte von neun Kindern ist und in einem großen schwarzen Zelt aus gesponnenem Yakhaar aufwuchs. Ich weiß, wie wohl ich mich fühle, wenn ich bei ihr bin. Auf die Frage, warum wir einander begegneten, muss ich die Antwort allerdings erst noch finden. Manche würden es vielleicht Schicksal nennen, andere es als reinen Zufall abtun.

Meine nachhaltigste Erinnerung an Ani ist mit der Überquerung eines Gebirgspasses im Südosten Tibets verbunden. Mit ihrem knorrigen Stock in der Hand war Ani mir meist einen Schritt voraus. Die Ärmel ihrer dunkelrosa Bluse bauschten sich. Der Strohhut war von den Regengüssen der Monsunzeit durchweicht. Sie führte mich sicher den Pfad entlang und verlangsamte ihr Tempo nur, wenn der Weg sich in Serpentinen bergauf schlängelte. Je höher wir stiegen, desto rauer wurde die Landschaft, desto dünner die Luft. Ich rang nach Atem, meine Lungen verkrampften sich bei jedem Schritt. Ani wurde schwindelig, und so hielten wir uns fest an den Händen, um nicht vom Weg abzukommen. In jenem Moment vermochte uns nichts vom Geist des Seins zu trennen.

Die Landschaft erinnerte an eine belebte Version von Stonehenge, mit flechtenüberzogenen riesigen Felsblöcken. In der Ferne war ein Gletscher zu sehen, der mit seiner schmutzig-blauen Schnauze ins Tal zeigte. Neben einem Fluss glitzerte eine Skulptur aus polierten bernsteinfarbenen Steinen unter zermahlenem Gletschereis. Ein Maultier war dort bis zu den Knien versunken und gestorben. Als wir uns durch knirschenden Schnee der Passhöhe näherten, pflückte ich noch dottergelbe Primeln und leuchtend blauen Klatschmohn – als Geste der Dankbarkeit für unseren wohlbehaltenen Aufstieg. Seite an Seite fielen Ani und ich in Gleichschritt. Ihr machten die Knie Probleme, weil sie an Arthritis litt. Ich konnte meine vor Kälte tauben Beine kaum noch spüren.

Schließlich kam der »Pass der spitzen Steine« in Sichtweite, erkennbar an den ausgeblichenen Gebetsfahnen. Das Wrack eines Militärhubschraubers lag zwischen weiteren Maultierskeletten. Die einheimischen Träger waren neben ihren mit Gepäck vollgeladenen Bambuskörben niedergesunken. Steinhügel und grau gewordene *khata* – zeremonielle Schals – sollten die launischen Berggötter besänftigen; dazwischen legte ich meinen Blumenstrauß. Aufgrund der Höhe, immerhin 4 120 Meter, drehte sich in meinem Kopf alles. Gesenkten Hauptes band Ani einen *khata* um den windgepeitschten Altar, während sie ein kurzes Gebet sprach. Da der Wind uns derart beutelte, dass wir uns kaum auf den Beinen halten konnten, gönnten wir uns nur eine kurze Atempause und stolperten dann auf der anderen Seite des Berges wieder hinunter.

Dieses Bild hat sich in mein Gedächtnis eingebrannt: die körperliche Erschöpfung nach der Klettertour durch eine von der modernen Welt kaum berührte Wildnis, die Kameradschaft zwischen uns beiden und die Gewissheit, dass ich es ohne Ani an meiner Seite wohl kaum geschafft hätte.

Wir befanden uns in Pemako, in einer auf dem öden tibetanischen Plateau einzigartigen Region. An einem der unwirtlichsten und quasi unbekannten Flecken dieses Planeten, dessen Geschichte sich im Dickicht von Mythen und Brauchtum verliert. Pemako, nur zu Fuß erreichbar, schmiegt sich zwischen Tibet und dem Nordosten Indiens zwischen die Himalajaberge. Das vielschichtige Öko-system reicht von Schneefeldern über immergrüne Wälder bis hin zu subtropischem Regenwald und bietet Bären, Schneeleoparden, langschwänzigen Affen und Bengaltigern eine Heimat. Winzige blaue Fliegenschnäpper schießen durch die Luft, Nektarvögel schweben über flammend bunten Orchideen.

1992 erteilten die chinesischen Behörden einer westlichen Grup-pe eine Besuchserlaubnis – die erste nach mehr als 50 Jahren. Sie-ben Jahre später wurde der Zugang zu den Tälern wieder verwehrt, und seitdem gibt es keinerlei Anzeichen für ihre erneute Öffnung. Soweit ich weiß, bin ich die einzige Engländerin, die bislang einen Fuß nach Pemako gesetzt hat, ins »Gelobte Land der tibetischen Prophezeiung, ... verborgen hinter in Nebel verhüllten Grenzen, wo Normalsterbliche niemals hingelangen«.[1]

Als ich zum ersten Mal in die Berge an der Grenze von Pemako kam, war ich auf der Suche nach einer seltenen roten Lilienart. Da-mals konnte ich noch nicht ahnen, wie eng diese Blume mein Schicksal mit dem einer elf Jahre älteren Frau verknüpfen würde, die noch dazu ein Leben führte, das sich grundlegend von allem unter-schied, was ich kannte oder auch nur für möglich gehalten hätte. Ani verbringt ihre Tage auf Pilgerschaft, wandert von einem heiligen Ort zum nächsten und widmet ihr Leben ausschließlich einem hö-heren Zweck. Was mein Leben ausmacht, besitzt dagegen für Ani keinerlei Bedeutung. Wir sprechen weder dieselbe Sprache noch ha-ben wir den gleichen Hintergrund, die gleiche Lebenserfahrung oder den gleichen Glauben. Mir wurde rasch klar, dass ich mir eine neue Form der Wahrnehmung zulegen musste, wenn ich sie verste-hen wollte. Zu diesem Zweck versuchte ich zu definieren, wer Ani überhaupt ist: von Geburt an Nomadin, ihrer Natur nach Wanderin, zur Pilgerin erzogen und aus freien Stücken Nonne. Ich bin gern un-ter Menschen; Ani sucht die Einsamkeit. Ich bin eine Intellektuelle und denke in Worten; Ani ist Mystikerin, sie ruht in den Räumen zwischen den Worten. Ich halte Kälte nicht aus. Ani bewohnt das kälteste Haus, das man sich nur vorstellen kann, und schläft, wenn es sein muss, auf einer Plastikfolie im Schnee, nur von einem Schaffell gewärmt. Sie besitzt kein Geld und isst dreimal täglich *tsampa* – das immergleiche ungenießbare Mahl aus geröstetem Gerstenmehl, mit Butter und Tee vermischt.

Dennoch ist, so unwahrscheinlich das zunächst auch schien, im Laufe der Jahre und meiner zahlreichen Tibetreisen unsere Freundschaft gekeimt. Nachdem mir immer klarer wurde, was mit dem Volk eines besetzten Landes geschieht, dem man die Freiheit verweigert, erwiesen sich meine sieben Reisen nach Tibet in gewisser Weise als Teil meiner eigenen Pilgerschaft. Jeder Aufenthalt schenkte mir die Einsicht in tiefere Wahrheiten. Freundschaft erfordert Geduld. Es braucht Zeit, Vertrauen aufzubauen, insbesondere in einem Land, wo man Fremden misstraut und politische Unterdrückung an der Tagesordnung ist. So bedeutete es für Ani ein gewisses Risiko, mit mir zu reisen und mich in ihr Haus einzuladen. Mir jedoch ihr Innerstes zugänglich zu machen – die im Verschwinden begriffene Welt umherziehender Eremiten –, das erforderte einzigartigen und höchst selten anzutreffenden Mut. Sie ist die Letzte einer Generation, eine einzelne Frau, die, auf der Suche nach Erleuchtung, um Perfektion ringt.

2

Die Suche nach der roten Lilie

Als ich zu meiner ersten Reise nach Tibet aufbrach, um die rote Lilie zu suchen, fühlte sich meine Brust an wie zugeschnürt, und ich hatte Angst vor Atemnot und Höhenkrankheit. Auf dem Flug von Kathmandu nach Lhasa breitete sich die Himalajakette so weit das Auge reichte, vor uns aus. Auf Augenhöhe mit Chomolongma, der »Muttergöttin des Universums«, besser bekannt unter dem Namen Mount Everest, schmolzen all meine Befürchtungen dahin. Ihr symmetrischer Gipfel glitzerte wie die glatte Frisur einer ägyptischen Sphinx und schien einen Augenblick lang zum Greifen nahe. Doch dann bog das Flugzeug in einer scharfen Linkskurve in eine breite Schlucht. Da schimmerten unter uns die Zuflüsse des Yarlung Tsangpo wie Zöpfe aus geflochtener Jade. Etwas metallisch Graues blitzte auf: eine der wenigen asphaltierten Straßen, die den Flughafen Gongkar mit Lhasa verbindet.

Im Terminal war die Decke hoch, die Einrichtung schlicht. Die Wände waren mit Propagandaplakaten tapeziert, die Chinesen und lächelnde Tibeter in traditioneller Kleidung zeigten. Das Personal war äußerst beflissen. Soldaten mit Maschinenpistolen lungerten herum. Unsere Gruppe wurde von einem blassen, mondgesichtigen Chinesen mit schwarzem Haarschopf erwartet. Es handelte sich um Tang Wei, unseren chinesischen Guide, der jeden Einzelnen von uns mit einem breiten Lächeln, das seine tabakfleckigen Zähne zeigte, und einer festen Umarmung begrüßte. Draußen warteten nepalesische Sherpas, David Burlinson, der Besitzer des Reisebüros, das unsere Reise organisiert hatte, sowie Tashi und Tsering, zwei tibetische Führer mit Baseballcaps.

Mit uns kam eine Touristengruppe aus dem Westen an, angeführt von einem hochgewachsenen Amerikaner mit ungepflegtem Bart und lässig um den Hals geschlungenem Schal, den unser Leiter Ken Cox uns als Ian Baker vorstellte. Er war einer der wenigen Menschen aus dem Westen, die Pemako bereits erkundet hatten.

Nach dem Verlassen des Flughafengebäudes war ich erst einmal von der Intensität des Lichts überwältigt; die Sonne blendete und verwandelte jedes Detail in ein scharfes, geradezu psychedelisches Relief. Der Himmel war von einem satten, samtigen Kobaltblau, die Luft dünn und frisch. Wir befanden uns in einer Höhe von rund 3500 Metern, und zu meiner Erleichterung hatte ich keinerlei Atemprobleme. Ich spürte nur leichte Kopfschmerzen und ein schwaches Pochen in den Schläfen, so, als hätte ich auf leeren Magen zwei Glas Champagner getrunken. Wenn überhaupt, dann war ich aufgekratzt vor Neugier.

Unser Konvoi aus zwei Geländewagen und einem Truck verließ Lhasa und folgte dem Yarlung Tsangpo flussabwärts bis in die Region Kongpo. Der in Tibet unter der Bezeichnung »Reiniger« bekannte Fluss nimmt seinen Anfang etwa 1000 Kilometer westwärts am heiligen Berg Kailash – als Rinnsal, das aus einem Gletscher tropft. Dann füllt er sich mit Schmelzwasser von den Nordhängen des Himalaja. Tibet ist im wahrsten Sinne des Wortes die Quelle Asiens, Ursprung von zehn großen Flüssen, die Milliarden – geschätzte 47 Prozent der Weltbevölkerung – mit täglichem Wasser versorgen.

Unsere Pflanzenexpedition war für Anfang Juni angesetzt, weil dann die Gebirgsblumen aus dem eisenharten Winter erwachen und den Sommerbeginn hinausposaunen. Einen Monat danach fängt der Monsun an, verwandelt die Straßen in Schlamm und sorgt für Lawinen, die die Bergpässe blockieren. Wir mussten auf jedes beliebige Wetter und klimatische Bedingungen aller vier Jahreszeiten gefasst sein, und zwar nicht im Abstand von Tagen, sondern innerhalb einer Stunde. Sintflutartige Regengüsse konnten Kongpo in eine absolut unwirtliche Gegend verwandeln. Für Pflanzenkundler ist es ohnehin ein organisches Nirwana mit endlosen Wäldern und jungfräulichen Gipfeln, höher als der Montblanc. Noch 1950 kehrte dort der inzwischen verstorbene britische Botaniker Frank Kingdon Ward, dessen Sammlung 23 000 Pflanzen umfasste, mit Armen voll neuer Spezies in sein Basislager zurück.

Scarlet Pimpernel, Orange Bill, Yellow Peril: Jeder Blumenname klang wie eine Romanfigur, die eine unglaubliche Geschichte zu erzählen hat. Die Blumen blühen jedes Frühjahr im Himalaja. Manche werden bis zu 15 Meter hoch, während andere einem kaum bis ans Knie reichen. Ich war weder Pflanzensammlerin noch besonders abenteuerlustig, doch als man mich einlud, an der Jagd nach der seltenen roten Lilie teilzunehmen, konnte ich nicht widerstehen.

Alles hatte im Jahr zuvor, also 1996, an einem kalten Novembertag begonnen, als ich bis zu den Knöcheln im Matsch auf einem Feld in Schottland stand. Ich besuchte Glendoick Gardens, eine auf Rhododendren spezialisierte Baumschule, die Ken Cox gehörte, einem Freund von mir. Er trug wie immer eine geflickte Baumwollhose und einen dünnen marineblauen Pulli, als er mir eine Führung durch das Gelände anbot. In seinem Himalajagarten im Miniformat erklärte mir Ken, während seine graublauen, von langen Wimpern umrahmten Augen von einer Pflanze zur anderen wanderten, dass er, sein Vater Peter und sein Großvater Euan die Samen vieler dieser Gewächse aus dem Osten mitgebracht hätten.

Nachdem er 1919 den berühmten Pflanzenjäger Reginald Farrer nach Birma begleitet hatte, wurde Euan Cox zu einem der großen Gartenbuchautoren seiner Zeit. Schon als Kleinkind hatte Ken die gleiche Begeisterung für Pflanzen entwickelt und frühzeitig ein gutes Gedächtnis für Pflanzennamen bewiesen. Inzwischen war er

Direktor des Familienunternehmens und verbrachte seine Sommer damit, seriöse Pflanzenjäger nach China und Tibet zu begleiten, wo sie gemeinsam noch nicht bekannte oder dokumentierte, hybridisierte oder patentierte Gewächse suchten.

Während wir die verschlungenen Pfade entlangspazierten, betrachtete ich die turmhohen Rhododendren, Azaleen und Wacholderhecken ringsum und stellte mir vor, wie sie wohl in Tibet aussehen mochten. Oder, da ich schon mal dabei war, wie Tibet aussehen mochte.

»Ich fahre nächstes Jahr wieder nach Tibet, um eine seltene Blume zu suchen, die kleine rote Lilie«, sagte Ken, als wir auf einer Holzbank saßen. »Lilium paradoxum ist noch nicht in den Westen gelangt. Dabei ist sie unter den Lilien, was das Schnabeltier unter den Reptilien oder den Amphibien ist. Es gibt nichts Vergleichbares. Die Form der Blüte, ihre Größe und Farbe – bei ihr ist alles anders. Diesmal bin ich fest entschlossen, sie zu finden.« Er schwieg und forschte in meinem Gesicht. »Warum kommst du nicht mit? Du könntest eine Geschichte darüber schreiben.«

Ich hatte keine Ahnung, dass es auf der Welt noch unerforschte Gegenden gab, die jemand wie ich – kein bisschen fit und mit Höhenangst – aufsuchen konnte. Als ich von Schottland aus nach London zurückflog, stand mein Entschluss fest, mich an dieser Expedition zu beteiligen. Aber noch lagen Monate der Ungewissheit vor mir. Erst mussten andere interessierte Pflanzenjäger gefunden werden, damit die nötige Teilnehmerzahl zusammenkam. Die offizielle Genehmigung Chinas musste vorliegen. Schließlich war der Südosten Tibets nach wie vor Sperrgebiet, und man benötigte vier Permits von vier verschiedenen Behörden: den Ministerien für Auswärtige Beziehungen, Verteidigung und Tourismus sowie – was am wichtigsten war – vom Geheimdienst, bekannt unter dem Namen Public Security Bureau (PSB).

Wegen der kurzen Blühzeit ist das Pflanzensammeln in Tibet immer ein Glücksspiel. Niemand konnte mir garantieren, dass ich meinen floralen Gral finden würde, und im Juni 1997, als wir schließlich aufbrachen, stand uns eine lange Reise bevor, ehe die eigentliche Suche begann. Es galt, zwei Gebirgspässe zu überwinden, die in die entlegene Region Pemako führen.

Etwa 600 Kilometer östlich von Lhasa liegt Pemako im unteren Kongpo, wo der Yarlung Tsangpo vom tibetischen Plateau in ein dichtes Gewirr von Himalajagipfeln hinabstürzt. Auf einer Länge von knapp 40 Kilometern fällt der Fluss von rund 3000 Metern Höhe auf rund 300 Meter, wobei er auch noch eine Kurve von fast 180 Grad beschreibt, um als Brahmaputra nach Südwesten in Richtung Assam zu fließen. Auf diesem Weg gräbt er die tiefste und unüberwindlichste Schlucht der Welt. Insgesamt fast 500 Kilometer lang, ist sie an ihrem niedrigsten Punkt 5382 Meter tief – dreimal so viel wie der Grand Canyon.

Auf unserer Reise vergingen die Tage damit, dass wir dauernd aus den Allradfahrzeugen sprangen, wenn die exzentrischen Pflanzensammler ein ungewöhnliches Gewächs erspähten. Zeitweise waren sie so blind für alles andere wie Enten auf einem Teich: Köpfchen unters Wasser, Schwänzchen in die Höh'. Wir übernachteten in seelenlosen Hotels mit Bädern, aber ohne Wasser. Draußen gab es grässliche Toiletten aus Beton. Wie alles in den von Chinesen gebauten Städten. In Restaurants mit roten Samttapeten, die an Pariser Bordelle erinnerten und wo gelegentlich Genosse Mao in riesigen Porträts auf uns herabstarrte, schmolz das Eis zwischen den zusammengewürfelten Reisegefährten.

Beim Abendessen plauderte das Dutzend Hobbybotaniker und -botanikerinnen aus England und Amerika über Sex, Blasen an den Füßen und Pflanzen. Die blonde, langbeinige Amy Denton, Doktorandin aus Seattle, bezeichnete Blüten als die exquisiten Genitalien der Pflanzenwelt – »so viel attraktiver als unsere eigenen«. Anne Chambers, eine Pflanzenmalerin aus Glasgow, schwärmte von ihren Lieblingspflanzen, der limonengrünen und gelben Arisaema flavum (Feuerkolben) mit ihren sich kräuselnden zungenförmigen Blütenblättern und dem dunkelbraunen Cypripedium, einer Frauenschuhorchidee mit sechs Blütenblättern, die an eine perfekt proportionierte Keimdrüse erinnerten. (Der lateinische Name leitet sich vom griechischen Kypris pedion ab, was so viel wie »Aphrodites Genitaltrakt« heißt.[1]) Der weise wirkende älteste Teilnehmer unserer Gruppe, Tony Cox (nicht verwandt mit Ken), ein 75-jähriger pensionierter Zollbeamter, saß währenddessen still in einer Ecke und litt ein wenig an Höhenkrankheit.

Die Fahrt wurde in regelmäßigen Abständen an Militärkontrollpunkten sowie von Vorfällen mit launischen, zwielichtigen chinesischen Polizisten unterbrochen: Einen von ihnen, um neun Uhr morgens schon sturzbetrunken, überraschten wir beim Durchwühlen unseres Gepäcks; ein anderer in Zivil hielt, nachdem ein Streit in einem Restaurant eskaliert war, Tang Wei seine Waffe an den Kopf. Am fünften Tag erreichten wir Bayi, eine Armeesiedlung mitten im Nirgendwo, wo unsere Gruppe bei der Public Security unsere Papiere abstempeln lassen musste.

Die hässliche, rein funktionale Stadt Bayi – was wörtlich »Erster August« heißt und sich auf das Gründungsdatum der Volksbefreiungsarmee bezieht – ist ein Ort, von dem man gleich bei der Ankunft möglichst umgehend wieder verschwinden möchte. Regenbogenfarbene Motorradrikschas hupten an breiten, leeren Straßen um Kundschaft, während khakigrüne Gestalten Jeeps be- und entstiegen. Unser Konvoi überquerte eine Brücke mit einem weiteren Militärkontrollpunkt, bevor es über einen steilen Anstieg zu einem Pass hinaufging, wo Yaks wie verschreckte Schaukelpferde in knöchellangen pelzigen Kleidern herumliefen. Erst dann verließen wir das chinesische Tibet und kamen in eine andere Welt – den Wilden Westen Asiens und das Herz Kongpos.

Anders als der Großteil Tibets ist Kongpo aufgrund seiner häufigeren Regenfälle und des feuchteren Klimas dicht bewaldet. Ethnisch und sprachlich anders als das übrige Tibet, stand die Provinz lange unter dem Einfluss der benachbarten Völker Birmas und Assams, die in den östlichen Himalaja gezogen und im Laufe der Jahrhunderte Mischehen mit den Tibetern eingegangen waren. Traditionell steht die Regierung Zentraltibets den Bewohnern Kongpos misstrauisch gegenüber. Es heißt, die Einheimischen würden ihre Feinde vergiften, Inzest treiben, wenn nicht gar Kannibalismus, und sie wären in den schwarzen Künsten bewandert. Einst war dies eine Hochburg der schamanischen und animistischen Bön-Religion, deren Anhänger an die Beseeltheit der Natur, der Berge und Bäume glaubten. Sie ging dem Buddhismus voraus und wurde früher als Alter oder Ewiger Bön (im Unterschied zum Neuen oder Reformierten Bön) bezeichnet.

Auf der langen Fahrt Richtung Osten lasse ich meine Gedanken zurück zu den Ereignissen schweifen, die mich nach Tibet gebracht haben. Es war zweifellos die rote Lilie, die mir den letzten Anstoß gab, meine gesicherte Existenz in London aufzugeben und freie Journalistin zu werden. Entscheidend war, dass ich meinen Chefredakteur beim *Telegraph Magazine* davon überzeugen konnte, einen Artikel über die Suche nach der seltenen roten Lilie in Auftrag zu geben. »Du tätest gut daran, sie zu finden«, gab er mir mit auf den Weg. Nachdem ich bei der Zeitschrift gekündigt hatte, sammelte ich pflichtbewusst einen Haufen Material über alle Aspekte Tibets. Aber obwohl ich mich über die aktuelle politische Lage hätte informieren sollen, interessierte ich mich viel mehr für die vergilbten Zeitungsausschnitte über den unerschrockenen Botaniker Frank Kingdon

Ward, auf dessen Spuren wir wandeln würden. Genau genommen wollten wir aber eher die Gebiete aufsuchen, die er nicht erforscht hatte.

Kingdon Ward hatte immer davon geträumt, Entdecker zu sein. Er ertrug die härtesten Bedingungen, brachte Monate in Einsamkeit zu, kraxelte die Berghänge hinauf und hinunter, während er unermüdlich Pflanzen sammelte, fotografierte und die Gegend vermaß. Die Mühen, Gefahren und die mickrigen Erlöse aus rund 25 Büchern kümmerten ihn wenig, denn er war absolut verzaubert von den wilden Gärten im gemäßigten Südosten Tibets. Als ich das las, fragte ich mich, ob ich wohl demselben Zauber erliegen würde.

Bevor ich England in Richtung Tibet verließ, machte ich einen Besuch in Eastbourne bei Wards zweiter Ehefrau. Sie lebte in einer Wohnung, deren Regale von Filmen zu den Themen Natur, Wissenschaft und Astronomie überquollen – ein Beweis ihrer eigenen lebenslangen Begeisterung für Forschungsreisen. Sie hatte feines, silbriges Haar, das sie in einer klassischen Dauerwelle trug, rosige Wangen und scharfe Augen. Ich hatte eine Karte vom Südosten Tibets mitgebracht und zeigte ihr die Route unserer pflanzenkundlichen Expedition.

»O du meine Güte«, sagte sie. »Da kribbelt es mich in den Fingern. Es dürfte schon schneien, wenn Sie dort sind.« Sie blinzelte, als sie von den zehn »wunderbaren Jahren« sprach, die sie mit Frank verheiratet gewesen war. Er war ein Mann, der trotz vier Goldmedaillen und 50 Jahren Pflanzenjagd »sehr streng mit sich selbst war« und »nicht die geringste Ahnung hatte, was für ein großartiger Entdecker er eigentlich war«.

Sie hatten sich bei einer Lunch Party 1944 in Bombay kennengelernt. Jeans Vater war Richter am High Court in Bombay gewesen. Drei Jahre später, da war sie 26 und Frank 62, heirateten sie in Chelsea und brachen fünf Tage später auf nach Manipur im Nordosten

Indiens. »Meine Eltern sorgten sich um mich«, erzählte Jean, die ein Einzelkind war. »Aber sie haben die Hochzeit mit Fassung getragen, trotz des Altersunterschieds.« Zehn Monate lang lebten die Frischvermählten in einer Lehmhütte und stellten ihre Uhren nach der Sonne. Im Laufe der Jahre gewöhnte sich Jean ans Schlafen in so nassem Bettzeug, dass sie es jeden Morgen auswringen konnte.

Wir spazierten gemächlich zu einem Pub in der Nähe von Jeans Apartment, und bei einem halben Pint Bier erinnerte sie sich an ihre Zeit als »Botanette«. (Eine von Franks Lieblingslilien, die er 1946 in Manipur entdeckt hatte, wurde später nach seiner Frau, die mit Mädchennamen Jean Macklin hieß, Lilium mackliniae getauft.) Die verrückteste Zeit war der Oktober, weil dann die Samen getrocknet wurden, erklärte sie mir und nippte an ihrem Bier. »Ständig musstest du die verdammten Samen ein- und auspacken. Manche, etwa Liliensamen, waren ohnehin trocken, andere, zum Beispiel von Magnolien, waren sehr ölig.«

»Sind Sie«, fragte ich voller Bewunderung, »als Sie durch Tibet reisten, je als Frau diskriminiert worden?«

»Niemals«, erwiderte sie wie aus der Pistole geschossen. »Damit haben Sie bestimmt keine Schwierigkeiten. Frauen werden absolut gleichberechtigt behandelt.«

Bevor sie auftauchte, war Franks medizinische Ausrüstung hoffnungslos unzulänglich gewesen, wie sie sich erinnerte. »Er hatte Chinin, Aspirin, einen Sundowner und einen Absacker dabei, das reichte ihm.« 1954, nachdem er einige Zeit krank gewesen war, weigerte sich ein Oberarzt im Tropical Hospital in London, ihm ein Gesundheitszeugnis für die Kolonialbehörde auszustellen, weil sein Blutdruck zu hoch war.

Vier Jahre danach, im Alter von 73 Jahren, starb Frank ganz plötzlich. Sie bewohnten damals ein möbliertes Zimmer in einem Londoner Hotel. Ein eigenes Zuhause oder einen Garten hatten sie nie besessen. Das war »gerade das Schöne daran – man war frei«, er-klärte Jean. Später lernte sie ihren zweiten Mann kennen, Albert Rasmussen, und zog nach Norwegen.

»Und nach den Tibetreisen in so jungen Jahren, hatten Sie da das Gefühl, Sie würden nie mehr eine ähnliche Erfahrung machen?«

»O ja«, stimmte sie mir zu. »Ich habe seither nichts Vergleich-bares erlebt. Ich habe auch die Zeit in Norwegen genossen, aber die zehn Jahre mit Frank waren einzigartig. Ich glaube, ich war sehr pri-vilegiert.«

Jetzt, da ich selbst in Tibet war, begann ich Jeans Begeisterung für diesen entlegenen Winkel der Erde zu begreifen. Seit dem Vik-torianischen Zeitalter, als der Wettlauf um die Entdeckung unbe-kannter Pflanzen begann, der seinen Höhepunkt in den 1920er- und 1930er-Jahren erreichte, stammen Tausende alltäglicher britischer Gartengewächse – Rhododendren, Magnolien, Primeln und natür-lich Lilien – aus dem chinesischen Himalaja.

Ken Cox, der 33 Jahre alte Führer unserer Gruppe, war ebenso begierig auf das botanische Füllhorn, das in Kongpo seiner Entde-ckung harrte. Schlank, von einnehmendem Charakter und schein-bar unempfindlich gegen die Kälte, sprang er die Berge hinauf, kämmte die Hänge nach seltenen Blumen ab und hielt gleichzeitig auch noch einen Monolog über den Existenzialismus des Gärt-nerns: »In einem permanenten Zustand des Wachsens und Verge-hens kommt die Sinnlosigkeit des Daseins in komprimierter Form zum Ausdruck.« Er war von allen Pflanzen begeistert, besonders aber von der roten Lilie. Seit er in den pedantischen Feldnotizen der beiden britischen Pflanzensammler Frank Ludlow und George Sherriff erstmals von ihr gelesen hatte, ging ihm die schwer zu fin-dende Blume nicht mehr aus dem Kopf.

Bei ihrer Expedition 1947 hatten Ludlow und Sherriff gehofft, über den Su-La-Pass in die Gegend von Pome in Kongpo vorzudringen – »ein für den Botaniker noch jungfräuliches Land«. Deshalb hatten sie zwei ihrer einheimischen Führer vorausgeschickt, in der Hoffnung, das reizbare Oberhaupt der Gegend, der *dzongpen*, würde sie unbehelligt passieren lassen. Die beiden kehrten mit über 20 Rhododendren sowie einer Anzahl neuer Spezies zurück, darunter die rote Lilie. Sie überbrachten aber auch schlechte Nachrichten. Der *dzongpen* verweigerte jegliche Hilfe bei Nahrungsmitteln und Transport, bevor er nicht ihren Expeditionspass gesehen hatte. »Dieses Ansinnen«, schrieb Ludlow in sein Tagebuch, »hat unsere gesamten Pläne für das Sammeln am Su La zerstört, denn einmal abgelehnt, gibt es keine zweite Chance«.[2]

1956 wurde das einzige je gesammelte Exemplar im *Bulletin of the British Museum* beschrieben, und zwar als eine »dunkelpurpurrote« Lilie, die 30 bis 60 Zentimeter hoch wird. Erwähnt wird auch, dass »man nichts über das Vorkommen der Blume in der freien Natur weiß« und es sich um eine eigene Pflanzenart handelt.

»Nach allem, was ich gelesen habe, zu urteilen, waren Ludlow und Sherriff überaus fasziniert von der Lilie«, sagte Ken, der eindeutig auch selbst sehr fasziniert war. »Da hast du eine Pflanze, die bekannt ist und über die geschrieben wurde, von der sogar ein Exemplar im Herbarium des British Museum vorhanden ist, die aber sonst nie nach Europa gelangte. Also begibst du dich an die detektivische Aufgabe, das Rätsel zu lösen und die Pflanze zu finden.« Er klatschte in die Hände. »Genau das macht den Reiz aus.«

Die Gitarrenriffs von Pink Floyd erfüllten unser Auto – Tang Wei war ein leidenschaftlicher Rockmusikfan. Ken beugte sich in seinem Sitz vor und sprach weiter: »Das ist ein uraltes Spiel. Du kriegst die Lilie nicht – das Wetter, die Chinesen, die Tibeter, die Tatsache, dass die indische und die chinesische Regierung sich um das fragliche Territorium streiten. Jeder ist ein Hindernis. Als Pflanzensammler habe ich den Ehrgeiz, einen Bergrücken zu finden, auf dem noch nie ein Mensch war. Die Grenzregion zwischen Tibet und Indien ist genau *das*. Eine Stelle auf der Landkarte, auf die man mit dem Bleistift zeigen und von der man mit Fug und Recht behaupten kann, hier ist noch keiner gewesen.«

Es war während Kens Expedition 1996 in dieselbe Gegend, als eine Bergsteigerin namens June Ross hoch oben auf dem Geröllfeld aus Granit am Dokar La etwas »Rotes aufblitzen« sah. Sie kletterte vorsichtig darauf zu und schaffte es, die Blume zu fotografieren und eine Blüte zu pflücken, bevor das lose Gestein nachgab. Als June im 900 Meter tiefer aufgeschlagenen Lager eintraf, zeigte sie Ken die Blüte.

»Das war zweifellos die rote Lilie«, sagte er mir.

»Aber was ist so besonders an ihr?«

»Lilien sind auffällig, feminin, sexuell, überlebensgroß und, wie auch Orchideen, evolutionär gesehen die am weitesten entwickelten Pflanzen der Erde. Diese besondere Lilie ist, wie schon ihr lateinischer Name impliziert, ein Paradoxon. Sie ist keine ganz richtige Lilie, weil ihre Blätter in einer speziellen Anordnung rund um den langen, schlanken Stiel wachsen.« Er machte eine Pause, um Luft zu holen. »Aber sie ist auch eine Lilie an der Grenze zum Liliensein, sozusagen auf halber Strecke zwischen Lilie und Nomocharis.«

Ich schaute ihn verständnislos an.

»Die Nomocharis sind eine mit den Lilien eng verwandte Gattung. Das sind winzige Dinger, kleine lilienartige Zwiebelpflanzen, und sie kommen nur in diesen Bergen vor. Irgendwann gehörten Nomocharis zur Gattung der Lilien, und dann hat man sie wieder rausgeworfen ...« Er unterbrach sich, als er sah, was für große Augen ich machte. »Solche Sachen passieren in der Taxonomie.«

»Alles klar«, sagte ich. »Und macht die Tatsache, dass sie so selten ist, sie besonders wertvoll?«

»Der kommerzielle Wert ist nicht besonders hoch, vielleicht maximal 20 Pfund, aber Liliensammler wären sofort da: reiche, pedantische, besessene Liliensammler. Die rote Lilie könnte eine wirklich großartige Mutterpflanze werden und eine fantastische neue Liliensorte hervorbringen.« Er machte eine Denkpause. »Sie könnte aber auch genetisch inkompatibel mit den anderen Lilien sein, weil sie so isoliert wächst. Wir wissen es einfach nicht.«

»Wenn es also gelänge, den Samen zu sammeln, könnte er mit einiger Mühe in einer schottischen Gärtnerei aufgehen?«

»Ja. Wenn eine neue Pflanze entdeckt wird, werden zwei Leute geehrt. Die rote Lilie wäre also«, fügte er ein wenig sehnsüchtig hinzu, »von Ludlow und Sherriff entdeckt, von Cox eingeführt.«

Im weiteren Verlauf des Sichuan Highway passierten wir ein Gefängnis, wo Gefangene mit zusammengeketteten Füßen neben einem bewaffneten Wachmann einen Graben aushoben. Das Bild hätte aus einem Wochenschaubericht über ein Kriegsgefangenenlager im Zweiten Weltkrieg stammen können. Später sollte ich erfahren, dass es sich wohl um das Powo Tramo Prison handelte, das für die brutale Behandlung seiner Gefangenen berüchtigt ist.

Die Straße schlängelte sich vor uns wie ein Korkenzieher und führte von 3500 Metern in das auf knapp 2000 Metern gelegene Dorf Peilung hinunter. Die Strecke ist als der schlechteste Straßenabschnitt von ganz Tibet bekannt, gefährlich in den Berghang gehauen und oft von Erdrutschen verschüttet. Lastwagenskelette säumen das steile Flussufer. Das Klima ist hier wieder humid, und die Hänge sind von gemäßigtem Regenwald bedeckt. Walderdbeeren und Brombeersträucher wachsen neben süßen orangeroten Früchten, die an Himbeeren erinnern. Weniger appetitlich waren die Blutegel, die ich entdeckte, als ich mal pinkeln musste. Mittendrin sprang ich in die Luft, als ein halbes Dutzend der durstigen Blutsauger auf mein exponiertes Hinterteil zuschoss. Zur großen Erheiterung der Pflanzenjäger, die das Buschwerk auf der Suche nach subtropischen Exoten durchkämmten.

Auch wenn ich meine botanisch interessierten Kameraden unterhaltsam fand, so waren sie doch Welten entfernt von dem Tibet, das ich so gern erforschen wollte. Beim Abendessen im dampfenden Speisezelt wechselten sie lässig zu Latein, stritten sich über Für und Wider der Etymologie und trugen Dispute über die Taxonomie aus.

Nach gut einer Woche auf der Suche nach der roten Lilie machte es mich langsam kribbelig, Tibet nur durch das Glas einer Autoscheibe zu sehen. Und ich war nicht die Einzige. Auch in der Gruppe wuchs die Unruhe, dazu kamen Klagen über die primitiven Bedingungen. Der Tee, den uns unsere höflichen Sherpas jeden Morgen ans Bett servierten, zählte wenig, weil das Bettzeug feucht war, der Regen niemals aufhörte und das Klo ein Loch in der Erde mit Jute drum herum war. Einen Tag nach einer Fahrt, die uns die Knochen im Leib durchschüttelte, und aus Frust über die geänderte Route – nach wie vor blockierte Schnee die Pässe, wo die Gebirgsblumen wuchsen – wurde aus Missstimmung Meuterei, nachdem ein erzürnter Pflanzenjäger gedroht hatte, einen anderen mit Steinen zu bewerfen, und der mit wütenden Verwünschungen reagierte. Die blonde Studentin Amy saß mitten im Kreuzfeuer und sah extrem unbehaglich drein, was auch daran liegen mochte, dass sie wegen Durchfalls alle zehn Minuten aus dem Wagen stürzte.

Bald danach, an einem besonders ruppigen Abend, ging ich nach dem Essen nach draußen, um mein Mütchen am Fluss zu kühlen. Schwere Wolken hingen über dem dichten Wald. Da näherten sich ein paar Mönche: Zwei alte Männer und zwei kleine Jungen mit leuchtend gelben Mützen sahen mir prüfend ins Gesicht. Sie waren auf Pilgerreise nach Lhasa und streckten ihre Hände nach einer milden Gabe aus. Als ich ihnen zehn Renminbi hinhielt, leuchteten ihre Augen wie Sterne.

Früher am selben Tag hatte ich etwas gesehen, das mich irritiert hatte. Zwei Pilger, etwa Mitte 20, also ungefähr in meinem Alter,

warfen sich entlang der Straße zu Boden. Sie trugen alte Plastik-
schürzen, flache Hand- und Knieschützer aus Holz und hielten die
Hände in Gebetshaltung. Sie gingen in die Hocke, knieten nieder
und streckten sich dann der Länge nach auf dem Boden aus, berührten mit der Stirn die Erde und erhoben sich wieder. Während ich sie
beobachtete, zerfiel mein vertrautes rationales Weltbild. Sie bekundeten eine Glaubenstiefe, der ich noch nie begegnet war und die sie
bis nach Lhasa bringen würde, während sie sich den ganzen Weg
über zu Boden warfen.

Je tiefer wir nach Kongpo vordrangen, desto faszinierter war ich
von der fundamentalen Beziehung der Tibeter zu ihrem Land. Da
gab es den kollektiven Glauben, der in der Macht der Natur wur-
zelte, die in gleichem Maße verehrt wie gefürchtet wurde. Heilige
Zeichen waren überall verstreut: in Felsen gehauene Buddhas; Gebetsfahnen, die entlang der Gebirgspässe flatterten. Für den Pilger,
schreibt Keith Dowman, »wird die Landschaft zu einem Schatz der
Symbole ... als steter Quell des Trostes ... eine Erinnerung an das
Ziel des Wegs«.[3]

Schon seit ein paar Jahren suchte ich nach einer tieferen spirituellen Basis für mein eigenes Leben. Quasi als Reaktion auf den Ma-
terialismus der Gesellschaft, die so großen Wert auf äußerlichen
Erfolg, auf Geld, auf »Machen« anstelle von schlichtem »Sein« legt.
Ich war neugierig, offen und zeitweise regelrecht ausgehungert
nach allem, was spirituelle Lehren boten: Weisheit, Klarheit, innere
Gelassenheit und eine echte Gleichmut gegenüber allem, was das
Leben zu bieten hat. Jetzt, fern von meinem Londoner Alltag, im
hypnotischen Schweigen der Berge, wurde etwas in mir entflammt.
Die einzigartige Mischung von weiten Horizonten, dem feurigen
Licht und der Unberührtheit dieses fremden Landes schlug mich in
den Bann. In der Dunkelheit blitzten die weißen Zähne von Tashi
auf, einem unserer Führer.

»Geht's dir gut?«, fragte er. »Das erste Mal in Tibet?«

Ich nickte.

»Hast du Blumen auch so gern wie die anderen?« Tashi deutete auf das Speisezelt, aus dem raues Gelächter drang. Die allabendliche Bridgepartie war in vollem Gang.

»Ja. Ich bin auf der Suche nach einer seltenen Lilie. Es ist eine Blume, die ...« Ich unterbrach mich, um eine von seinen Panda-Zigaretten zu nehmen. »Woher kommst du?«

»Mein Vater stammt aus Kham, aber ich lebe in Lhasa.« Er ließ sich auf seinen Fersen nieder. »Weißt du, wie der Buddhismus nach Tibet gekommen ist?«

»Nein«, sagte ich und erwartete, dass er es mir gleich erzählen würde.

»Das passierte so. Man erzählt sich, eine riesige Menschenfresserin paarte sich mit einem Affen. Sie bekamen zwei Kinder, einen Jungen, ein Mädchen. Das waren die ersten Tibeter. Dumm, unwissend, voller Sünden.« Er nahm einen langen Zug von seiner Zigarette. »Dann, sehr viel später, im achten Jahrhundert, lud König Trisong Detsen den tantrischen Meister Padmasambhava aus Indien ein. Er flog auf einem Lotus her und rettete das Land vor Dämonen. Wir nennen ihn Guru Rinpoche, er ist wie ein zweiter Buddha für uns. Ja, so ist das tibetische Volk entstanden. Bevor der Buddhismus kam, war Tibet ein schlechtes Land. Wenn du zu Buddha betest, rettet er dich. Ich sehe, dass du ein Foto von der grünen Tara besitzt.«

Ich dachte an die Zeit vor einem Jahr zurück, als ich das Foto von Tara, dem weiblichen Buddha und der Göttin des Mitgefühls, bekommen hatte. Der angeblich ersten Frau, die Erleuchtung erlangte und gelobte, stets im Körper einer Frau wiedergeboren zu werden. Ich war in einem schottischen Hotel und sollte einen Artikel schreiben über ein Wochenendseminar zum Thema Paranormalität. Dabei war ich mit Gordon Smith, einem der Gastredner, ins Gespräch gekommen. Er wird der »spiritistische Friseur« genannt – von Beruf ist er Friseur – und gilt als führendes Medium Großbritanniens. Er beharrte darauf, dass ich das Bild von Tara annahm. Als er ihr Mantra, *Om Tare Tu Tare Ture So Ha*, auf die Rückseite schrieb, sagte er wissend: »Das wird dir auf deinen Reisen helfen.«

Es handelt sich um die fesselnde Darstellung einer smaragdgrünen Göttin mit geschürzten scharlachroten Lippen, die mit gekreuzten Beinen auf einem Pfirsichlotus schwebt, und zwar über einer friedlichen Gebirgslandschaft mit Hirschen. Seit meiner Ankunft in Tibet war das Bild eine Art Talisman für mich geworden.

Ich rief mich in die Gegenwart zurück und bemerkte, dass Tashi noch weitersprach. »Manchmal sehe ich, dass du ihr Mantra sprichst. Du solltest den tibetischen Namen Drolma, was so viel heißt wie Tara, benutzen.«

»Wie sprichst du ihn aus?«

»Wie Drohh-ma.«

»Das gefällt mir«, sagte ich und wiederholte ihn leise. »Drolma, Drolma. Das könnte mein Name in Tibet sein.«

Er musterte mich intensiv und schien mich einzuschätzen. »Große Probleme heute in Tibet. Einst gab es hier 6000 Klöster. Heute nur noch 400. Das macht mich traurig, sehr traurig. Aber was können wir schon tun? Wem sollen wir das klagen? Niemand wird uns anhören.«

Am darauffolgenden Nachmittag besuchte ich mein erstes tibetisches Kloster. Dort hatte Frank Kingdon Ward 1933 gewohnt. Die nackten Ruinen des alten Gebäudes standen auf dem steilen, kahlen Hang; die neuen Gebäude waren nur halb so groß. Der Blick jedoch war derselbe: 6000 Meter hohe Berge mit gerillten Felswänden und der Ata-Kang-Gletscher, der turmhoch über silbrig-aquamarinblauen Seen aufragt. Dorje Tsengen, den über den Seen thronenden pyramidenförmigen Gipfel, hat Frank Kingdon Ward als so steil beschrieben, dass auf seiner Südflanke kein Schnee liegen bleibt.[4]

Aus einem offenen Kohlenbecken wehte mich Wacholderduft an, als ich mich einem alten Mönch näherte, der außerhalb des Klosters auf einem Holzstoß saß. Sein Gewand war von einer dicken Fettschicht aus *dri*-Butter (aus Yakmilch) überzogen, sein Gesicht sah aus wie eine alte Weltkarte. Mit Hilfe des tibetischen Führers Tashi erzählte mir der Mönch aus seinem Leben, während er bedachtsam und methodisch seine Schnur mit Gebetsperlen aus gesprenkeltem Bernstein drehte.

Im Alter von neun Jahren war Phuntsok in ein Kloster des Geluk-Ordens eingetreten. 1959, als er 33 war, »kam die chinesische Armee, und alle Mönche liefen davon. Ein Großteil des Klosters wurde zerstört, und wir versteckten uns im Wald.« Im Jahr darauf schlossen sich ihnen 25 mit Gewehren ausgerüstete Tibeter aus der Gegend an. Sie verließen ihr Versteck im Wald, um gegen die Chinesen zu kämpfen und »die Reste unseres Klosters zu verteidigen«.

Zahlenmäßig unterlegen, wurden die Rebellen allesamt entweder getötet oder gefangengenommen. Phuntsok war einer von ihnen und verbrachte die nächsten 20 Jahre im Gefängnis von Chamdo, etwa 400 Kilometer nördlich des Klosters. In den ersten zehn Jahren, so erzählte er freimütig, waren »die Bedingungen sehr hart, dann wurde es etwas leichter«. Nach seiner Freilassung 1982 gab es eine Phase relativ großer religiöser Freiheit, und ihm kam zu Ohren, dass die chinesische Regierung Geld zur Verfügung stellte, um das Kloster wieder aufzubauen. Als nichts passierte, machten er und ein paar andere Mönche sich auf Pilgerreise nach Lhasa, um Spenden zu sammeln. Ende der 1980er-Jahre wurde der Tempel mit Hilfe von Dorfbewohnern gebaut, denen es ein großes Anliegen war, ihr Kloster zurückzubekommen. Da es für den Besuch hoher Lamas aus Lhasa zu abgelegen war, stellte unsere Gruppe den ersten ausländischen Besuch des neuen Gebäudes dar.

»Vor 1959«, sagte Phuntsok und deutete auf die Ruinen hinter ihm, »war es viel größer und besaß Yak- und Schafherden. Heute leben hier nur zwölf Mönche und ein Junge, der Kuhhirte. Ich bin 80. Der Älteste.«

Der alte Mönch beantwortete meine Fragen ohne Zögern. Pasang, einer der Fahrer, hatte sich in der Nähe aufgehalten und bedeutete schließlich Tashi, die Unterhaltung zu beenden und aufzubrechen. Auch wenn sonst niemand, insbesondere keine Polizei und kein Militär, zu sehen war, hatte ich in meiner Naivität verkannt, dass ein solches Gespräch nicht nur den Mönch, sondern auch den Guide und den Fahrer in Gefahr bringen konnte.

Ken hatte ein Foto dabei, das Kingdon Ward 1933 vom Kloster gemacht hatte. Kurz bevor wir aufbrachen, gab er es dem Mönch. Sein Gesicht hellte sich auf, als er das Bild zwischen seinen knotigen Fingern hielt und aufmerksam betrachtete. Zweifellos hatte er noch nie eine Aufnahme vom Kloster seiner Jugend vor dessen Zerstörung gesehen. Es war ein ergreifender Anblick, der selbst die größten Zyniker unserer Gruppe berührte. Als wir aufbrachen, war Tony Cox, der sonst stoisch und reserviert auftrat, den Tränen nahe. Während er an seiner Pfeife zog, meinte er zu dem Mönch: »Ich hoffe, Sie können diese Aussicht noch lange genießen. Diese wunderbare Aussicht.«

Als wir wegfuhren, sah der alte Mönch uns nach, wie wir uns den kurvigen Weg hinunterarbeiteten, und seine Gegenwart war im Auto spürbar. Alle schwiegen ergriffen. Später am selben Tag, als ich darüber nachdachte, überkamen mich große Schuldgefühle, weil ich die Tibeter so in Gefahr gebracht hatte. Tashi nahm mich beiseite und riet mir, unserem chinesischen Führer Tang Wei, der uns wegen einer Grippe ein paar Tage lang nicht begleiten konnte, nichts von der Unterhaltung mit dem Mönch zu erzählen. Die Begegnung mit dem alten Mann, der seine Geschichte mit so viel Würde und Mut, ohne eine Spur von Vorwürfen oder Zorn erzählt hatte, beeindruckte mich tief: Sie gab mir einen unbarmherzig authentischen Einblick in jenen dunklen Abschnitt der Geschichte, als Mao Zedong seiner Armee befohlen hatte, Tibet zu »befreien«.

Bei Tagesanbruch am nächsten Morgen begann unsere Suche nach der roten Lilie. Und zwar südlich von Pome (sprich: Pom-mei) und den Dashing-La-Pass hinauf. Als wir den Pfad hinaufstiegen, beklagten sich die einheimischen Träger, die wir engagiert hatten, über die zu schweren Lasten. Sie streikten, bis man ihnen mehr Lohn versprach. Erst dann setzten sich die verwahrlosten Männer in dünnen Schuhen aus chinesischen Armeebeständen, die im Regen rutschten, wieder in Bewegung. Der Weg führte durch über 200 Jahre alte Fichten-, Tannen- und Wacholderwälder, in deren Unterholz perlmuttfarben blühender Rhododendron uvariifolium im Überfluss wuchs. In diesen tolkienschen Wäldern war alles tropfnass. Weiches, federndes Moos unter unseren Füßen. Der Boden war mit Baumstümpfen übersät, die sich schwammig anfühlten. Die zu Klumpen aufgerollten Farnblätter reckten ihre Spitzen wie in schwarzes Öl getauchte Seepferdchen. Flechten hingen wie Spinnweben und schienen den Elfenwald in einem grünen Netz zusammenzuhalten. Als wir zum Mittagessen mit Ken Rast machten, bemerkte ich eine Bewegung im Unterholz und erspähte einen seltenen roten Panda. Die etwa 60 Zentimeter langen, seltenen und gefährdeten Tiere sehen Waschbären ähnlich. Der Bär hielt inne, musterte uns und verschwand.

Am nächsten Morgen starteten wir endlich in eine Gegend, wo die rote Lilie möglicherweise zu finden war. Das Wetter war so

schrecklich wie vorhergesagt, und im Schneeregen machten sich
nur ein paar Unerschütterliche daran, den Dashing La zu erklim-
men. Durch Schneefelder stapfend, erreichten wir in fast 3700 Me-
tern Höhe einen natürlichen Hochgebirgsgarten. Wir stießen auf
Losung von Moschushirschen und erfuhren, dass auch Asiatische
Schwarzbären und Bengaltiger das Revier durchstreiften. Als die
Wolken aufrissen und ein bisschen Sicht freigaben, begann unser
Trupp, die vielversprechenden Geröllfelder zu erklimmen, wo die
Lilie vielleicht wuchs.

Schon nach wenigen Minuten trat ich eine Lawine los, die mich
vor Schreck erstarren ließ. Ein Sonnenstrahl, und die roten Blüten
eines wachsartigen Rhododendron forrestii sowie eine Lawine explodierten. Die Gletscher ächzten und stöhnten, als ob sie sich über
die Täler hinweg etwas zuschreien wollten. Die unheimlichen Geräusche des sich zurückziehenden und voranbewegenden Eises
schienen den Gebirgshang zum Leben zu erwecken, und ich konnte
nachvollziehen, warum Tibeter glauben, dass unter den Felsen
noch Schutzgötter oder *suma* hausen. Es heißt, der große tantrische Meister Guru Rinpoche (in Sanskrit: Padmasambhava) habe
viele Naturgeister und Dämonen der Urgewalten aus der Bön-Religion unterworfen und aus böswilligen Kräften Hüter des buddhistischen Pantheons geformt.

Je lauter die Lawinen donnerten, desto schneller schlug mein
Herz. Als ich aufsah, konnte ich Gipfel erspähen, die sich in Wolken
verloren, sowie heranziehende Nebelwände. Da trat ich den Rückzug an. Die anderen näherten sich vorsichtig einem natürlichen
Rhododendrongarten, entdeckten jedoch keine rote Lilie.

Als wir in unser Camp zurückkehrten, herrschte dort Panik. Wir
hatten unerwarteten Besuch von der Public Security erhalten; verrückt, nachdem man drei Stunden in strömendem Regen einen Pfad
hinaufgeklettert war. Es hieß, unsere Permits wären nicht in Ord-

nung und wir hätten Anweisung, uns am nächsten Tag in der Polizeistation in Pome (weit unten im Tal) zu melden. Tang Wei warnte uns, dass sich die Polizei in dieser Gegend ihre Gesetze selbst machte und wir im schlimmsten Fall nach Lhasa zurückeskortiert würden.

Bei Sonnenaufgang wurde das Camp abgebaut, und die Gruppe wanderte den Waldweg nach Pome hinunter. Ich sprach mit Tashi, der mich seit meiner Unterhaltung mit dem alten Mönch ins Vertrauen gezogen hatte. Ungefähr Mitte 20, ein breites, flaches Gesicht, eine Himmelfahrtsnase und ein freches Grinsen, hatte er etwas Spitzbübisches. Sein Haar war mit Hilfe eines Gels zurückgekämmt, und hinter einer verspiegelten Sonnenbrille versteckte er espressofarbene Augen. In einer weiten beigefarbenen Hose und einem taubengrauen Tanktop aus Wolle erinnerte er eher an einen adretten amerikanischen Studenten als an einen tibetischen Tourguide.

»Warst du schon mal in Lhasa?«, fragte er.

Ich schüttelte den Kopf.

»Es verändert sich rasch. In der Stadt sind zu viele Chinesen. Die Tibeter sind frustriert. Wir können nicht arbeiten, uns weder frei bewegen noch offen reden. Wir fühlen uns wie in einer Falle«, erklärte er mir. »Abends streifen meine Freunde und ich durch Lhasa und provozieren Chinesen.« Er grinste. »Das beste Spiel ist, chinesische Mädchen anzupöbeln. Zu viel Make-up, zu hohe Absätze.«

»Kriegst du da keinen Ärger?«

»Doch. Ich bin schon zusammengeschlagen worden, war in Raufereien verwickelt.« Er zuckte mit den Achseln. »Die Leute benutzen Messer statt ihre Fäuste. Einmal hat mich meine Freundin schon unter Tränen gebeten, damit aufzuhören. Aber ich kann nicht anders. Zu viel Wut hier drin.« Er klopfte auf sein Herz.

»Vielleicht ist es außerhalb der Stadt besser«, sagte ich hoffnungsvoll. »Euer Land ist so schön.«

»Was nützt dir die Schönheit«, sagte er mit einem bitteren Lächeln, »wenn dein Volk nicht frei ist?«

In Pome, einem weiteren Ort mit einer unbefestigten Straße und zwielichtigen Restaurants, bestellten wir Schüsseln voller fettiger Nudeln, während Tang Wei zur Polizeistation zitiert wurde. Der Polizeichef, ein korpulenter Tibeter mit einem Haufen goldener Sterne auf den Schulterklappen, erwartete ihn bereits. Als Tang Wei knapp eine Stunde später zurückkehrte, kochte er vor Wut.

Ab dem Moment, als er die Polizeistation betreten hatte, habe der Geheimdienstoffizier ihn gedemütigt, rief Tang Wei und schüttelte seine schwarze Mähne. »Die Polizei hat verlangt, dass ich ihr alle unsere Filme und Kameras aushändige. Ich habe etwas Geld bezahlt und sie aufgefordert, meine PSB-Freunde in Bayi anzurufen, damit die sie zur Vernunft bringen.«

Tang Weis *guanxi* (Beziehungen) in Bayi sorgten dafür, dass die Polizei von Pome ihren Entschluss, unsere Filme zu konfiszieren, zurücknahm, brachte sie allerdings nicht davon ab, uns mit Anbruch der Nacht der Region zu verweisen. Uns wurde verboten, den Su-La-Pass zu besteigen, wo ich gehofft hatte, die rote Lilie zu finden. Unsere Permits wurden für null und nichtig erklärt. Die Polizei warnte Tang Wei vor einem entflohenen gefährlichen Verbrecher – ein fadenscheiniger Vorwand.

Die Funktionäre in Pome möchten ein ungestörtes Leben führen, und Fremde, insbesondere solche, die in den Bergen an der Grenze zu Indien herumklettern, sind ihnen ein Dorn im Auge. Seit dem indisch-chinesischen Krieg von 1962, als chinesische Truppen über die Grenze und bis nach Assam vordrangen, hat es immer wieder Konflikte gegeben. Später erfuhr ich, dass einer unserer Cheftträger den Polizisten in Pome einen Hinweis gegeben hatte – vielleicht aus Gefälligkeit für ein Schmiergeld –, was schwere Strafen für die anderen Träger nach sich zog. Nachdem ich von der Armut wusste, in der diese Menschen lebten, fühlte ich mich mitschuldig an den Folgen unserer Reise für die von uns engagierten Männer. Es war schwer, sich ein Seufzen zu verkneifen, als wir den Bezirk verließen.

Nachdem die Polizei von Pome uns gezwungen hatte, die Suche nach der roten Lilie aufzugeben, schlug Ken vor, auf den Doshung-La-Pass zu steigen, den Frank Kingdon Ward als Rhododendron-Märchenland beschrieben hatte. Die von den einheimischen Monpa während der Sommermonate als eine der wichtigsten Handelsrouten nach Pemako genutzte Strecke kostete uns zwei strapaziöse Anläufe, bis wir auf dem Gipfel des schneebedeckten, gut 4100 Meter hohen Passes standen. Am Gipfel war ich euphorisch. Durch Nebelfetzen und Wolken konnte ich flüchtige Blicke auf den Pfad erhaschen, der über den Doshung La in das »verborgene Land« von Pemako führte. Ich verspürte den Drang weiterzugehen, als zöge mich ein unsichtbares Band, eine Kraft, die stärker war als ich, in die dicht bewaldeten Täler dort unten. Dass ich die rote Lilie nicht gefunden hatte, sollte sich als eine glückliche Fügung des Schicksals erweisen, die mich viel rascher als erwartet nach Tibet zurückbrachte und der Anlass war, dass ich schließlich Ani begegnete.

3

Monsun in Kathmandu

Nach unserer Rückkehr nach Nepal berichtete ich mit einer gewissen Beklommenheit meinem Chefredakteur, dass es mir nicht gelungen war, die rote Lilie zu finden. Er zeigte sich wenig beeindruckt und meinte nur, sollte die Story veröffentlicht werden, dann brauche er ein Bild von der Blume. Ken hatte die Eingebung, dass Ian Baker, der Amerikaner, den wir am Flughafen von Lhasa getroffen hatten, möglicherweise später im selben Jahr eine Expedition nach Pemako unternehmen würde. Seit 1993 war Baker alljährlich als Forscher und Pilger tief nach Pemako vorgestoßen, das der mystisch-heilige Guru Rinpoche als ein »himmlisches Reich auf Erden« bezeichnet hatte.

Als ich Baker anrief und ihm von unserer Pflanzenjagd sowie der Auseinandersetzung mit der Polizei in Pome berichtete, klang er besorgt, aber nicht überrascht. Mit rauem amerikanischem Akzent erzählte er mir, dass er im folgenden Monat eine Gruppe über den Su-La-Pass, wo ich ja die rote Lilie zu finden hoffte, führen würde. Im Rahmen einer einmonatigen Pilgerreise durch Pemako. »Erst heute hat ein Teilnehmer unerwartet abgesagt. Warum springst du nicht für ihn ein?«

Das schien mir ein Zeichen zu sein, eine Art gutes Omen. Soweit Baker wusste, wäre ich die erste Engländerin, die einen Fuß nach Pemako setzte. Er versicherte mir, im Besitz der erforderlichen Passierscheine zu sein, um den Pass zu überqueren. Trotzdem bestand ein gewisses Risiko, dass wir von der Polizei in Pemako erneut zurückgewiesen würden. Dann würde ich die Blume wieder nicht finden. Ich zerbrach mir den Kopf über die Kosten – mehr als 3000

Pfund – und ärgerte mich über meine mangelnde Fitness, traf meine Entscheidung aber dennoch binnen 24 Stunden. Nach außen hin war wieder die rote Lilie der Grund für meine Teilnahme, doch innerlich trieb mich eine tiefere Sehnsucht an. Das Gefühl, das mich auf dem Gipfel des Doshung La befallen hatte, ließ mich nicht los, und ich wollte wissen, was sich auf der anderen Seite des Passes befand. Eine Einladung in ein verborgenes Land, so stellte ich mir vor, würde eine Reise ins Unbekannte sein, eine spirituelle Reise.

Sechs Monate zuvor, als ich noch in London gelebt hatte, war ich eines Abends spät von der Arbeit in meine leere Wohnung in Brixton gekommen. Meine Gedanken drehten sich noch um einen Zeitschriftenartikel, an dem ich gerade arbeitete. Rasch ging ich die Post durch. Eine Telefonrechnung, ein Kontoauszug, ein Newsletter von Swami Nishchalananda Saraswati, dem Direktor des Yoga-Aschrams in Wales, den ich kurz zuvor besucht hatte. Ohne lange nachzudenken, begann ich zu lesen: Der Sanskrit-Ausdruck »Sannyasa« bedeutet die »Tradition der VÖLLIGEN HINGABE, um Erwartungen aufzugeben und sich dem UNBEKANNTEN auszuliefern«.

Meine Knie begannen zu zittern, als würde ich jeden Moment in Ohnmacht fallen. Ich spürte die unglaubliche Anziehung des Erdbodens und streckte mich im Halbdunkel aus. Das Wort »Hingabe« löste eine solche Beklemmung aus, dass ich eine ganze Weile bewegungslos verharrte, bis ich vorsichtig weiterlas: »Hingabe erfordert ein Zurücktreten des Bewusstseins, das man Gnade nennen könnte.« Jeder wird »eine eigene Definition davon entwickeln – ›sich in sein Schicksal ergeben‹, ›Hingabe an das Göttliche oder Gott‹ ... Anders als gemeinhin angenommen, bedeutet Sannyasa nicht die Abkehr vom alltäglichen Leben, sondern seine Erfüllung. Es geht darum, alles Irreale abzulegen – unsere Täuschungen wie auch Gewohnheiten, Erwartungen, Namen, Ruhm und unser Gefühl des Getrenntseins von anderen.«

Später bemühte ich mich zu erkennen, was dieser Vorfall bedeutete, und begriff, dass das Wort »Hingabe« meine erstaunliche Reaktion ausgelöst hatte. Es war, als hätte ich die Einladung erhalten, dem Leben selbst zu vertrauen, daran zu glauben, dass ich ohne Wegweiser oder Führer stets meinen Weg finden würde. Manchmal passiert es nur in einer fremden Umgebung, dass man die innere Stimme vernimmt, die uns auf unserer Suche führt. Ich wusste, dass inmitten der Berge im Südosten Tibets etwas in mir erwacht war: Die Samen für eine Neuausrichtung meines Lebens waren bereits gesät. Intuitiv war mir klar, dass Pemako die nächste Station meiner Reise sein sollte – eine Chance, Neuland zu betreten, nicht nur physisch, sondern auch in meinem Inneren.

Mein Chefredakteur hielt an der Story über die rote Lilie fest und wünschte mir mehr Glück für den zweiten Anlauf. In den verbleibenden Wochen blieb ich im vom Monsun heimgesuchten Kathmandu. Ich durchstreifte die von Touristen verlassenen Straßen und trank süßen *chai* mit Ladenbesitzern, die sich langweilten. Als Vorbereitung auf die vor mir liegende Pilgerreise hatte ich Buchhandlungen mit spiritueller Literatur abgegrast und die Texte erleuchteter Lehrmeister gelesen. *The Bhagavad Gita, The Foundations of Tibetan Mysticism* von Lama Govinda, *At the Left Hand of God*, ein Buch von Robert E. Svoboda über einen *aghori* – einen indischen Tantrameister –, der dort lebte, wo Feuerbestattungen stattfanden, und problemlos zwischen der Welt der Lebenden und der Toten hin und her glitt. Eines Nachts träumte ich von Guru Rinpoche, dem tibetischen Mystiker und Heiligen. Seltsamerweise hatte ich auch die ganz klare Vorahnung, dass ich mit einer tibetischen Nonne durch Tibet reisen würde.

Ich las alles, was ich über Pemako finden konnte, aber da erst so wenige Menschen aus dem Westen die Region erkundet hatten, gab es darüber kaum mehr als Fußnoten in der einschlägigen Literatur.

Das »Land des himmlischen Lotus« (wörtlich übersetzt) wird in Gyurme Dorjes *Tibet Handbook* ausdrücklich »nur Pilgern und Forschern mit großer Ausdauer und guter Kondition« empfohlen.

Die nördlichen Ausläufer Pemakos liegen in Tibet, im unteren Kongpo, während der südliche Teil bis ins indische Arunachal Pradesh reicht. Den einzigen Zugang erreicht man mit einer Klettertour über einen schneebedeckten Pass. Manche Pässe sind wegen ihrer Höhe unerreichbar, und die Einheimischen benutzen nur wenige während der Sommermonate. Da es an der umstrittenen Grenze zu Indien liegt, ist Pemako auch ein »besonderes Militärgebiet« und wird von der chinesischen Armee sowie der Polizei vor Ort scharf überwacht.

Einen Monat vor unserem Aufbruch erreichte mich ein Fax von Ian Baker mit der ungefähren Streckenbeschreibung. »Gemäß den Offenbarungen, die Padmasambhava zugeschrieben werden, wirken die einzigartigen geomantischen Kräfte Pemakos als Katalysatoren auf dem spirituellen Weg«, schrieb er. »Generationen tibetischer Pilger auf der Suche nach Erleuchtung und Zuflucht vor politischer Verfolgung haben in Pemako Inspiration und Zuflucht gefunden«, an einem Ort, wo die materielle und die spirituelle Welt sich überschneiden.

»Die Teilnehmer sollten innerlich wie äußerlich auf Dauerregen, Blutegel und Schlangen gefasst sein ... und sich zutiefst und aus ganzem Herzen zum Geist der Pilgerschaft bekennen. Wie ein Lama sagte: ›Die Pilgerreise durch Pemako ist nicht leicht, aber wenn du Nöten mit Gleichmut begegnen kannst, dann wird sich die Landschaft selbst von weltlicher Wahrnehmung zum Bewusstsein von Erleuchtung wandeln.‹«

Dann listete Baker die erforderliche Ausrüstung auf, darunter ein *khukri*, also eine Machete, um sich durch das Buschwerk zu schlagen, Seile zum Abseilen, Gamaschen und schließlich einen

Taschenschirm. Er fügte auch eine Routenbeschreibung unserer Reise bei, die den Pemashelri, den »Lotus-Kristall-Berg«, zum Ziel haben sollte. Logischerweise könnte sich unsere Route ändern, wenn wir erst einmal die Täler erreicht hätten. Pemako schien ein wirklich schwer fassbarer Ort zu sein, eine spirituelle Zuflucht, wo Legende und Wahrheit eins wurden.

Der Pemashelri liegt irgendwo südlich vom Namcha Barwa, der mit seiner rasiermesserscharfen, 7782 Metern hohen Spitze bis 1992 der höchste noch nicht bestiegene Berg der Erde war. Zwischen den Gipfeln von Namcha Barwa und Gyala Pelri (7151 Meter) – den zwei Gipfeln, die wie Wächter nur 20 Kilometer voneinander entfernt stehen – donnert der Tsangpo, eingezwängt zwischen den nackten Felswänden, nach Süden, ins Herz der Tsangposchlucht, wo Forscher schon zu Beginn des 20. Jahrhunderts einen riesigen Wasserfall vermuteten.

Für Baker war es die Suche nach diesen legendären Wasserfällen und deren geografische wie spirituelle Bedeutung, die ihn, den leidenschaftlichen Kletterer und Buddhisten, immer wieder nach Tibet zog. Seit den 1970er-Jahren hatte er in Nepal gelebt und war dort in die spirituelle Gegenkultur der Beatniks eingetaucht.

Baker schlug mir vor, ich sollte einen der wenigen Lamas befragen, der schon Pilgerreisen durch Pemako unternommen hatte und in Kathmandu im Exil lebte. Eines Nachmittags besuchte ich also Bhakha Tulku (ein *tulku* ist ein wiedergeborener geistlicher Lehrmeister), der auf seine Emigration in die USA wartete. Der Abt empfing mich, auf einem thronartigen Sessel aus Holz sitzend, in seinem großen Haus, das über und über mit tibetischen Wandbehängen und religiösen Motiven dekoriert war. Als Abt der Nyingma-Schule des tibetischen Buddhismus, die *tulku* erlaubt zu heiraten, hatte er eine sittsame tibetische Ehefrau, die ihn bediente. Ich saß mit ungeschickt gekreuzten Beinen vor ihm auf dem Boden. In sei-

41

nen cremefarbenen Gewändern, mit dem lockigen silbergrauen Schnurrbart und dem wuscheligen Bart hatte Bhaka Tulku etwas von einem freundlichen Zauberer an sich.

Als ich ihm von meiner missglückten Suche nach der roten Lilie erzählte und davon, wie der Polizeichef uns Pflanzenjäger aus Pome vertrieben hatte, brüllte der *tulku* vor Lachen. »Die meisten Führungsämter in Tibet sind von Chinesen besetzt. Der Polizeichef in Pome ist Tibeter, aber bekannt für seinen Eigensinn und Fremdenhass«, erklärte er mir und schwieg dann, während er die Brauen zu einer tiefen Falte zusammenzog. »Ich glaube, ich kenne die Pflanze, die Sie mir beschrieben haben. Auf dem Weg über den Su-La-Pass habe ich eine ungewöhnliche dunkelrote Blume gesehen.«

1994 wurde Bhakha Tulku verboten, das Gelände seines eigenen Klosters zu betreten, das am Rande der Täler von Pemako liegt. Man zwang ihn, seine angestammte Heimat zu verlassen, denn die Behörden warfen ihm vor, er wäre ein Spion der amerikanischen Regierung. Wie es scheint, fühlte sich der Polizeichef vom hohen Ansehen bedroht, dessen der Abt sich in seiner Gemeinde erfreute. Kurz nachdem er Tibet verlassen hatte – und sicher nicht zufällig –, begann die extensive und illegale Abholzung der uralten Wälder rund um das Kloster Bhakha. (Und das trotz »des strikten Verbots, Bäume zu fällen«, das nach den Überflutungen durch den Jangtse in China 1998 in ganz Tibet galt. Diese nationale Katastrophe, die Millionen obdachlos machte und bis zu 10 000 Menschen tötete, wurde in direkten Zusammenhang mit den vorangegangenen jahrzehntelangen Abholzungen in Tibet gebracht. Von 1950 bis 1985 schrumpfte die Waldfläche in Tibet um 46 Prozent, was dem fragilen Ökosystem des tibetischen Plateaus irreparablen Schaden zufügte.[1])

Im Alter von 13 Jahren besuchte Bhakha Tulku mit seiner Mutter, einer frommen Buddhistin, zum ersten Mal Pemako. »Es ist sehr hart. Du fällst ständig in den Schlamm«, berichtete er mir. »Es wimmelt dort von Blutegeln und Schlangen. Nachts hörst du die Tiger.« In einem vom Regen durchweichten Camp, so erzählte er weiter, zerhackten ein paar Khampa-Pilger die hölzerne Pilgerhütte, um daraus ein Feuer zu machen. Das erzürnte die Dorfbewohner. Messer wurden gezogen. »Plötzlich erschallte ein ungeheures Gebrüll wie von einem Erdbeben, und wir sahen einen riesigen Tiger von einem Tal hinüber ins nächste springen. Sofort vergaßen alle die Rauferei und warfen sich der Länge nach zu Boden.«

Während er mich mit seinen Falkenaugen fixierte, senkte er die Stimme. »Der Tiger war eine Verkörperung eines Hüters von Pemako. Du darfst nicht zornig reden, und störe die Geister nicht«, warnte er mich und fügte mit einem rätselhaften Lächeln hinzu: »Sag *Om Mani Padme Hum,* und dir wird nichts geschehen. Du bist jung. Du kannst laufen.« Seine Abschiedsworte ermutigten mich. Frisch gestärkt und erstaunlich gelassen verließ ich sein Haus.

Ein paar Wochen später, am Abend unserer Abreise nach Tibet und ohne eine klare Vorstellung davon, wohin die Pilgerreise mich führen und wo sie enden würde, war ich unter meiner gespielten fröhlichen Tapferkeit verängstigt. Ich kehrte in Bhakha Tulkus Haus zurück, um dort Ian Baker und die anderen Mitglieder der Gruppe – vier Amerikaner vom Typ Herkules und eine Deutsche – zu einer buddhistischen Feuerzeremonie zu treffen. Der Abt vollzog das aufwändige Ritual und betete um unseren Schutz sowie darum, dass wir auf unserer Reise von allen Fährnissen – ob materieller oder spiritueller Natur – verschont blieben. Die Flammen schlugen hoch, und der Raum füllte sich mit beißendem Wacholderrauch. Die Pilgerreise in die »verborgenen Täler« hatte begonnen.

4

Erste Begegnung mit Ani

Einen Tag später entdeckte ich, während unser Gepäck und unsere Ausrüstung für die lange Fahrt in den Südosten Tibets in Allradfahrzeuge verladen wurde, eine kleine, kräftige Frau mit rundem Gesicht. Das war Ani, die Nonne mit Rastafrisur, die unsere Gruppe als inoffizielle spirituelle Führerin begleiten würde.

Aus Furcht, vergessen zu werden, war Ani schon am Tag zuvor mit einem Bus von ihrem Kloster aus angereist. Sie stellte sich neben unseren blauen Dongfeng-Laster und rieb sich erwartungsvoll die Hände. Zu ihren Füßen lagen ein Rucksack aus Stoff und ein dicker Schaffellmantel. Auf dem Kopf trug sie einen verbeulten Strohhut, der ein paar Zentimeter über ihrem Haar zu schweben schien.

Ich erschrak über ihre heißen, geröteten Wangen, die dieselbe Farbe hatten wie ihre *chuba*, das lange Gewand. Sie hatte helle Augen, und auf ihrem Nasenrücken bildeten sich Fältchen, wenn sie lächelte; ihre Lippen formten einen herzförmigen Bogen. Ich bemerkte, dass sie ebenso kleine Hände hatte wie ich, nur dass meine Handflächen weich mit schwachen Falten waren, während sich in ihre tiefe Furchen gegraben hatten. Sie trug eine dunkelrosa Bluse mit weiten Ärmeln. An den Bändern um ihre Taille hing ein Talisman; an den schmalen Handgelenken trug sie Armreifen, in die sakrale Symbole eingraviert waren. Der Schmuck und die Kleidung vermittelten mir überhaupt nicht den Eindruck, dass Ani eine Nonne war. Ich hielt sie für eine Laiin. Trotzdem spürte ich sofort, dass sie eine ganz besondere Frau war.

»Ich bin Claire.« Ich streckte meine Hand aus, um ihre zu schütteln.

»Care-sii«, erwiderte sie und runzelte die Stirn, während sie versuchte, meinen Namen richtig auszusprechen. »Care-sii. Carrr.«

Ani sprach kein Englisch. Ich konnte nicht Tibetisch.

»Nenn mich Drolma, wenn dir das leichterfällt«, sagte ich und nannte ihr meinen neuen tibetischen Namen.

»Drolma, Drolma«, sagte sie mit singender Stimme und nickte. *»Tashi delek.«*

In den Augen der Tibeter machen das unwirtliche Terrain und die rätselhafte Aura Pemako zu einem der wirkungsvollsten Orte, die man als Pilger aufsuchen kann. Die Gefahren sind zwar groß, aber das ist auch der Segen. Die extremen Wetterbedingungen erhöhen das Risiko, ebenso wie die Pfade, die auf messerscharfen Graten verlaufen. Derzeit besuchen nur wenige Tibeter Pemako: Die Entfernung, die Unzugänglichkeit und vor allem die belastende Präsenz der chinesischen Armee schrecken selbst hartgesottene Pilger ab. Jene, die trotzdem kommen, sind meist Khampa aus der östlichen Region Kham, die für ihre Kraft und ihren Mut bekannt sind. Man findet kaum Leute aus Lhasa, die sich auf diese beschwerliche Reise machen.

Ani ließ sich jedoch nicht so leicht abschrecken. Nach sieben Jahren in ihrem Kloster begann sie mit 29 das, was eine lebenslange Pilgerreise werden sollte, in deren Verlauf sie Segen empfing und um Almosen bat. Als existentieller Bestandteil des tibetischen Buddhismus gilt die Pilgerschaft besonders für Mönche und Nonnen als ein Weg zum Buddhatum: die ersten Schritte hin zur verheißenen Erleuchtung. Eines von Anis ersten Zielen – und mit Sicherheit eines der beschwerlichsten – war Pemako, wo sie sich 13 Monate lang aufhielt. Sie verbrachte ihre Zeit dort zum einen mit stiller Meditation im Hauptkloster Rinchenpung Gompa, zum anderen mit Wanderungen durch die Täler.

»Eine Nacht meditieren in Rinchenpung«, sollte sie mir später verraten, »das ist wie 100 Tage an anderen heiligen Stätten außerhalb von Pemako.«

Wegen ihrer einzigartigen Ortskenntnisse und ihrer, wie Ian Baker es nannte, »Meisterschaft in esoterischen Yogipraktiken« hatte der Amerikaner Ani eingeladen. Als Frau, die »ein lebendes Beispiel für den Geist der Pilgerschaft darstellt«. Baker hatte allen sechs westlichen Teilnehmern eingeschärft, dass eine Wanderung durch Pemako äußerste Hingabe und Achtung vor dem Wesen der Pilgerschaft erforderte. Mit seinen gut 40 Jahren, in Khakihemd und Weste, mit struppigem Bart und strubbeligen Haaren kultivierte Baker das Image des schwer beschäftigten Forschers. Ich hatte das Gefühl, dass seinen in die Ferne gerichteten scharfen Augen nichts entging.

Die anderen Amerikaner unserer Gruppe waren Hamid Sardar, ein Tibetologe mit Harvardabschluss, und Ken Storm junior, ein bebrillter Geschäftsmann aus Minneapolis, die mit Baker schon mehrere Expeditionen nach Pemako unternommen hatten. Außerdem waren da noch die Brüder Gil und Troy Gillenwater aus Arizona, die ernste Buddhistin Waltraut Ott aus Deutschland, Ani und ich. Dann schlossen sich uns noch unser tibetischer Führer Sonam und ein Sherpateam aus Nepal an – lauter fromme Buddhisten –, die unterwegs für uns kochen und Nachtlager errichten würden.

Wir wollten von Bhakha Tulkus Gompa, einem der großen Klöster in der Region Pome, aus starten. Nachdem sich das Gompa am südlichen Ufer des Flusses Po-Tsangpo befand, mussten wir zunächst eine wackelige Hängebrücke aus Holz überqueren, die mit bunten Gebetsfahnen geschmückt war. Dahinter lag ein Pfad durch alte Wälder, die sich bis zum Fuß des Su-La-Passes erstreckten, wo ich die Lilie zu finden hoffte.

In der ersten Nacht im Kloster Bhakha teilte ich eine Schlafkammer mit Ani und sah zu, wie sie sich dreimal rasch mit zum Gebet gefalteten Händen zu Boden warf, bevor sie sich auf die schmale Holzpritsche legte. Sie schlief ein, sobald ihr Kopf das Kissen berührte, das sie sich aus ihrem Rucksack gemacht hatte. Sie schlief seitlich eingerollt wie ein Kind und begrub dabei ihr Gesicht in den Ärmeln ihres Gewands. »Ich fühle mich zu den Tibetern hingezogen, besonders zu Ani«, schrieb ich in mein Tagebuch. »Sie fasziniert mich am meisten, denn sie ist wie ein strahlendes Licht. Eigentlich sollte es *ihre* Geschichte sein, die ich hier schreibe.«

Am nächsten Morgen besetzten wir einen Raum im oberen Stock des Klosters und verbrachten Stunden mit Packen, Umpacken und Kontrollieren der Ausrüstung. Gil und Troy Gillenwater waren mit doppelt so viel Gepäck – und Proviant – angereist wie alle anderen. Betroffen beobachtete ich, wie sie haufenweise Energieriegel, Dosen mit Fleischpastete und geräucherten Austern ausbreiteten. Sie hatten Goretex-Socken und Goretex-Gamaschen, aufblasbare Sitzkissen und Steigeisen, um Felswände zu überwinden. Nachdem ich einen Blick auf ihren Haufen geworfen hatte, erschien mir meiner ziemlich kläglich: eine billige wasserdichte Hose, ein Paar preiswerte Gamaschen aus Kathmandu, ein paar Tütchen Cashewnüsse und einige Tafeln Vollmilchschokolade.

Die Brüder Gillenwater waren ein unterhaltsames und ungewöhnliches Paar – erfolgreiche Immobilienmakler, Buddhismusschüler und Outdoor-Extremisten. 1994 waren sie mit dem Amerikaner Richard Fisher einen Teil des Tsangpo, der als »der Everest unter den Wildwassern« gilt, flussabwärts geraftet. (1992 war Fisher einer der ersten modernen Forschungsreisenden gewesen, der in die Tsangposchlucht einstieg.) Ein Jahr danach hatten sich die beiden Gillenwaters zusammen mit ihrem Bruder Todd Ian Baker auf einer Pilgerreise durch Pemako angeschlossen; als erste westliche Expedition hatten sie den heiligen Berg Kundu Dorsempotrang im Herzen der Täler erreicht. Schon früh auf diesem Trip waren alle drei

Brüder in einem Bassin geschwommen, von dem die Einheimischen glaubten, er sei von *naga* – schlangenähnlichen Geistern – bewohnt, die schwere Krankheit verursachen, wenn man sie stört.

»Mann, war uns elend auf dem Trip«, sagte Gil. Er hatte seine Haare so kurz geschoren wie ein US-Marine, und seine stahlblauen Augen waren blutunterlaufen. »Das war die absolute Hölle auf Erden, das Härteste, was ich je unternommen habe ...«

»Abends und die ganze Woche über mussten wir kotzen und dabei auf hohe Berge klettern«, fuhr der jüngere Bruder Troy in brummigem Südstaatenakzent fort. »Jeder war ganz auf sich allein gestellt. Was für eine Scheiße.«

»Warum seid ihr dann wieder hier?«, fragte ich unbehaglich.

»Wir wollen es wirklich genießen, weißt du, ohne schlechte Erinnerungen. Die Dschungel von Pemako gehören zum Härtesten und Anspruchsvollsten, was es für Bergsteiger gibt. Zugleich ist es ein ehrfurchtgebietender magischer Ort, wo die übliche westliche Logik versagt«, erwiderte Gil, während er sich mühte, den Reißverschluss seines Rucksacks zu schließen. »Claire, Pemako lässt dich dein Leben lang nicht mehr los. Du kannst nie wissen, dir nicht im Entferntesten vorstellen, wie sich eine Reise an diesen Ort auf dich auswirkt. Das passiert erst viel, viel später.«

Ich holte tief Luft, lächelte schwach und fühlte mich hoffnungslos unerfahren. Deshalb beschloss ich, mir eine Auszeit von der testosterongeschwängerten Atmosphäre zu gönnen und Bhakha Gompa zu erkunden. Ich durchstreifte die Gärten, wo zinnoberrote Dahlien in sommerlicher Blüte standen, und kam an einem hölzernen Plumpsklo ohne Tür vorbei. Ein kerzengerade sitzender Mönch nickte mir im Vorbeigehen höflich zu.

Die alten Mauern aus dem 16. Jahrhundert waren während der Kulturrevolution zerstört worden, und der neue Tempel befand sich im Bau. Drinnen flackerten Kerzen unter frisch gemeißelten Buddhas. Am anderen Ende eines Tisches stand ein Foto von Bhakha Tulku, dem Abt des Klosters, den ich in Nepal kennengelernt hatte. Das Foto zeigte einen Mann mit kunstvoll besticktem prunkvollem Hut. Seine Augen blickten, die Lider schwer, wie in Trance. Hier in seinem Kloster spürte ich die klaffende Lücke, die er hinterlassen hatte. Seine Mönche waren ohne ihren Meister am Steuer führerlos, die Gemeinde vor Ort vermisste ihren verehrten Lehrer.

Als ich aus dem Tempel trat, wehte mich ein intensiver Geruch an, eine kräftige Mischung aus süßem Öl und Blauschimmelkäse mit einer Spur Rinderbrühe. Es war Ani, die ein neues Paar Wanderschuhe in kleiner Größe in der Hand hielt. Ein Geschenk von Waltraut. Damit sie es nutzen konnte, gab ich ihr zwei Paar dicke Socken.

»*Tuk je che, Drolma-la*. Danke, Drolma«, sagte sie und neigte dabei den Kopf zu Seite wie ein ängstliches Vögelchen.

Als ich ihr nachsah, wie sie leichtfüßig davoneilte, fiel mir ihr mädchenhaftes Benehmen auf, das im Kontrast zu ihrem Alter stand. Angesichts der schwachen Linien auf ihrer Stirn schätzte ich sie auf ungefähr 35. Ihre Augen hatten die Farbe gerösteter Kastanien. Die schwarzen Augenbrauen lagen weit auseinander. Sie besaß ein gutmütiges, offenes Gesicht, allem – und jedem – einladend zugewandt.

Draußen fiel Nieselregen. Als ob sie die Ankunft der Gruppe erwartet hätte, wartete eine bunte Trägerschar auf der Wiese vor dem Kloster. Mangels anderer Transportmittel, die Lasten über die Bergpässe zu befördern, wurden die Einheimischen – Monpa und Lopa – seit Generationen als menschliche Saumpferde eingesetzt, von tibetischen Oberhäuptern ebenso wie von buddhistischen Lamas, die die Gegend als Erste kolonisierten, und heutzutage vom chinesischen Militär. Viele Träger waren während der Sommermonate gezwungen, für 50 Renminbi pro Tag Salz und Benzin für die Armee zu schleppen. Ihre Kleider stammten aus ausgemusterten Armeebeständen, ihre Jagdgewehre waren alte chinesische Modelle.

Lohnstreitigkeiten gehörten zum Ritual, und wie auf einem indischen Basar machte sich jede Seite für die Auseinandersetzung fit. Die Monpa-Träger hatten ihren Tagessatz von 50 auf 80 Renminbi erhöht, weil sie wussten, dass es, lehnten wir ihr Angebot ab, Tage dauern konnte, bis Nachschub aus dem Wald erschien. Während Baker und der tibetische Führer Sonam um den Preis rangen, bildete sich in der Richtung, wohin wir aufbrechen wollten, ein Regenbogen. Es war der dritte in drei Tagen, und in Tibet verheißen Regenbogen stets Glück.

Nach dem Mittagessen brach Sonam mit 20 Flaschen Bier für die Polizei ins nahe Pome auf, wo der jähzornige Polizeichef herrschte, der unsere Pflanzenjägertruppe aus seiner Provinz gejagt hatte. Der Nachmittag war von Anspannung geprägt. Denn es war nicht sicher, dass der Polizeichef uns die Genehmigung erteilen würde, den Su La zu überqueren. Bis 1931 war das Königreich Pome unabhängig gewesen, und bis heute machen dort, weit entfernt vom Arm des Gesetzes in Lhasa, der tibetische und der chinesische Geheimdienst ihre eigenen Gesetze. Bei Sonnenuntergang kehrte Sonam angeheitert lächelnd zurück. Am nächsten Morgen würden wir aufbrechen.

Nachdem wir den Su La passiert hätten, würde unsere vorgesehene Route einige Tage lang dem Tsangpo Richtung Süden folgen, bis wir zu einem Dorf kämen, wo man den Fluss mithilfe eines Drahtseils, das hoch über dem schäumenden Wasser hing, überqueren könnte. Sollte das Seil nicht mehr funktionstüchtig sein, müssten wir den Weg bis zur Brücke unterhalb von Metok fortsetzen, der einzigen größeren Siedlung der Gegend sowie Armeeposten der Chinesen. Da unsere Permits Metok nicht einschlossen, konnte das zu Problemen mit der dortigen Public Security führen, aber sollte es die einzige Möglichkeit sein, den breiten Fluss zu überqueren, müssten wir das Risiko in Kauf nehmen. Es gab diverse Meditationshöhlen und eine Einsiedelei in Mandeldem, die wir besuchen konnten, unser Hauptziel war jedoch der Pemashelri, dessen exakte Koordinaten wir jedoch noch nicht kannten. Wir hatten drei Wochen für diesen Fußmarsch und würden im Südwesten Pemakos herauskommen. Anschließend galt es, aus den Tälern heraus die Südflanke des Doshung La zu passieren. Auf der Pflanzensammlerreise war ich über die Nordflanke des Doshung La abgestiegen und hatte vom verschneiten Gipfel aus meine ersten Blicke auf die Täler Pemakos erhascht.

Als es langsam Nacht wurde, fand ich Sonam in der gemütlichen Küche des Klosters, in der mehrere einfache Tische standen und ein großes Holzfeuer loderte. Er gestand mir, dass er sich wegen unserer Reise sorgte. »Ich habe ein Permit für den Su La, aber die Leute, insbesondere Ian, wollen an Orte, die selbst Einheimischen verboten sind. Wenn wir Sperrgebiet betreten« – er fuhr mit gesenkter Stimme fort –, »dann müssen ich und mein Reisebüro dafür den Kopf hinhalten.«

Ani half einem Mönch, den Tisch zu decken, und brachte eine Thermosflasche Buttertee, eine Schüssel *tsampa* und Platten mit *dri*-Butter. Dann setzte sie sich vor ihre eigene hölzerne Schale. Sie mischte *tsampa* und Tee, gab Butter und Zucker dazu und machte daraus einen klebrigen Teig. »*Pa*«, sagte sie und hielt mir ein Teigbällchen hin. »*Shimbo du*. Es schmeckt. *Za, za*. Iss, iss.«

Ich nahm einen Bissen und zwang mich zu einem Lächeln, was mit einem Mund voll gesüßter Sägespäne gar nicht so leicht ist. Ich mühte mich redlich und spülte das Ganze mit Buttertee, einem nicht ganz so unerquicklichen suppigen Getränk, hinunter. Ani lachte über meinen Gesichtsausdruck. Sie streckte die Zunge heraus und machte laute eindeutige Geräusche. Dazu hob sie ihr Hinterteil an und machte eine Geste, als säße sie auf der Toilette.

Sonam kicherte. »Sie meint, sei vorsichtig. *Tsampa* kann Durchfall verursachen. Iss lieber *inji*(westliches)-Essen.«

Ani nahm ihren Strohhut ab, und ihre rabenschwarzen Dreadlocks, die zu einer unförmigen Spirale aufgedreht waren, kamen zum Vorschein und verliehen ihr ein wildes, kraftvolles Aussehen. Sie nahm ein bisschen von der Butter und schmierte sie auf ihre schweren, dicken Haare, die ihr bis zur Hüfte hinabfielen. Bevor ich es verhindern konnte, rieb sie auch etwas davon in meine und sagte dazu, das sei gut für mein Haar. Aus dieser Entfernung stank die Butter schrecklich, wie Fleischsuppe. Ich fragte sie mit Sonams Hilfe, was ihre Rastafrisur bedeute.

»Als ich Nonne wurde, absolvierte ich besondere Praktiken und musste mein Haar lang tragen. Man nennt das ›Meditationsfrisur‹.« Sie schwieg und überlegte. »Ich folge der Karma-Kagyü-Schule, und vor der Kulturrevolution gab es viele langhaarige Anhänger. Heutzutage hat man diese Tradition aufgegeben.«

»Seit wann hast du dein Haar wachsen lassen?«, fragte ich.

»Ich kann mich nicht daran erinnern.« Sie zuckte mit den Achseln. »Aber ich habe mir nur zweimal in meinem Leben den Kopf rasieren lassen.«

»Sind die Locken wichtig?«, insistierte ich, denn ich hielt sie für die Hüter von Geschichte und Geheimnissen.

»Ich verlor meinen Kamm und hatte kein Geld, mir einen neuen zu kaufen.« Sie zappelte herum und wich meiner Frage aus. »Ich wollte mich nicht damit aufhalten, mein Haar zu kämmen, das ist alles. Also ließ ich es verfilzen.« (Wie in der indischen Sadhu-Tradition verschwendet ein Mensch in meditativer Einsamkeit keine Zeit darauf, sich um unwesentliche Dinge wie das Kämmen oder Schneiden der Haare zu kümmern. Und nachdem das ganze Leben eine Übung darstellt, bedeutet es außerdem, seine »Kraft« zu bewahren.)

»Mein Haar hilft mir, wie eine gewöhnliche Laiin auszusehen«, fuhr Ani fort. »So werde ich nicht von der Polizei schikaniert, die es sonst Nonnen und Mönchen viel schwerer macht, als Pilger unterwegs zu sein.«

»Gibt es viele Nonnen wie dich, die mit langen Haaren herumziehen?«

»Nein.« Sie schüttelte entschieden den Kopf. »In Zentraltibet sind nur sehr wenige mit langen Haaren. Ich kann mich nicht erinnern, in all meinen Jahren auf der Straße je eine Nonne wie mich getroffen zu haben. Die Leute sagen zu mir: ›Du hast langes Haar, aber du trägst Rot. Bist du eine Nonne?‹ Sie denken oft, ich sei eine Khampa-Nonne, und dann helfen sie mir nicht oder dulden mich nicht. Wenn doch, haben sie Angst, weitere Khampa würden mir folgen.«

»Warum denn?«

»Khampa haben in Tibet einen schlechten Ruf«, erklärte Sonam, »als Diebe.«

»Oder die Leute glauben gar nicht, dass ich eine Nonne bin.« Sie rümpfte ein wenig verärgert die Nase. »Dann respektieren sie mich nicht. Halten mich einfach für eine Laiin. Dann ist es am wichtigsten, Mitgefühl zu haben.«

»Reist du immer allein?«

»Normalerweise schon. Wenn ich mit anderen Nonnen zusammen bin, heulen sie und halten die Strapazen des Wegs nicht aus.«

»Hast du niemals Angst?« Ich nahm einen Schluck von meinem Buttertee. Der war schon fast erstarrt, so dass ich ihn kaum hinunterbrachte.

»Ich habe Angst vor Dieben und Hunden, hatte aber noch nie Schwierigkeiten.«

Ani stand auf, ließ die Thermoskanne im Uhrzeigersinn kreisen und goss uns allen noch eine Runde ein.

53

»Ich bin so hart im Nehmen wie mein Geburtszeichen«, erklärte sie. »Ich bin im dritten Monat des tibetischen Kalenders geboren, im Jahr des Eisernen Ochsen (1961).«

»Wo schläfst du normalerweise?«

»Wenn ich unterwegs bin, außerhalb der Dörfer, damit die Leute mich nicht stören. Ich lege Steine auf ein Stück Plastikfolie und schlafe mit einer Wolldecke.« Sie blies in ihren Tee, um ihn abzukühlen. »Wenn ich eine Höhle finde, dann ziehe ich mich eine Zeitlang dorthin zurück und verrichte meine spirituellen Übungen. Ich fühle mich in einer Höhle sehr viel wohler als in einem Haus«, erzählte sie mit leuchtenden Augen.

»Ganz in der Nähe von hier habe ich ein Jahr in einer Höhle verbracht. Vom Eingang aus konnte ich den Namcha Barwa sehen. Drinnen war es trocken und gemütlich mit viel Brennholz von einem Pfirsichbaum. Die einzige Plage waren die Flöhe früherer Pilger. Im Sommer bissen sie mich, wenn ich meditierte«, sagte sie lachend. »Aber mir gefiel es dort. Das hat meine Seele geöffnet. Ich fühlte mich frei von jeglicher Unzufriedenheit.«

Ich schüttelte den Kopf vor Erstaunen über Anis sachliche Art, stellte mir mich in ihrer Haut vor – um Essen bettelnd, im Freien schlafend und mit nichts als einer kleinen Tasche auf Pilgerschaft. Kein Trara, keine Feierlichkeit und keine Freunde. Es musste eine Menge Entschlossenheit erfordern, so dachte ich mir, um allein loszuziehen, einen Weg zu finden, den sonst niemand betritt.

Sie fing meinen Blick auf, mit vom Feuer geröteten Wangen.

»*Nga kyipo du Pemako ne.* Ich bin froh, wieder in Pemako zu sein. Hier macht man spirituell viel rascher Fortschritte als anderswo. Pemako ist wie Himmel und Hölle zugleich.«

Im ersten Licht des nächsten Tages brachen wir vom Bhakha Gompa auf zur Überquerung des Su La. Endlich befand ich mich an der Schwelle zum »Territorium der roten Lilie«. Dynamitexplosionen donnerten durchs Tal: Bauarbeiten für eine weitere Straße für die Holzgewinnung. In gewisser Hinsicht glich der heilige Wald aus Hemlocktannen und Fichten einem Schlachtfeld. Riesige Stämme lagen wie tote Soldaten verstreut; ein Pionier aus Sichuan lief vorbei. Seine Hände waren von irgendetwas Zähflüssigem überzogen, das aussah wie gestocktes Blut. Ein alter Lama in traditionellen Gewändern tauchte wie eine Erscheinung auf – ohne Socken, aber dafür mit einer rotgoldenen Krone. Er schüttelte uns locker die Hände und setzte dann seinen Weg fort. Offenbar unbeeindruckt von der Tatsache, dass wir seit 1913 die ersten Leute aus dem Westen auf diesem Weg waren.

Unsere Gruppe fiel schnell auseinander. Die Fittesten – Ani und die Gillenwaters – waren weit voraus. Ich war schlecht gelaunt und in mieser Verfassung zurückgefallen. Ken Storm, ein Fan von Frank Kingdon Ward mit einer Vorliebe für romantische Dichter, war der Einzige, der meine Begeisterung für die rote Lilie teilte. Er lief voraus und hatte mir versprochen, die Hänge nach der seltenen Pflanze abzusuchen. Als wir den Wald verlassen hatten, war da unheimlich viel Himmel und freier Raum. Die Luft war von Frühlingsduft erfüllt. Als der Weg schmal wurde und eine steile Rinne hinaufführte, krabbelte ich über Felsen und klang bald wie eine Dampfmaschine ohne Dampf. Alle zehn Minuten blieb ich stehen, um nach Luft zu ringen und das Geröll mit dem Feldstecher nach etwas Rotem abzusuchen. Dabei kamen mir erste Zweifel daran, ob ich die Lilie je finden würde. Die Vegetation wurde immer spärlicher, und die Schneefelder rückten näher. Ich hatte eigentlich schon aufgegeben, als ich einen Schrei hörte und mich aus Angst vor herabstürzendem Gestein instinktiv duckte.

»Gefunden! Gefunden!«, schallte es den Hang herab. Ich schnaufte zu Ken Storm hinauf, der stolz auf sieben Blüten Lilium paradoxum

55

deutete, die an einem senkrechten Felsen klebten, den ich mehrere Male hinabfiel, als ich versuchte, sie zu fotografieren. Auf den Blüten mit jeweils sechs karminroten Blütenblättern lagen Regentropfen. Jede Blüte zitterte im Wind. Sie sahen elegant aus, anmutig, mit schmalen Stängeln und kranzförmig angeordneten fedrigen Blättern. Es kam mir fast wie ein Sakrileg vor, eine davon zu pflücken, aber ich tat es trotzdem und wickelte sie vorsichtig in ein Papiertaschentuch. Ich hatte Ken Cox versprochen, ihm die Blume bei meiner Rückkehr zu zeigen. Als Ken Storm sie den einheimischen Trägern zeigte, erklärten sie ihm, die Wurzeln der roten Lilie würden als Medizin genutzt, unter anderem als Fiebermittel. Cox war sehr erfreut, als er hörte, dass ich die Blume gefunden hatte. Da ich jedoch keine Samen mitbrachte, konnte die rote Lilie nicht in Europa kultiviert werden. Sie muss also nach wie vor erst noch im Westen eingeführt werden und wächst bis dahin frei und ungestört. Ein paar Monate später erschien meine Story unter der Überschrift »The Hunt for the Red Lily« im *Telegraph Magazine*.

Begeistert von der Entdeckung der Lilie, marschierte ich anschließend auf den fast 4000 Meter hohen Su-La-Pass. In strömendem Regen, den knirschenden Schnee unter den Füßen, erforderte das schon eine große Willensanstrengung. Fröstelnd und schwitzend zugleich, mit Herzrasen wegen der ungewohnten Höhe, verspürte ich eine unerwartete Heiterkeit. Auf dem Pass, wo nur eine dünne Grenze die Welten trennt, schien sich die Grenze zwischen den Elementen, zwischen der Erde und mir selbst aufzulösen.

Ich atmete mit dem Wind, ich hörte das Land seufzen. Es war, als würden die Schleier der normalen Wahrnehmung gelüftet und als könnte ich für einen Augenblick die Verbundenheit allen Lebens spüren, verwoben in einem Bewusstsein, das alles und jedes vereint.

Auf der anderen Seite des Berges, nicht weit voraus, erspähte ich Anis rosa gescheckte Tunika. Vor Aufregung ganz rot im Gesicht, taumelte ich zu ihr hinunter. Sie war gerade dabei, Sonam zu helfen, der sich eine Bänderzerrung am Knie zugezogen hatte.

»*Ga le, ga le*. Langsam, langsam«, sagte Ani und hielt ihn am Arm.

Sie ging voraus, ich blieb dicht dahinter.

»Meine beiden Beschützerinnen«, sagte Sonam mit schwachem Lächeln, aber weißem Gesicht.

Ani rief Träger zu Hilfe. Zwei junge, o-beinige Männer kamen näher. Sie trugen altmodische Mao-Jacken und passende Hosen. Sie waren klein, gedrungen, mit breiter Stirn und riesigem Brustkorb (ihr Lungenvolumen ist aufgrund ihrer extremen Lebensweise anderthalbmal so groß wie das von Flachlandbewohnern).

»Wir geben erst Medizin«, sagte einer der Träger und öffnete ein silbernes Döschen. Er nahm eine Handvoll gesegneter orangefarbener Gerstenkörner heraus und rieb sie, Gebete flüsternd, auf Sonams Knie. Ich weiß nicht, ob es half, aber Sonams Stimmung besserte sich, auch wenn der Schmerz nicht nachließ. Irgendwie schafften die Träger es, Sonam in einer Art Stafettenlauf zu transportieren. Zuerst schleppten sie das schwere Gepäck in Bambuskörben hinunter und stützen dann den humpelnden Führer, bis er wieder weiterkonnte.

»Wie weit ist es noch?«, fragte Sonam und zuckte zusammen.

»Ein paar Stunden vielleicht«, antworteten die Träger gleichmütig.

Ich sollte bald lernen, dass die Zeit in Pemako nicht in Stunden, sondern Tagen gemessen wird. Aus drei Stunden wurden sechs, der Weg verschwand unter Schneefeldern und einen Gletscher hinab. Wir stiegen 1500 Meter ab, so weit, wie der Grand Canyon tief ist. Nach Einbruch der Dämmerung erreichten Ani und ich, zerschrammt und zerschlagen, die feuchte Yakhütte, wo die anderen sich schon zu unserer ersten Nacht in den Tälern niederlegten.

57

5

In den versteckten Tälern

Laut tibetischer buddhistischer Überlieferung ist Pemako eines der wichtigsten unter den 108 »versteckten Ländern« (beyul), über die der Guru Rinpoche weissagte, sie würden als Zuflucht dienen, wenn die Welt den dunkeln Mächten des moralischen Verfalls und der Umweltzerstörung anheimfiele. Wenn »das Gesetz Tibets gebrochen wird. Chinesen, Mongolen und die Barbaren der Grenzregion werden dann Krieg führen (und) ein Meer von Blut wird sich bilden«.[1] In der mythischen Tradition von Guru Rinpoche, den die Nyingma-Schule, die älteste des tibetischen Buddhismus, für einen zweiten Buddha hält, heißt es, als Vermächtnis an künftige Generationen des tibetischen Volkes würden terma – Offenbarungstexte – in ganz Tibet zurückbleiben.

»Der Hauptgrund für das Verbergen der *terma* war die Furcht, die Lehren könnten im Laufe der Zeit verblassen oder verfälscht werden«, schreibt Span Hanna. »*Terma* wurden in Felsen, Berghängen, Bäumen, Tempeln, Bildern, Seen und sogar im Himmel versteckt«, um von Lamas als *terton* – Entdecker der Schätze – im Zuge von Träumen oder Meditationen offenbart zu werden.[2]

1986 wurde der Australier Hanna Augenzeuge einer *terton* in Aktion, als er eine Pilgerreise zum Berg Bon Ri in Kongpo unternahm. Während einer Zeremonie an einem großen Felsen zog sich eine Tibeterin mittleren Alters namens Khandro Khachi Wangmo (»Mächtige Frau des Dakini-Reiches«) bis zur Taille aus, »um zu beweisen, dass das Ganze kein Trick war« und schlug dann mit ihrem *phurbu* – dem rituellen Dolch – auf den Fels ein. Hanna beobachtete voller Erstaunen, wie die Tibeterin Stücke von dem Stein abschlug und »in einen Hohlraum griff, aus dem sie eine kleine sitzende Figur nahm ... sowie einen Donnerkeil oder *dorje*«. Hanna erfuhr anschließend, dass »die Objekte selbst sich nicht im Stein befinden«, aber erst »durch den Stein physisch greifbar werden«. Die Schätze »verbleiben in einem anderen Reich, bewacht von Wesen namens *terdak*«.[3]

Solche verwirrenden Begegnungen können einen ebenso erschüttern wie die Erkenntnis, dass ein »verborgenes Land« Nichteingeweihten verschlossen, ja unsichtbar bleibt. Im Buddhismus umfassen »verborgene Länder« äußere, innere und geheime Dimensionen, in die nur Menschen mit gesteigerter Wahrnehmung oder »Buddhavision« eintreten können. Nur sie können die in der Landschaft versteckten Eingänge sehen. Manche davon liegen im Regenwald, andere »mitten in den verschneiten Bergen«, erklärt Tai Situ Rinpoche, der oberste Lehrmeister des 17. Karmapa und Vorsteher der Karma-Kagyü-Schule. »Es wird eine oder mehrere bestimmte Personen geben, die (die verborgenen Länder) enthüllen ... Manche werden in Zeiten von Hunger und Krieg von Nutzen sein; andere, wenn die Menschen spirituelle Inspiration und Unterstützung brauchen.«[4] Erst im 17. Jahrhundert erfuhr man von den »verborgenen Ländern« von Pemako, nachdem zwei Anhänger der Nyingma-Schule *terma*-Texte offenbart hatten, die Guru Rinpoche selbst hinterlegt haben soll. Auch wenn sie den Zorn der Monpa auf sich zogen, die in den Tälern lebten und sich gegen den Pilgerstrom mit Überfällen und der Ermordung frommer Buddhisten wehrten, blieben die visionären Lamas beharrlich und erzwangen im 18. Jahrhundert die offizielle Öffnung Pemakos als Pilgerziel. Im Laufe der Zeit konvertierten die Monpa, die zunächst noch Anhänger des Animismus waren, zur Nyingma-Schule.

Die *terma*-Texte, in einer kryptischen Geheimsprache verfasst, die nur ein erleuchteter Lama entziffern kann, besagen, dass irgendwo

in den Tälern, hinter einem Wasserfall, der Eingang in ein irdisches
Paradies liegt. Der als Chime Yangsang Ne – wörtlich: geheimer Ort
der Unsterblichkeit – bekannte Eingang sei nur den Menschen mit
wahrem Glauben und entsprechendem Karma zugänglich. (Die Tibeter folgen den Gesetzen des Karma – das heißt, sie halten jegliche
positive wie negative Erfahrung für eine Folge des eigenen Verhal-
tens in der Vergangenheit.)

Um die Mitte des 19. Jahrhunderts war Pemako nicht nur Anziehungspunkt für fromme tibetische Pilger. Im Wettlauf um die
Vermessung des weißen Flecks auf der Landkarte setzten britische
Forscher alles daran, den Verlauf des Yarlung Tsangpo kartogra-
fisch zu erfassen, der diese Region so stark dominiert und prägt.
Der höchstgelegene Fluss verläuft mit seinen rund 2000 Kilometern
Länge parallel zum Himalaja und nimmt Schmelzwasser entlang
des gesamten Gebirgsmassivs auf, bevor er in die Terra Incognita
zwischen Indien und Tibet entschwindet. Die Forschungsreisenden waren fasziniert davon, wie der Tsangpo auf einer Strecke von
knapp 40 Metern fast 2700 Meter herabstürzt, bevor er zum Brahmaputra wird, dem imposanten heiligen Fluss Indiens.

Jahrhundertelang hatten westliche Expeditionen versucht, Tibet
und die »verbotene Stadt« Lhasa zu erreichen. Es gelang jedoch nur
wenigen. Rundherum von Bergen als natürlichen Grenzen umgeben, thront Tibet über Zentralasien. Im Süden liegt der Himalaja;
die Kunlunberge wachen im Norden, und dahinter erstrecken sich
die kargen Salzpfannen der Qaidam-Wüste. Im Westen liegt das
Karakorumgebirge Pakistans, und der Osten Tibets splittet sich
in hohe Gipfel und undurchdringliche Wälder auf. Als ob die physischen Mühen nicht schon genügt hätten, wurden die Anstrengungen der Entdecker, weiter vorzudringen, von der tibetischen
Starrköpfigkeit und gut organisierter Abschreckung vereitelt. Die
Tibeter wollten nicht, dass ungebetene Gäste auch nur einen Fuß

in ihr Land setzten, das sich über eine Fläche größer als Westeuropa erstreckt.

»Tibet war nicht nur ein politisches Gebilde, sondern an erster Stelle eine Zivilisation, die die ganze tibetischsprachige Welt umfasste«, schreibt der tibetische Historiker Tsering Shakya.[5] Die tibetische Kultur erstreckte sich einst über eine riesige Fläche, die bis ins westliche Nepal sowie bis nach Ladakh und Sikkim im Norden Indiens reichte. China versteht heutzutage unter Tibet nur die zentrale Provinz des Autonomen Gebiets Tibet (AGT); die östlichen Regionen Kham und Amdo werden Sichuan beziehungsweise Qinghai zugerechnet.

Im späten 19. Jahrhundert musste sich jede britische Expedition, die von Indien nach Pemako aufbrach, mit den kriegerischen Abor im nördlichen Assam auseinandersetzen, die bedenkenlos jeden Ausländer massakrierten, der es wagte, auf ihr Territorium vorzudringen. Trotzdem blieb das »Rätsel des Tsangpo« Objekt intensivster Spekulationen, gleichzusetzen mit der Suche nach den Nilquellen. Die Forscher wurden insbesondere von einer lokalen Legende angezogen, wonach es dort riesige Wasserfälle – »ebenso groß, wenn nicht größer als die Niagarafälle« – geben sollte. Noch 1911, als zwei britische Offiziere auf der Suche nach den »Fällen des Brahmaputra« an der Grenze zu Assam ermordet wurden, konnte die Frage nach dem Ursprung des Tsangpo und dem Brahmaputra-Flusssystem nicht beantwortet werden.

Zwei Jahre danach verschwanden die beiden britischen Offiziere Captain Henry Morshead und Lieutenant Colonel F. M. Bailey – die 1904 an Colonel Francis Younghusbands Marsch nach Lhasa, der ersten größeren Expedition einer westlichen Nation nach Tibet, teilgenommen hatten – für sechs Monate, um den Verlauf des Yarlung Tsangpo zu erkunden. Sie entdeckten, dass die donnernden Fluten in einem riesigen Bogen den Namcha Barwa umrundeten, in undurchdringlichen Schluchten kaskadenartig herabstürzten und dass aus ihnen dann der friedliche Brahmaputra wurde. Echte Wasserfälle entdeckten die beiden jedoch nicht.

Inspiriert von dieser aufsehenerregenden Expedition, entschlossen sich 1924 der Botaniker Frank Kingdon Ward und sein Gefährte Lord Jack Cawdor, entlang der verbleibenden 50 Meilen der Schlucht Pflanzen zu sammeln und so das Geheimnis um die Wasserfälle zu lüften. Sie bahnten sich über qualvolle 72 Kilometer einen Weg, bis sie zwischen Felswänden festsaßen, von wo aus sie nur noch stellenweise einen Blick auf den Fluss weit unter ihnen werfen konnten. Zum Aufgeben gezwungen, gelang es ihnen nicht, die tibetische Legende von den 75 Wasserfällen, die jeweils ein eigener Wassergeist bewachen soll, zu widerlegen.

Ward berichtete später der Royal Geographic Society, dass es abgesehen von einem 13 Meter hohen Wasserfall, den er Rainbow Falls getauft hatte, wahrscheinlich auf den »verbleibenden fünf Meilen« keine weiteren nennenswerten Fälle mehr gäbe. Er schrieb: »Was weiter geschah, konnten wir nur raten, denn der Fluss brauste, nachdem er durch die Kluft gestürzt war, kopfüber in eine so tiefe und enge Schlucht, dass darüber der Himmel kaum noch sichtbar war; dann verschwand er.«[6] Diese Expedition brachte das Rätsel um die innere Schlucht zu einem vorläufigen Ende und verwies den verlorenen Wasserfall erneut ins Reich der Mythen. Dort verblieb er weitere 75 Jahre, bis amerikanische Forscher, unter ihnen Ian Baker, die Herausforderung erneut annahmen.

In seinem Buch *The Riddle of the Tsangpo Gorges* (1926) beschreibt Kingdon Ward Pemako als »das Gelobte Land der tibetischen Prophezeiung ... ein Land, wo Milch und Honig fließen, wo die Feldfrüchte wie von selbst wachsen«.[7] Sein Reisebericht wurde von dem britischen Romancier James Hilton in seinen utopischen Roman *Der verlorene Horizont*, der den Mythos von Shangri-La begründete, eingewoben. Da Tibet in der populären westlichen Kultur als schillerndes Märchenreich galt, lag es für Hilton nahe, die Legenden des mysteriösen Landes, wo Lamas fliegen können und Mönche, die nur von Luft leben, Temperaturen unter dem Gefrierpunkt aushalten, aufzunehmen. Sein Bestseller wurde 1933 erstmals publiziert. Das Buch handelt von einem utopischen Tal, wo Unsterbliche gemäß uralter Weisheit in perfekter Harmonie leben und nach den höchsten Idealen der Kunst, Philosophie und Wissenschaft streben. Das Buch fesselte die Fantasie zu einer Zeit, als der Westen einer Zuflucht aus der trostlosen wirtschaftlichen Depression und dem bevorstehenden Weltkrieg bedurfte, zu einer Zeit, als viele Menschen glauben wollten, dass ein derartiger Ort der Unschuld noch existierte. Vier Jahre später wurde *Lost Horizon* durch Frank Capras gleichnamigen Film (deutsch: *In den Fesseln von Shangri-La*) unsterblich. Diese archetypische Suche nach einem Himmel auf Erden findet man in den mystischen Traditionen aller Kulturen der Welt. Es ist die Suche nach Glückseligkeit, nach einem unveränderlichen Seinszustand, den nichts trüben kann.

Die Realität ist in Pemako jedoch um einiges komplexer als bei Hilton geschildert. Während es »in den Reiseführern der Schatzsucher als das reinste Paradies der Buddhas beschrieben wird«, erklärt Keith Dowman, der Experte für tibetischen Buddhismus, ist Pemakos »natürliche Umgebung extrem feindselig und unerbittlich«.[8] Das zeigte sich vor allem in den 1960er-Jahren, als Tibeter, insbesondere Khampa aus dem Osten, Guru Rinpoches Prophezeiungen folgend, vor den heranrückenden chinesischen Truppen hierher flohen, getrieben von dem verzweifelten Wunsch, es nach Indien zu schaffen. Sie suchten ihr Heil und erhofften sich wundersamen Schutz in Pemakos labyrinthischen Tälern. Doch viele kamen darin um. In der feuchten Hitze starben Unzählige an Malaria und anderen Krankheiten.

Auf unserer Pilgerreise durch Pemako trennte sich unsere Gruppe, die aus sieben westlichen Pilgern, Ani, den Sherpas und etwa 30 einheimischen Trägern mit haufenweise Gepäck bestand, natürlich immer mal wieder und traf erneut aufeinander, wenn sich der Weg durch den Wald schlängelte und wir mit Blutegeln, bissigen Motten, Stechmücken und vor allem Dauerregen zu kämpfen hatten. Die Hänge waren von üppiger tropischer Vegetation bedeckt. Die Feuchtigkeit ließ die Luft so dick wie Sirup erscheinen. Abends schlugen die Sherpas an gefährlich steilen Stellen das Lager auf und kochten auf Paraffinflammen einfache Mahlzeiten. Ich bemerkte, dass Ani stets zur Stelle war und half, wo es nötig war, dabei ging sie mit einer Mischung aus Ehrfurcht und Verwirrung auf Distanz zu uns Pilgern aus dem Westen.

Ich teilte ein insektenverseuchtes Zelt mit Waltraut, der Buddhistin aus Deutschland, die glaubte, eine innige Beziehung zu der zornvollen tantrischen Göttin Vajrayogini zu haben, die in Tibet unter dem Namen Dorje Pagmo bekannt ist und als Schutzpatronin von Pemako gilt. Die scharlachrote Göttin in einem Ring aus Feuer wird mit dem Kopf einer Sau dargestellt (die Muttersau symbolisiert Ignoranz, die die Göttin durch Weisheit besiegt hat). Unsere Kameradschaft war den Umständen geschuldet und angesichts der Tatsache, dass wir uns zuvor überhaupt nicht gekannt hatten, geradezu harmonisch.

Trotzdem zog es mich zu Ani hin. Zu Beginn, da möchte ich mir gar nichts vormachen, war ich für sie nicht anders als der Rest der Gruppe. Ein paar Tage nach dem Start der Expedition und ohne Hoffnung auf eine Dusche, bat ich Ani um Hilfe, weil ich mich mit einem Eimer kaltem Wasser waschen wollte. Wir waren in einem Dorf angekommen, das von wogenden Maisfeldern umgeben war. In der Mitte einer grasbewachsenen viereckigen Fläche standen verlassene Militärbaracken mit einer ausgeblichenen chinesischen Flagge oben drauf. Hinter einem Gebäude fanden Ani und ich eine abgeschiedene Ecke. Obwohl sie ein Handtuch um mich herum hielt, schützte mich das nicht vor einer Horde flachbrüstiger, knochiger Mädchen, die unbedingt einen Blick auf meine üppige Figur erhaschen wollten. (Zweimal im Verlauf unserer Reise stupste einer der Träger meine Brüste an; aus Neugier, um zu sehen, ob sie echt wären.)

Ani scheuchte die in hohen Tönen kichernden Mädchen fort, und anschließend spazierten wir zum Dorfbrunnen hinunter, um auf den flachen, glatten Steinen unsere Kleider zu waschen. Ani bearbeitete ihre Bluse mit so viel Kraft wie ein Bäcker seinen Teig; so wie sie auch ihr Gesicht jeden Morgen mit einem alten Stück Flanell und billiger rosa Seife kräftig abrieb. Am Abend putzte sie ihre Zähne sowohl mit ihrem Zeigefinger als auch mit einer alten orangefarbenen Zahnbürste, deren Borsten in alle Himmelsrichtungen abstanden, aber ohne Zahnpasta. Ich bemerkte, dass sie ihre Toilettenartikel sorgsam in ein taschentuchgroßes Stück Stoff wickelte. Meine nahmen dagegen etwa die Hälfte meines Rucksacks ein. Als wir zu den Baracken zurückgingen, zeigte Ani mir, welche Blätter man als Klopapier benutzen kann und welche nicht; außerdem wies sie mich auf essbare und giftige Beeren hin.

Als wir zum Lager kamen, verkündeten die Gillenwater-Brüder, dass sie sich von der Gruppe trennen wollten, um auf eigene Faust flussaufwärts zu wandern; sie wollten zu den legendären Wasserfällen in der Tsangposchlucht vorstoßen. Ken Storm junior schloss sich ihnen alsbald an, so dass in unserer Gruppe nur vier westliche Teilnehmer verblieben. Wenn alles nach Plan lief, sollten wir die anderen auf der anderen Seite der Täler wiedertreffen. Ich war traurig über den Abschied von den gut gelaunten Brüdern, denn sie hatten einen ausgleichenden Einfluss gehabt und waren nicht dem konkurrierenden Männlichkeitswahn verfallen, der Ian und Hamid Sardar beherrschte.

Hamid, ein großer, kahlköpfiger Mann mit dunklen, nachdenklichen Augen, war im Iran aufgewachsen. Nach der Revolution in Teheran war Hamids Familie nach Frankreich gegangen, wo sie in einem Schloss außerhalb von Paris gelebt hatte. Hamid war in die USA aufs College geschickt worden, hatte in Harvard Tibetologie und Sanskrit studiert und dort promoviert.

Als er Mitte der 1980er-Jahre in Nepal Ian Baker kennenlernte, waren sie beide im Bann der »verborgenen Länder« Tibets, und Hamid übersetzte buddhistische Texte über Pemako. Er war ein frommer Buddhist gemäß der Lehre von Dzogchen, einem spirituellen Weg, der auch »große Vollendung« genannt wird. Es schien ihm Spaß zu machen, mir Horrorstorys über Blutegel zu erzählen. Auf einer Pemako-Reise habe er beim Aufwachen einen geschwollenen Egel in seinem Mund entdeckt, der sich dort mit Blut vollsaugte.

In den Baracken, die mit alten kommunistischen Propagandapostern tapeziert waren – einem glasäugigen Mao, lächelnden Chinesen und Tibetern Hand in Hand –, hielt Hamid Hof und äußerte sich philosophisch über die Relativität der Zeit und die Wiedergeburt.

»Dann bedeutet Karma also, dass jeder Gedanke uns verführt, dass jede Aktion eine Reaktion hervorruft?«, fragte ich und ließ mich mit einem Becher Tee nieder.

»Ja«, erwiderte Hamid. »Aber schon wenn du deine Bindung an Gedanken lockerst, öffnest du dich. Das ist der Anfang der Dekonditionierung deines Selbst. Beobachte die mentalen Purzelbäume und deine eigenen Reaktionen, lass sie einfach zu. Sei Beobachter, ewiger Zeuge.« Er nahm einen Schluck Tee. »Bis du dich stärker verwirklichst, so wie Ani« – er machte eine Pause und schaute auf die Grasfläche, über die sie auf uns zuging –, »erzeugst du permanent Karma. Erst wenn du aufhörst zu meditieren, beginnt es – die Erleuchtung – wirklich. Du kannst es bei Ani sehen, an ihrer Anmut.«

Als Ani und ich zusammen wanderten, behielt sie ihren langsamen, rhythmischen Gang bei, drehte die Plastikperlen ihrer Gebetskette und murmelte ununterbrochen, selbst während sie atmete. Wenn ich meine Schritte beschleunigte, bremste sie mich mit einer sanften Berührung meiner Hand. Als meine Beine vor Erschöpfung zu zittern begannen wie ein Presslufthammer, brachen wir beide in Gelächter aus und warteten, bis wir wieder genug Kraft hatten, um weiterzugehen. Mehr als einmal bewahrte sie mich vor einem bösen Sturz, wenn ich ausrutschte.

Anis Miene änderte sich ständig. Sie besaß eine erstaunliche Unschuld, gepaart mit unglaublicher Stärke. Sie hatte etwas, das ich nicht genau benennen konnte – Ruhe, eine Art Selbstgewissheit –, und wenn ich mit ihr zusammen war, spürte ich, wie sich etwas in mir entspannte. Ich wurde weich. Und ich stellte fest, dass ich sie imitierte, ungeschickt mit meiner eigenen Gebetskette aus Sandelholz hantierte. Es war die irgendwie unschuldige Vorstellung, dass ich ein bisschen so werden würde wie sie, wenn ich versuchte zu tun, was sie tat.

»Drolma«, sagte sie freundlich, wenn ich zurückfiel, »denk daran, Guru Rinpoches Mantra *Om Ah Hung Benza Guru Padme Siddhi Hung* zu wiederholen. Das gibt dir Kraft.«

Ich lernte, ihre Körpersprache zu verstehen, und wir kommunizierten mit Gesten, Blickkontakten, ein paar Brocken Tibetisch und oft durch stummes Einverständnis. Wenn Sonam, dessen Knie sich wieder erholt hatte, neben uns wanderte, übersetzte er für mich, und so traten Einzelheiten aus Anis Leben zu Tage.

Ich erfuhr etwa, dass sie in einem Nomadenlager, ungefähr zwei Tagesritte westlich von Lhasa, aufgewachsen war und bis zu ihrem 22. Lebensjahr in einem Zelt aus schwarzer Yakwolle gelebt hatte, das aus drei großen Räumen bestand. In der Mitte war eine Feuerstelle gewesen, und sie hatte auf Tierfellen am Boden geschlafen. Ab ihrem sechsten Lebensjahr hatte sie die mehr als 150 Yaks und Schafe ihrer Eltern gehütet und sie tagtäglich allein oder mit einem ihrer Geschwister auf die höher gelegenen Weiden getrieben. Anfangs hatte sie das langweilig gefunden, im Laufe der Zeit aber eine Vorliebe für die Stille und Einsamkeit entwickelt.

Ihr Vater Yongden, ein ehrenwerter Mann mit Händen »wie ein Braunbär«, hatte jeden Menschen respektvoll behandelt; ihre Mutter Lhamo hatte eine gute Figur und »Hände wie eine Dame«. Die von Natur aus sanftmütige, mitfühlende Frau erlebte ihre Tochter gelegentlich widerspenstig. »Wenn wir zur Arbeit auf die Felder gingen«, erinnerte Ani sich, »starrte ich zu den Wolken hinauf und sagte zu Ama, meiner Mutter: ›Jede ist ein anderer Buddha, jede reist an einen anderen Ort.‹« Lhamo stupste sie dann an und trug ihr auf, zurück an die Arbeit zu gehen und den Schafen die Wolle vom Rücken zu zupfen. Ani weigerte sich. »›Nein‹, sagte ich zu ihr. ›Du würdest es auch nicht mögen, dass dir jemand die Haare vom Kopf reißt, das würde dir wehtun.‹«

Alles in allem war ihre frühe Kindheit unbeschwert. »Ich habe einfach nur gespielt. Ich wusste damals noch nichts von den Gründen des Leids.« Ihre Eltern schirmten sie offenbar gegen die schlimmsten Exzesse der Kulturrevolution ab, die begann, als sie gerade fünf Jahre alt war, und die tibetische Kultur und Religion zerstörte. Eine Epoche, die sich der kollektiven Erinnerung als Zeit, in der »der Himmel auf die Erde fiel« eingebrannt hat.

Als Anis Großeltern im Zuge des politischen Kampfes zur Zielscheibe bösartiger *thamzing*-Treffen wurden, geriet ihre Existenz in Gefahr. Zu einer Zeit, als ein guter Ruf und Wohlstand als konterrevolutionär galten, wurden die als reiche Nomaden angeklagten Großeltern mütterlicherseits verschleppt und von der Volksbefreiungsarmee gefoltert. Als ich Ani nach weiteren Einzelheiten fragte, schwieg sie. Ich drängte sie nicht, denn ich spürte, dass ich nicht das Recht hatte, mehr über ein so heikles und, wie ich mir vorstellen konnte, schmerzliches Thema zu erfahren.

Gesprächiger war Ani hinsichtlich ihres Entschlusses, Nonne zu werden, und so erzählte sie mir eines Tages, als wir gerade auf einem schmalen Pfad durch Pemako wanderten, ihre Geschichte. Ihre Mutter war dagegen gewesen. Sie gab sich Mühe, Ani zur Hochzeit mit dem Sohn einer Nachbarsfamilie zu überreden. Doch Ani weigerte sich standhaft.

»Allein die Vorstellung machte mich unglücklich und ängstigte mich«, sagte sie. »Ich sagte meiner Mutter immer wieder: ›Ich möchte Nonne werden.‹« Ein Leben in Nonnengewändern erschien ihr einfach im Vergleich zu dem schweren Dasein, das Anis Verwandte zu ertragen hatten: »Ich denke immer, dass heiraten und ein normales Leben führen eine schmerzliche Angelegenheit darstellt. Junge Paare sehen glücklich aus, bevor sie eine Familie haben, aber dann kommen Kinder, die sie belasten wie das Gewicht des Pfluges den Nacken eines Yaks.«

Lhamo suchte eine lokale Mystikerin auf, um sich Rat in Bezug auf Anis Zukunft zu holen. Mit Hilfe einer Gebetskette und des Knieknochens von einem Schaf weissagte die alte Frau, dass ihre Tochter eine gute Nonne werden würde; wenn nicht, würde sich ihr Leben mit vielen Hindernissen sehr schwer gestalten. Ani erfuhr erst später von dieser Prophezeiung.

»Meine Mutter unterstützte einen meiner Brüder darin, Mönch zu werden, denn sie glaubte, er hätte einen ausgeprägten Hang zur praktischen Religionsausübung und würde es weit bringen«, fuhr Ani fort. »Mir sagte sie hingegen: ›Frauen ändern stets ihre Meinung. Sie sind wie die Wolken am Sommerhimmel, immer in Bewegung, immer in Veränderung begriffen.‹«

Im Westen misst man Entwicklung mit Begriffen, die sich auf die äußere Struktur und Technologie beziehen. In Tibet wird dagegen dem Studium der Innenwelten mehr Bedeutung beigemessen. Die Klöster waren die Hüter des Wissens und auch die Wächter von Dogmen, Macht und Wohlstand, wobei jede der vier Hauptrichtungen des Buddhismus ihre Religion auf eigene Weise ausübt. Nyingma, die »alte Schule«, hält sich eng an die Lehren des Guru Rinpoche; Gelug, die »Gelbmützen«, die Schule des Dalai Lama, legt mehr Wert auf akademische Ziele und Debatten; die Kagyü (»Schwarzmützen«) betrachten den Rückzug in die Einsamkeit und die Meditation als den effizientesten Weg zum Buddhatum; die Sakya-Schule schließlich konzentriert sich auf mönchische Disziplin und ein entsprechendes Studium.

Früher war es in Tibet üblich, dass jede Familie dem Kloster vor Ort einen Sohn zur Verfügung stellte; die Jungen wurden zu religiösen Studien angehalten. Nonnen hatten dagegen in der tibetischen Gesellschaft stets einen ambivalenten, zweitklassigen Status. Selbst Mädchen mit glühendem spirituellem Eifer wurde eher zu einem weltlichen Leben geraten. In manchen tantrischen Texten wird behauptet, Frauen könnten die Erleuchtung rascher erlangen als Männer; andere beschreiben Frauen aufgrund ihrer Sexualität, Menstruation und Gebärfähigkeit als besudelt und unrein; außerdem attestieren sie ihnen Fehler wie Neid, Hass und Verblendung.

Eines der gängigsten Gebete für tibetische Buddhistinnen war und ist vielleicht bis heute die Bitte um eine Wiedergeburt als Mann. »Im *Sutra über die Verwandlung des weiblichen Geschlechts* macht der Buddha das deutlich«, schreibt Tsultrim Allione. »Ihr (Frauen) solltet einen solchen Vorsatz haben ... Denn ich wünsche von den Unreinheiten des Frauenkörpers befreit zu sein, ich werde die schöne und frische Gestalt eines Mannes annehmen.«[9]

(Ani erzählte mir ein paar Jahre später, sie habe nie dafür gebetet, in einem künftigen Leben als Mann wiedergeboren zu werden. Ihre Begründung dafür: »Das Streben nach Erleuchtung ist für Männer und Frauen gleich. Der einzige Unterschied ist, dass Frauen manchmal einen unbeständigeren Geist haben.«)

Etwa ein Jahr nach der Prophezeiung der Mystikerin lief Ani unter dem Vorwand, Heilpflanzen sammeln zu wollen, von zu Hause fort. Sie ließ ihren Schmuck zurück, sogar den Türkis, den sie sonst im Haar trug, nahm nur ihre Perlenohrringe mit, ihre Texte der Göttin Tara und ihre Blechschüssel für *tsampa*. Sie benötigte fast einen ganzen Tag, um aus dem entlegenen Tal, wo sie die bisherigen 22 Jahre ihres Lebens verbracht hatte, zu dem Kloster zu gelangen, das sie zuvor nur einmal, »als Mitglied unserer Tanztruppe vor Ort«, besucht hatte.

»Du warst Tänzerin?«, fragte ich erstaunt. »Was für eine denn, eine tibetische *cham*-Tänzerin?«

»*Min, min.* Nein, nein. Das war unter Mao. Alle Lieder rühmten das kommunistische China – und kritisierten zugleich die alte tibetische Regierung, die Großgrundbesitzer sowie unsere abergläubischen Traditionen und unsere Religion.« Sie machte eine Pause, um Atem zu holen, denn der Weg stieg gerade steil an.

Von dem Kloster, das Ani sich gewählt hatte, war nicht mehr viel übrig. Nur ein Tempel ohne Dach und eine Handvoll einfacher steinerner Schutzhütten hatten die Stürme der Kulturrevolution überstanden. Weil man sie als Bestandteil des Feudalsystems betrachtete, waren Mönche und Nonnen damals besonderen Repressionen ausgesetzt und wurden Opfer von Brutalitäten, Folterungen und Demütigungen. Lamas wurden mit Narrenkappen auf dem Kopf durch die Straßen geführt und dann in grausame Arbeitslager geschickt. Nonnen wurden auf öffentlichen Plätzen zum Sex mit Mönchen gezwungen. Die Revolution lag gerade einmal sieben Jahre zurück, als Ani das geplünderte Kloster aufsuchte. In einem so unsicheren gesellschaftlichen Klima stellte die Entscheidung für das Kloster ein hohes politisches Risiko dar.

Fünf alte Nonnen und vier Mönche lebten in den Ruinen. Eine der Nonnen erklärte sich bereit, ihr Zimmer mit Ani zu teilen, obwohl die junge Frau ihr im Gegenzug nichts, nicht einmal *tsampa*, anbieten konnte.

»Zwei Tage später traf mein Vater ein, um mich zurückzuholen. Ein alter Lama sagte zu ihm: ›Als Mensch geboren zu werden ist das Seltenste überhaupt. Nur Menschen haben das kostbare Glück und die Gelegenheit, sich der Religion zu widmen. Lass deine Tochter bleiben.‹ Dann kam meine Mutter, mich zu holen.« Ani verzog das Gesicht und verdrehte die Augen.

»Ama war sehr wütend. Sie erzählte mir, eine ihrer jüngeren Schwestern sei Nonne geworden und jung gestorben. Sie drohte, ein paar junge Männer zu schicken, die mich mit Gewalt holen würden, wenn ich nicht mit ihr zurückkäme.« Ani stützte sich auf ihren Stock und erzählte weiter. »Derselbe alte Lama sprach auch mit meiner Mutter: ›Deine Tochter ist ein sehr liebes Kind. Wenn sie sich aus freien Stücken entschlossen hat, Nonne zu werden, bring sie nicht davon ab. Wenn du sie mit nach Hause nimmst, wird ihr Leben sehr kurz sein.‹ Ich bin ihm immer noch für seine Freundlichkeit und seine Großmut dankbar.«

»Was hast du deiner Mutter gesagt?«

»Ich flehte sie an: ›Ama-la, du brauchst dich nicht um mich zu sorgen. Du musst mir kein Essen und keine Kleider bringen. Im Winter kann ich Wasser trinken und im Sommer Gräser essen.‹ Schließlich willigte sie ein. ›Mal sehen, wie lange du durchhältst‹, sagte sie. Sie ließ mir einen kleinen Beutel *tsampa* zurück. Sie dachte wohl, ich würde nach Hause kommen, wenn mir das Essen ausging.« Ani schwieg kurz und sagte dann: »Aber so war es nicht. Der alte Lama rasierte meinen Kopf, und ich legte meine Gelübde ab, gelobte meine Treue zu den Drei Juwelen – Buddha, Dharma und Sangha.« Instinktiv legte sie dabei eine Hand auf ihr Herz.

»Ich schickte meinem Vater die Perlenohrringe zurück und aß in den nächsten Monaten nichts als einen Löffel *tsampa* pro Tag.« Sie rieb sich den Bauch und grinste. »Ich fühlte mich schwach. Mein Magen knurrte. Aber es war mir egal. Ich war glücklich.«

»Konntest du die anderen Nonnen nicht um Essen bitten?«

»Dafür war ich zu schüchtern. Wenn eine der Nonnen mir etwas anbot, aß ich nur einen Mund voll. Manchmal sammelte ich Brennnesseln für eine Suppe, so wie der *yogi* Milarepa, oder ich erhielt aus *tsampa* zubereitete *tsok* (Tempelgaben). Die alte Nonne war nett und lieh mir ihre Decke aus Schaffell.«

»Hattest du Heimweh?«

»Nein. Sechs Monate später traf mein Vater mit weiteren Vorräten ein. Inzwischen hatten meine Eltern akzeptiert, dass ich bleiben würde.«

Als sie Nonne geworden war, sagte Ani, hätten ihr Vater und sie sich auseinandergelebt. Drei Jahre danach, im Alter von 50 Jahren, starb Yongden an einem Magen- und Nierenleiden. »Er war mehr als fünf Monate lang krank. Wir waren sehr arm und hatten keine Medikamente«, sagte sie und schaute weg. »Ich habe ihn einmal zu Hause besucht und kehrte danach ins Kloster zurück. Ich habe ihn nicht wiedergesehen.«

Beim Tod ihres Vaters kamen nach tibetischem Brauch Lamas, um Gebete aus dem Tibetischen Totenbuch zu rezitieren und eine Zeremonie durchzuführen, die seine Seele direkt ins »reine Land« entlassen sollte, um schnell die 49 Ebenen des Bardo – des Stadiums zwischen Leben und Tod – zu passieren. Danach erhielt Yongden eine Himmelsbestattung. Wegen der oft gefrorenen Erde und des kaum vorhandenen Feuerholzes ist dies die bevorzugte Methode der Tibeter, ihre Toten zu bestatten. In einem Ritual mit Wacholderrauch wird der Leichnam aufgeschnitten, die Knochen werden zermalmt und das Ganze wird mit *tsampa* vermischt. Der beißende

Qualm und der Geruch rohen Fleisches lockt Geier in großer Zahl an. Sie lassen sich rund um den Aufbahrungsplatz auf den Felsen nieder, bereit, herabzustürzen und sich an dem toten Körper gütlich zu tun. Am Ende bleiben nur wenige Knochen übrig.

Da der Tod bei uns oft ausgegrenzt und möglichst keimfrei gemacht wird, mag das aus westlicher Perspektive grausig erscheinen – für einen Tibeter ist die Anwesenheit bei einer Himmelsbestattung eine profunde Lektion in Sachen Vergänglichkeit. Da man davon überzeugt ist, dass die Seele (oder der Geist) den Körper bereits verlassen hat, bevor er zerstückelt wird, betrachtet man den Leichnam lediglich als Fleisch, das man dem Himmel darbietet, zum Nutzen aller Lebewesen.

Zur Himmelsbestattung ihres Vaters seien nur Männer als Augenzeugen zugelassen gewesen, sagte Ani traurig. Sie habe sich gefühlt, »als wäre der Himmel auf die Erde gefallen«. Sie blieb zurück, sprach Gebete, damit ihr Vater als Mensch wiedergeboren würde. »Der Geist ist wie der Wind, er kommt und geht. Jeder muss zu Yama, dem Herrn des Todes, und wiedergeboren werden. Wohin sie dann kommen, hängt von den Taten in ihren vergangenen Leben ab.«

Nach über einer Woche mit täglichem frühem Aufbruch und langem Wandern, bis am Abend das Camp errichtet wurde, war uns ein Tag Pause im Dorf Chutanka vergönnt, das auf einem Felsvorsprung hoch über dem Tsangpo thront und von Lopa bewohnt wird. Angezogen vom hypnotischen Klang einer Glocke, kletterten Sonam, Ani und ich an schokoladenbraunen Häusern auf Stelzen vorbei, wo körbeweise rote Paprikaschoten in der Sonne trockneten, hinauf zu einem winzigen Kloster, dessen Gebäude aus Holz gebaut war. Drinnen drehte eine ältere Lopa-Nonne mit kurz geschnittenem silbrigem Haar und eingefallenem Gesicht eine große Gebetsmühle.

Bei jeder Drehung erscholl ein hoher Glockenton, in dessen Nach-
klang ich wie eine Stimmgabel erzitterte. Die Nonne bot uns Pfirsiche und geröstete Maiskolben an, und wir setzten uns in den kühlen
Innenraum. Anis Beispiel folgend, nahm ich mir einen Pfirsich.

Ich war davor gewarnt worden, Essen von Dorfbewohnern anzunehmen. Aus Angst, von einer *dugma* vergiftet zu werden. Diese
Giftmischerinnen sollen, wie es heißt, nach wie vor in den Tälern
leben. Aus Schlangengift, verfaulten Eiern und Kräutern brauen sie,
sagt man, eine Mixtur, die ihre Feinde tötet. Das Wissen wird vermutlich von der Mutter an die Tochter weitergegeben, und es soll
Monate dauern, bis das Opfer stirbt. Während es schwächer und
schwächer wird, gehen angeblich alle positiven körperlichen und
mentalen Fähigkeiten des Opfers auf die Giftmischerin über, die
sich folglich nur reiche und kluge Opfer wählt. Diese Praktik soll ur-
sprünglich von den Nachfahren der Mishmi- und Abor-Krieger aus
dem Norden Indiens stammen.

Mit Sonams Hilfe fragte ich Ani, was sie über den Giftkult wüsste.

»Ich habe gehört, dass die Giftmischer Monpa sind. Und meist
Frauen. Ich kenne aber keine«, sagte Ani und biss in einen kleinen,
saftigen Pfirsich. »Bevor sie einen Gifttrunk brauen, legen sie einen
Schwur ab. Wenn die Frau niemanden findet, den sie vergiften
könnte – indem sie das Gift in sein Essen oder in *chang* (Gersten-
bier) mischt –, muss sie den Trank einem Tier geben, denn sie darf
ihren Schwur nicht brechen. Manche sagen auch, an der schwarzen
Fahne vor dem Haus erkennst du, wo eine Giftmischerin wohnt. Ich
weiß nicht, ob das stimmt.« Sie dachte nach. »Von den Mishmi habe
ich nie gehört. Haben sie einen Schwanz?«

»Was? Einen Schwanz? Das glaub ich nicht.« Ich musste lachen.

»Ich habe gehört, manche Völker hätten einen«, erwiderte sie
grinsend. Einen Korb voll Pfirsiche später krümmte Ani sich in
Krämpfen, kicherte und stöhnte.

»Aaah, oooh«, jammerte sie und hielt sich den Bauch. »Ich habe zu viele Pfirsiche gegessen.«

»Ani-la, ich hoffe, sie waren nicht vergiftet.«

»Nein, nein. Ich war nur zu gierig.«

Als wir in das Haus des Dorfvorstehers von Chutanka zurückkehrten, wo sich die anderen befanden, saßen dort Ian und Hamid auf Tierhäuten am schmutzverkrusteten Boden. Der Raum war dunkel, Staub tanzte in den vereinzelt hereinfallenden Sonnenstrahlen. Dicke Fliegen summten, und der Geruch nach Schwein lastete schwer in der Luft, denn unter dem Haus befand sich der Schweinestall der Familie. Es fanden gerade Verhandlungen darüber statt, ob wir noch mehr Träger anheuern und wie wir die Passage mit dem Drahtseil über den Tsangpo finden könnten.

Ian versuchte herauszufinden, ob auf der anderen Flussseite ein Weg zu einer abgelegenen Einsiedelei namens Mandeldem existierte. Von dort, so glaubte er, konnte ein Weg zum Eingang des Yangsang Ne führen, in jenes Paradies, das sich hinter dem Wasserfall in der Schlucht befinden sollte. Wenn wir den Weg einschlügen, würden wir ein unkartiertes Tal durch- und dann einen 5000 Meter hohen schneebedeckten Pass, den Nam La, überqueren.

»Das Drahtseil, von dem ihr gehört habt, ist rostig«, meinte der Bürgermeister. »Seit Jahren hat es niemand mehr benutzt.«

Ian blieb hartnäckig. Der Dorfvorsteher berichtete, früher wären Leute aus seinem Dorf zu der Einsiedelei gepilgert. »Doch inzwischen ist der Weg überwuchert und verfallen«, fuhr er fort. »Man müsste Bäume fällen und vom Berg herabrollen, um sie als Brücken über die vielen Flüsse zu benutzen. Dorthin zu gelangen würde vier Tage dauern. Dazu kommen Giftschlangen und Blutegel, die so fett sind, dass man sie mit dem Messer abkratzen muss.«

Als der Dorfvorsteher 350 Renminbi pro Tag verlangte – mehr als viermal so viel wie der normale Tarif für einen Träger – und erklärte:

»Meine Männer würden sterben, deshalb werde ich sie nicht gehen lassen«, da war klar, dass die Diskussion beendet war. Wir würden nicht nach Mandeldem kommen und weiter Richtung Süden wandern müssen, um den Fluss bei Metok zu überqueren, wo unsere Permits nicht mehr galten.

Ian Baker hatte schon vor Expeditionsbeginn darauf hingewiesen, dass unsere Route nicht exakt festgelegt war. Aber jetzt keimte in mir der Verdacht auf, er habe Waltraut und mich nur eingeladen, um die Kosten zu decken und seine eigenen, ganz persönlichen Ziele zu verfolgen. In seinem Buch *Das Herz der Welt. Eine Reise zum letzten verborgenen Ort*, das er sieben Jahre später (2004; deutsch 2006) veröffentlichte, gesteht Baker seine Obsession von der Suche nach Yangsan Ne und sinnt ausführlich darüber nach, ob es sich wohl um einen realen Ort oder um eine bloße Metapher für einen Geisteszustand handelt. Er hatte »mehrere Lamas nach ihren Ansichten zur Lage von Yangsan befragt, und nicht zwei stimmten überein. Einig waren sich nur alle darin, dass Yangsang, genau wie die tantrischen Kraftsitze (*shaktipitha*) im alten Indien, nicht bloß eine Metapher war, sondern ein real existierender Ort, wenn auch nicht strikt geografisch lokalisierbar.«[10]

Ich denke, nach Yangsan zu gelangen war nur ein Etappenziel Bakers. Er befand sich in einem Forscherwettkampf, denn er wollte unbedingt der Erste sein, der die noch verbleibenden fünf Meilen der Tsangposchlucht kartierte. Jede Reise, die er in die Region machte, brachte ihn diesem Ziel einen Schritt näher.

Auch wenn ich in Ians genaue Pläne nicht eingeweiht war, so spürte ich doch, dass er wie Hamid sein umfangreiches – und hart erarbeitetes – Wissen über Pemako als absolut geheim betrachtete. Ich denke, er befürchtete, als Journalistin würde ich für eine einzige Story Jahrzehnte ernsthafter Forschung ausbeuten. Deshalb hatten wir vorher festgelegt, dass ein eventueller Artikel von mir keine Details über seine früheren Reisen enthalten würde und er den Artikel gegenlesen könnte, bevor er in Druck ging. (Genau das tat ich dann auch, als ich später einen Artikel in *Condé Nast Traveller* veröffentlichte.) Als mir jedoch im Laufe unserer Pilgerreise klar wurde, dass weder Ian noch Hamid ihre Informationen mit mir teilen wollten – Waltraut hatte mir anvertraut, die beiden hielten mich nicht für eine ernsthafte Pilgerin –, schloss ich mich enger an Ani an.

Der über 1,80 m große Baker sprach ziemlich hochtrabend über esoterische Theorien. Er hatte Unterricht bei zahllosen Lamas genommen, sich zeitweise in Höhlen zurückgezogen und sich als bekennender Buddhist zu einem Leben nach den tantrischen Prinzipien von hell und dunkel, heilig und profan entschlossen. Dennoch hatte dieser Mann, der bewusst seinen Hang zur Ambivalenz pflegte, etwas Undurchdringliches an sich. (Das Motto seiner Reiseagentur *Red Panda Expeditions* – Confuse and Elude / Verwirren und Erleuchten – brachte es auf den Punkt.)

Wenn die Gruppendynamik zwischen Hamid, Ian, Waltraut und mir vor dem Dorf Chutanka noch irgendwie verwirrend gewesen war, so war in den folgenden Tagen alles geklärt. Waltraut beklagte sich, dass wir auf einer Bilder-Pilgerreise wären, denn es vergingen Stunden an idyllischen Wasserfällen, wo die beiden Amerikaner die Einheimischen, insbesondere hübsche Frauen, von denen es genug gab, baten, für Fotos zu einem Buch zu posieren, das sie angeblich planten. Teils polynesisch, teils mongolisch, mit großen mandelförmigen Augen und hohen Wangenknochen, waren die jüngeren Frauen wirklich schön anzusehen und auch bewundernswert kräftig, denn sie trugen in ihren zarten Bambuskörben 25 Kilogramm, als wären es nur ein paar Einkäufe.

Baker schien besonders angetan von der Tochter des Dorfvorstehers von Chutanka. Mit ihren dicht bewimperten Augen, dem olivfarbenen Teint und ihrer schlanken Figur hätte sie sich auf einem

Pariser Laufsteg sehen lassen können. Einige Jahre zuvor hatte sie sich als Teenager eine geheimnisvolle Krankheit zugezogen, die mit Schwächeanfällen einherging. Die Dorfbewohner glaubten, sie könnte eine *dakini* sein, die Inkarnation einer Göttin. Nach einer hitzigen Debatte zwischen ihren Eltern und Baker, der mehr Geld bot, stimmten Erstere widerstrebend zu, dass ihre Tochter sich uns anschloss. Allerdings nur unter der Bedingung, dass sie keine schweren Lasten trug und von ihrer Schwester und ihrem Bruder begleitet wurde. Trotz Ians gezielter Bemühungen, sie zu fotografieren, blieb sie wachsam auf Distanz, und oft huschten Schatten der Verwirrtheit über ihr hübsches Gesicht.

Mir gefiel es gar nicht, wie Baker das »*dakini girl*«, wie sie bald genannt wurde, gekauft hatte. Waltraut und ich fühlten uns zu ihrem Schutz berufen und brachten das Thema eines Abends am Lagerfeuer auf, als wir Ian auf den Kopf zusagten, dass wir seinen Absichten nicht trauten. Er erklärte uns, dass zu bestimmten tantrischen Praktiken das »Auffangen von Menstruationsblut einer Jungfrau bei Vollmond« gehöre, so dass ich mich fragte, ob seine Spiritualität nicht Vorwand für etwas ganz anderes war.

Ani schien die Spannungen zwischen den Westlern nicht wahrzunehmen und begegnete Ian weiterhin mit Demut und Respekt. Die Träger verhielten sich den Amerikanern gegenüber ebenfalls ehrerbietig, wohl aus Ehrfurcht vor ihrem umfassenden Wissen über Pemako, vor ihrem Engagement und, wie ich glaube, vor ihrer aggressiven Toughness.

Im Laufe der Zeit freundeten Ani und ich uns mit vier Trägern an, stolzen Cousins, die halbe Monpa und halbe Tibeter waren. Wir teilten uns das Mittagessen, wobei ich meine schweren *chapati* mit Erdnussbutter gegen *tsampa*, Salztee und Chilis tauschte. Sie aßen auf tibetische Weise, das heißt, sie stopften sich das *pa* in den Mund und schoben eine ganze getrocknete Chilischote hinterher. Ich formte meines zu einem Teigball und spülte alles mit gesalzenem Schwarztee hinunter, den sie mir in großer Menge aufdrängten.

Ihrer Intuition folgend, erklommen die vier Cousins rasiermesserscharfe Grate mit perfektem Gleichgewichtssinn. Ungezähmt wie ihre Landschaft, waren sie so geschickt wie die seltenen Takine – ziegenartige, zottelige Tiere mit Hörnern –, die sie als Nahrungsquelle jagten. Bei ihrem großen Respekt vor ihrer natürlichen Umgebung, die sie als heilig betrachteten, schien es mir, dass die jungen Männer oft mehr aus Geist als aus einem Körper bestanden.

Die einheimischen Völker praktizieren nach wie vor eine wohl durchdachte animistische Form des tibetischen Buddhismus. Im Gehen murmelten sie Mantras; abends am Lagerfeuer, wenn Milliarden von Sternen am Himmel funkelten, lasen sie Texte, die in safranfarbenen Stoff gebunden waren, und fuhren mit dem Finger über die verzierten tibetischen Buchstaben.

Die Männer trugen *gau*-Schachteln mit Amuletten darin. In den geliebten und von vielen Berührungen glatten Behältnissen befanden sich wertvolle heilige Gegenstände und ein Foto ihres persönlichen Lamas. Nachts schliefen sie auf riesigen samtigen Palmblättern und hängten die *gau*-Schachteln auf, um böse Geister abzuwehren.

Doch der Alltag in den Tälern, wo selbst Streichhölzer etwas Neues waren, fand keineswegs in einem Nirwana statt. So gab es immerhin eine rudimentäre Gesundheitsversorgung. In manchen Dörfern waren beispielsweise ambulante Krankenstationen. Wenn die Träger aber ernsthaft erkrankten, waren es ein paar Tagesmärsche bis zum nächsten Krankenhaus. In einem Dorf warf ich einen Blick in eine behelfsmäßige Krankenstation, wo ein chinesischer Arzt den Patienten, die Schlange standen, Antibiotika spritzte. Dabei tauschte er die Nadel kein einziges Mal aus. »Und wenn wir zu krank zum Gehen sind«, sagte ein Träger gelassen, »dann warten wir aufs Sterben.«

6

Das Wesen der Blumen

Ani gehört sowohl der Nyingma- wie auch der Kagyü-Schule an – abgekürzt auch Ka-Nying genannt (die Kombination dieser beiden Traditionen ist in Tibet relativ verbreitet) – und kann die Reihe ihrer Vorgänger bis ins zehnte Jahrhundert zurückverfolgen. Ihr erster Guru, Drubwang P. Rinpoche, war ein Drigung-Kagyü-Lama, das heißt, ein Mitglied einer Untersekte innerhalb der Kagyü-Linie. Er wurde in seiner Gemeinschaft als bedeutender yogi verehrt: als jemand also, der sein ganzes Leben der Meditation widmet. Es kursieren viele Geschichten über seine »große magische Kraft«. Einige Mönche wollen ihren Meister gesehen haben, »wie er schwebte, als würde er laufen, doch seine Füße berührten den Boden nicht«.

Äußerlich unterscheidet sich ein *yogi* oder eine *yogini* nicht von einem Mönch beziehungsweise einer Nonne. Manche haben ihren eigenen Haushalt und die Erlaubnis zu heiraten, andere leben zölibatär als Einsiedler. Diese Mystiker haben sich vom konkreten Studium abgewandt, nehmen in Höhlen Zuflucht und suchen nach einer neuen Sprache der Seele, die nicht auf Schriften, sondern auf innerer Erfahrung beruht. Sie gelten als spirituelle Elite des tibetischen Buddhismus, und ihr Weg wird oft als Vajrayana-Pfad – Diamantenes, unzerstörbares Fahrzeug – bezeichnet.

Vajrayana entstand aus einer Reihe von Texten namens Tantra und ist die esoterischste Form des Buddhismus. Wegen der großen Anfälligkeit für Missverständnisse sind viele Praktiken und Initiationen geheim. Kurz gesagt zielt Tantra darauf ab, alle Gefühle, Wünsche und Erfahrungen, wie banal, weltlich oder unerfreulich sie auch sein mögen, als Chancen für spirituelle Praxis und spirituelles Wachstum zu begreifen. Die fortgeschrittenen Tantratechniken erlauben es ihrem Anwender schließlich, sich von gewohnten mentalen Mustern und Bindungen zu lösen.

Von Anfang ihres Nonnendaseins an und bis zu seinem Tod 1988 wurde Ani von P. Rinpoche unterwiesen, der ihr riet: »Was auch immer man dir anbietet, musst du essen; was auch immer man dir an Kleidung gibt, musst du tragen. Wenn jemand etwas Schlechtes sagt, musst du es in deinem Herzen ertragen. Denn ohne Toleranz gibt es kein Mitgefühl.«

P. Rinpoche starb aufrecht sitzend beim Meditieren. Erst nach einigen Tagen begann sein Körper ohne Anzeichen von Verwesung zu schrumpfen. In Tibet gilt das als Zeichen für einen vollendeten Praktizierenden, der sich zum Zeitpunkt seines Todes in einem »Regenbogenkörper« manifestiert, bei dem die fünf großen Elemente des physischen Körpers sich in ihr reines Wesen verwandeln – fünffarbiges Licht. (Manchmal schrumpft der Körper oder verschwindet völlig und lässt nur Haare und Nägel zurück.)

Bei Rinpoches Feuerbestattung, erinnert sich Ani, seien Regenbogen erschienen, und manche der Anwesenden hätten himmlische Gesänge gehört. Sie sah »rote, weiße, kastanienbraune Blumen, die vom Himmel fielen«, aber verschwanden, »bevor sie den Boden erreicht hatten«. Das waren günstige Omen, »ein allgegenwärtiges Zeichen für einen heiligen Toten in der tibetischen Hagiografie«.[1]

Nach dem Tod ihres Meisters erhielt Ani weiterhin Unterricht, und zwar spontan von dessen Schüler T. Rinpoche. Im Laufe der Jahre und durch die lange Zurückgezogenheit in ihrem Kloster wuchs in ihr eine quälende Ruhelosigkeit. Ani wusste von den über ganz Tibet verstreuten Pilgerstätten und wollte diese besuchen.

»Es war ein Bedürfnis, Instinkt«, berichtete Ani. »Kein Lama trug mir auf zu gehen. Ich hatte keine Vision und keinen Traum – ich hatte noch nie bedeutsame Träume –, ich ging einfach los.«

»Warum bist du nach Pemako gekommen?«, fragte ich sie.

»Um mich geistig weiterzuentwickeln. Bevor ich hierherkam, wusste ich nicht viel über die Gegend. Ich wusste, dass meine heimische Gottheit auch als Beschützer über Pemako wachte. Also fühlte ich eine natürliche spirituelle Bindung an diesen Ort.« Ani kam 1990, im Jahr des Eisernen Pferdes, und blieb ein Jahr, einen Monat und 15 Tage lang. »Es war eine der glücklichsten Zeiten meines Lebens. Ergebnis einer guten menschlichen Geburt.«

Die vorhergesagten Regenfälle hatten noch nicht eingesetzt, und je weiter wir nach Süden in Richtung der indischen Grenze kamen, desto schwüler wurde es. Der weiche, weite Himmel veränderte sich von buttermilchfarben zu einem tiefen Blau. Die Sonne goss pfirsichgelbes Licht über die Täler. Ani und ich gingen oft schweigend nebeneinander her. Nur ihr Murmeln im Rhythmus ihres Atems war zu hören. Ich bemerkte, wie mühelos sie in diesen stillen See zu fallen schien. Bei der Durchquerung der Landschaft in ihrem Innern fühlte sie sich sichtlich wohl. Ich dagegen schaffte es nur, mich selbst auf Zehenspitzen zu umkreisen.

An manchen Tagen ersetzte ein traumartiges Bewusstsein die Realität; an anderen war ich vor Erschöpfung wie erstarrt und spürte wie aus dem Nichts wilde Gefühle in mir aufwallen, die dann ebenso schnell wieder verschwanden. Physisch zermürbt, musste ich mit jeder Faser meines Körpers darum kämpfen, mit den schwierigen Bedingungen fertigzuwerden. Doch die bloße Anstrengung – bergauf und bergab, bergab und bergauf – hatte eine reinigende Wirkung, und das übliche belanglose Geschnatter in meinem Kopf nahm ab. Gelegentlich rutschte ich in einen leeren, schwerelosen und absolut befriedigenden Raum, bis ich über eine Baumwurzel stolperte oder mir mal wieder ein Blutegel in den Nacken kroch. Nachdem ich innerhalb einer Stunde ein Dutzend Egel von mir heruntergepflückt hatte, gab ich das Zählen auf.

Einer nach dem anderen tauchten die Gipfel auf, der Gyala Pelri, ein Eisdom hinter einer Wolke, dann die glitzernde Spitze des Namcha Barwa, auch der »flammende Meteorit« genannt. Als wir eines Abends am Rand eines Dorfs kampierten, hielt mich ein seltsames Rascheln die ganze Nacht über wach. Am nächsten Morgen stellten wir fest, dass unser Zeltboden einem Sieb ähnelte – wir hatten unser Lager auf einem Nest von Killerameisen aufgeschlagen.

Wenn Langeweile sich breitmachte, richtete ich meine Aufmerksamkeit auf die unmittelbare Umgebung – denn die war wahrlich außergewöhnlich: Getupfte Schmetterlinge so groß wie Fledermäuse flatterten über pelzige Tausendfüßler. Riesige olivfarbene Gespenstheuschrecken flogen im Tiefflug um uns herum, und smaragdgrün glitzernde Hirschkäfer von der Größe von Spielzeugautos arbeiteten sich die Baumstämme hinauf. Alles wisperte, und überall um uns war Grün, ein dunkles, schwindelerregendes Grün. Ich vergegenwärtigte mir, dass ich jeden Schritt auf heiligem Boden tat. Erinnerte mich daran, dass hier eine verehrte Pilgerregion war. Mit der Zeit erzeugte der Gedanke eine neue Ehrfurcht und einen ungeheuren Respekt für die mühelose Schönheit, die mich umgab. Für das Kalligrafische einer Blüte, für die Göttlichkeit eines Blattes.

Die Gerüche änderten sich permanent: süß duftendes Gras, verrottende Pflanzenteile, frisch gemähtes Grünfutter, das mich sofort zurück ins England eines heißen Sommertages transportierte. Mir schien, ich wäre schon ewig auf dieser Wanderung, dabei waren es erst knapp 14 Tage. Abgeschnitten vom Rest der Welt, mit wenigen Bezugspunkten zu meinem früheren Leben, musste ich mich manchmal bewusst an zu Hause erinnern und ließ meine Gedanken zum vergangenen Jahr zurückschweifen, zu der Reise, die mich nach Pemako und zu Ani gebracht hatte.

Noch während meiner Arbeit als Journalistin in London hatte ich das Gefühl einer spirituellen Dürre, einer schmerzhaften Leere in mir, die mich zu beschäftigen begann. Ich wollte Erfolg, allerdings nicht auf Kosten meiner Träume, gegen meine innere Überzeugung. Ich fühlte mich in meiner Haut mehr und mehr unwohl und kam mir irgendwie unecht vor. Ich begann mit Yoga, suchte in den überquellenden Regalen der Ratgeberindustrie nach Antworten, probierte Kurse in Aromaölmassage aus und lernte etwas über die Chakren, die sieben Energiezentren des Körpers.

Dann, so erinnerte ich mich, schlug ich eines Tages den Begriff »Mitgefühl« im Lexikon nach. Ich fragte mich, warum ich ihn nie benutzt hatte, und erkannte deprimiert, dass ich dieses Gefühl nie wirklich empfunden hatte, kein echtes Mitgefühl von der selbstlosen Sorte, wie es in den buddhistischen Lehren beschrieben wird. Erst später wurde mir bewusst, dass dieser kurze Augenblick weitreichende Folgen für meine eigene Pilgerschaft haben sollte. »Zunächst ist da die persönliche Rastlosigkeit ... Dann kommt das Bedürfnis, etwas Tieferes zu spüren als nur die glitzernde Oberfläche der Dinge«, schreibt die Tänzerin und Mythologin Joan Marler. »Für viele Frauen hat der Aufbruch zu einer Pilgerreise die Bedeutung, wieder mit dem Heiligen, das in der Erde ist, in Verbindung zu treten.«[2]

Von Zeit zu Zeit stolperten Ani und ich über eine unglaubliche Menge leuchtend rosa- und rot-orangefarbener Orchideen. Sie pflückte dann vorsichtig eine Blüte und zeigte mir, wie man den Nektar heraussaugt, befestigte die Blütenzweige im Haar und tanzte wie ein hawaiianisches Beachgirl den Weg entlang. Wenn mir die Stille zu viel und der Pfad langweilig wurde, spielte ich Pulp oder die Chemical Brothers in meinem Walkman. Ani wollte auch mal Musik hören, konnte sich aber mit den harten Ohrstöpseln nicht anfreunden. Sie ahmte mein Tanzen nach – ihre pechschwarzen Dreadlocks kringelten sich, sie fuchtelte mit den Armen, und plötzlich hopsten wir grundlos herum, bis uns die Luft ausging und wir uns in den Schatten fallen ließen, wo wir uns gegenseitig mit Palmblättern Luft zufächelten.

Hamid machte die Hitze ebenfalls zu schaffen, und so fanden wir ihn eines Tages, bis zur Hüfte nackt, neben dem Weg sitzend. Ani schlug sich die Hand vor den Mund und fing an zu kichern. Sie zeigte auf Hamids stark behaarte Brust, kauerte sich dann nieder und kraulte ihn wie einen Welpen.

»Was tust du da, Ani-la?«, schrie Sonam sie an, als er näherkam. »Hör auf! Das gehört sich nicht für eine Nonne.«

»Ist schon in Ordnung«, sagte ich besänftigend. »Es ist ganz harmlos.«

»Das ist mir egal«, erwiderte er scharf. »Ani ist kein Straßenmädchen.«

Ani selbst zog geräuschvoll die Nase hoch und ordnete mit einem leichten Schmollmund ihre Dreadlocks. Sie drehte sie zu einer Spirale auf und zog ihren Hut fest darüber. Ihr Verhältnis zum Glauben faszinierte mich. Sie folgte dem Pfad der Askese, verzichtete dabei aber nicht auf jegliches Vergnügen. Sie hatte so gar nichts Frommes und Ätherisches an sich. Nicht nur, dass ihr zölibatäres Leben sie nicht wie jemand wirken ließ, der sich etwas versagt, sie ließ es sogar nicht an schlüpfrigen Bemerkungen fehlen. Und im Unterschied zu Nonnen mit rasierten Köpfen, die oft asexuell wirken, strahlte Ani eine erdige Weiblichkeit aus.

Ich fragte mich, ob es daran lag, dass ein Großteil ihrer spirituellen Übungen im Meditieren über die Göttin Vajrayogini bestand. In der Tradition der heiligen tibetischen Geografie wird Pemako in Gestalt von Vajrayogini visualisiert. »Der Fluss Tsangpo als ihr Blut und der Berg Kundu Dorsempotrang als ihr Herzzentrum«, erklärte Ani. »Pilger wandern nach Pemako, weil sie Teile von Vajrayoginis Körper besuchen und besondere Segen empfangen wollen.« Der

Berliner Tibetforscher Toni Huber beschreibt das tibetische Faible, Eigenheiten einer Landschaft wahrzunehmen, als sehr verbreitet.[3] Es gehört zur Volksreligion, dass bestimmte Konturen, Berge oder Seen Gottheiten oder Tiere darstellen. Wenn man sich das Land auf diese Weise vorstellt, bringt das den feinstofflichen Energiekörper – und die Chakren – des Tantraschülers in Einklang mit der Göttin, die als in der Landschaft auf dem Rücken liegend wahrgenommen wird. Entsprechend der Realisationsebene des Pilgers sorgt dies für eine tiefgehende Transformation seiner Seele. Oder weltlicher formuliert: Wer das Land so betrachtet, reduziert die Illusion einer Trennung zwischen Innerem und Äußerem, Mensch und Tier, Baum und Stein. Was eine tiefgreifende Erfahrung von Einheit und Verbundenheit ermöglicht, eben das Verständnis dafür, dass alles Leben heilig ist und alles mit allem zusammenhängt.

»Die *neys* oder heiligen Orte erinnern die Pilger durch ihre geologischen Eigenheiten und durch die Erzählungen von mit ihnen verbundenen Transformationen immer wieder an die befreiende Kraft der tantrisch-buddhistischen Tradition«, schreibt Baker in einem seiner Tibetbücher. »Über Zeiten hinweg wurden Pilgerführer geschrieben, die Pilgern Anleitungen für den Besuch heiliger Stätten gaben und deren Geschichte und Bedeutung erklärten. Diese Führer, *neyigs*, statteten Tibet und seine Bevölkerung mit einer heiligen Geografie aus, einer erzählten Vision der Welt, geordnet und transformiert durch buddhistische Magie und Metaphysik.«[4]

Die genaue Zuordnung der einzelnen Körperteile der Göttin Vajrayogini zur Topografie Pemakos variiert je nach Pilgerführer. Nach einem Text entspricht der Berg Namcha Barwa ihrer rechten Brust, während ihre Krone, also ihr höchstes Chakra, sich mit dem Gyala Pelri deckt. Rinchenpung gilt als ihr Nabel, und ihr »geheimer Ort« soll sich jenseits der indischen Grenze in Arunachal Pradesh befinden.

Ab dem späten 18. Jahrhundert entwickelte sich Rinchenpung Gompa zum wichtigsten Pilgerziel Pemakos. Es galt als Kraftplatz, wo *dakini* (wörtlich: Himmelstänzerinnen; geistige Wesen und tantrische Göttinnen) sich sammeln und mühelos Erleuchtung zu erlangen ist. Man verbindet den Ort aber auch mit der zornigen Inkarnation Guru Rinpoches mit einem Skorpion in der Hand, als Symbol der besiegten Angst. In einem grünen Tal auf einem kleinen Hügel liegt das Kloster Rinchenpung inmitten eines Rhododendrondschungels.

Hier lebte Ani ein Jahr lang in einer kleinen Hütte, verbrachte ihre Zeit in Einsamkeit und meditierte über die Gottheit Khacho Wangmo, eine Erscheinungsform der Vajrayogini. Es regnete unerbittlich, und sie sammelte sich ununterbrochen Blutegel vom Körper. Um sie herum wimmelte es von bunten Vögeln, Stechfliegen, Affen und tödlich giftigen türkisfarbenen Schlangen. Sie ernährte sich ganz einfach – von *tsampa*, Bananen und Orangen – und erfuhr von den Einheimischen, die das Gompa für Gesänge und Zeremonien aufsuchten, Geschichten über Pemako.

Während wir uns den Weg zur »Bezirkshauptstadt« Metok hinaufarbeiteten, erzählte mir Ani mit Sonams Hilfe von einer seltenen Übung, der sie sich auf Anraten eines Lamas während der Zeit in ihrer Einsiedelei unterzogen hatte.

Pemako ist berühmt für seine Blumenvielfalt und gilt als besonders geeigneter Ort für *metok chulen* – was wörtlich so viel heißt wie die Quintessenz von Blumen extrahieren –, das den Körper veredelt (genauer gesagt, das Netz der unsichtbaren Kanäle und die Energiezentren). Das Ganze geschieht durch Gebet, Visualisierung, Yoga und Rituale. Es ist die wichtigste von verschiedenen Methoden, bei denen man die Aufnahme fester Nahrung schrittweise reduziert, bis man nur noch von der reinen Essenz lebt. Ziel ist dabei, die Abhängigkeit von echter Nahrung zu durchbrechen. Der fortgeschrittene Adept lebt nur noch von Mineral- und Wasseressenzen und schließlich von der Luft allein.

Die wundersamen Eigenschaften der Blumen in den Tälern sind in Padmasambhavas Schrift *Ein klarer Spiegel zur Identifizierung der Fünf Besonderen Pflanzen* detailliert beschrieben. Zu ihren Eigenschaften zählen die Gabe der Unsterblichkeit und die Fähigkeit zu fliegen; ihr parfümartiger Duft erhöht das Glücksgefühl, reinigt den Körper und vertieft die Meditation.

Bevor sie mit *metok chulen* begann, legte Ani das Gelübde ab, keine Nahrung zu sich zu nehmen, täglich nur ein Glas Wasser zu trinken und drei Wochen lang zu schweigen. Sie sammelte Blumen und verarbeitete sie mit Wasser zu einer kleinen Tablette. »Im Laufe der Wochen wurde ich sehr dünn und ganz schwach, meine Haut hing lose an mir, leer. Am Schluss konnte ich nicht mehr sitzen, weil mir die Rippen in meinen Bauch stachen«, erinnerte sie sich. »Mein Körper war ein einziger Schmerz, als ob ich unter einem Haus zerquetscht würde. Selbst mein Mund war zusammengeklebt.« Sie biss die Zähne zusammen, um es mir vorzumachen. »Der Boden schwankte unter meinen Füßen, und mein ganzer Körper wurde leicht.«

Ani hatte Visionen »von wunderschönen Bäumen, Früchten und Blumen in vielen Farben«, die sich in ihrem Kopf und vor ihren Augen abspielten. Ich fragte sie, ob es wie im Paradies gewesen sei.

»Ja. Der Weg dorthin ging über drei Stufen. In den ersten 21 Tagen fühlte ich mich so glücklich wie ein junges Mädchen. Dann am Ende, als ich ein bisschen *tsampa*-Brei aß – ich konnte nicht viel essen, sonst hätten meine Gedärme rebelliert, und ich wäre gestorben –, verspürte ich ein solches Leid in meinem Körper, als wäre es das Leid aller Menschen. Das dauerte 15 Tage.« Sie lehnte sich auf ihren knorrigen Wanderstab. »Dann begann ich wieder normal zu leben, nur dass mein Körper sich sehr alt, schwer und unbeweglich anfühlte.«

»Glaubst du, es hat dir geholfen?«

»Ja, bestimmt«, erwiderte sie. »*Metok chulen* ist ein Weg, um den Geist zu reinigen. Denn weißt du, Drolma, die äußere Erscheinung ist nicht so wichtig, nur der Geist, der sich darin befindet, stellt einen Wert dar.«

»Liegt das daran, dass der Körper nicht so robust ist, wie er scheint?«

»Der Körper ist wie ein Regenbogen.« Sie drückte meinen Arm. »Er ist ephemer.«

Meine Verwirrung muss sehr offensichtlich gewesen sein.

»Stell es dir so vor«, sagte sie geduldig. »Der Körper ist der Gast der Erde. Wie eine Unterkunft auf Zeit, in der der Geist wohnt. Wenn du stirbst, gelangen die Knochen in die Erde, das Blut ins Wasser, die Wärme des Körpers ins Feuer und der Atem in die Luft. Doch der Geist existiert weiter und wird wiederkehren, immer wieder in verschiedenen Inkarnationen. Das musst du respektieren, und deshalb ist es wichtig, eine Religion zu praktizieren und sich auf das nächste Leben vorzubereiten.«

Ich konnte sehen, dass ihre Worte Sonam in Unruhe versetzten.

»Glaubst du das auch, Sonam?«

»Ich weiß nicht.« Er zuckte leicht mit den Achseln. »Ich bin in China aufgewachsen. In der Schule hat man uns beigebracht, dass es keinen Gott gibt.«

Ich bin mir nicht sicher, was ich mir von Metok erwartet hatte, aber »Bezirkshauptstadt« war die absolut falsche Bezeichnung. Der Ort lag zwischen Reisfeldern im Hochland über dem Tsangpo, etwa 15 Kilometer von der indischen Grenze entfernt, und war der Inbegriff eines Außenpostens. Zehn Jahre zuvor war eine Straße gebaut worden, die Metok mit Pome auf der anderen Seite der Täler verband. Sie wurde jedoch schnell unpassierbar. Durch Erdrutsche während der Monsunzeit und Lawinen im Winter. Momentan konnten Güter nur per Hubschrauber eingeflogen oder von Legionen menschlicher Packpferde herangeschafft werden. Letztere waren abgerissene Trupps von Trägern der chinesischen Armee, die Kisten mit Munition und *bai jiu* (einem klaren Kornschnaps) schleppten, wie Zombies herumliefen und deren Gesichter zu Grimassen der Erschöpfung erstarrt waren.

Bei der Ankunft in Metok legte Ani ihre Hand auf meinen Arm. »Rinchenpung ist dort drüben«, sagte sie und deutete nach Süden in den dichten Dschungel. Leider hatten wir weder die Zeit, noch zeigten Ian und Hamid die geringste Bereitschaft zu einem Abstecher über einen mehrere hundert Meter hohen Pass zum Gompa. Beide hatten es früher bereits besucht. Als klar wurde, dass unsere Gruppe keine einzige der angekündigten heiligen Stätten aufsuchen würde – zum einen, weil die Träger so langsam vorwärtskamen, zum anderen wegen des Umwegs nach Metok hinunter, um den Fluss zu überqueren, und schließlich wegen der zeitaufwändigen Fotoshootings an den traumhaften Wasserfällen –, da wurde bei Hamid, Waltraut und mir eine deutliche Desillusionierung spürbar.

»Pilgerschaft findet nur in eurem Herzen statt«, beharrte Ian. »Vom Standpunkt des Dzongchen zählt nur das Gehen, ohne zu urteilen. Wenn du das *mana* nicht bekommst – die vibrierende Energie der Kraftplätze und Klöster –, musst du es aus jedem Augenblick heraus selbst erfahren und erzeugen.«

Ich spürte, dass Ani dazu in der Lage war. Nie beklagte sie sich, selten erlahmte ihr grenzenloser Enthusiasmus, aber für mich klangen Bakers Worte hohl. In Metok erscholl abends Karaoke, und unsere armseligen, schmutzigen Schlafquartiere waren von Wanzen und Ratten besiedelt, außerdem regnete es rein. Soldaten zum Schutz der umkämpften Grenze zu Indien bestimmten das Bild der »Hauptstadt«, die aus kaum mehr als ein paar Holzhütten auf Stelzen rund um einen Dorfplatz bestand. Ein Platz voll mit Außenseitern übrigens: ausgemergelten Männern, gelangweilten Soldaten und übergewichtigen Chinesen, die dämlich in die Luft glotzten. Typisch für die Stadt waren die öffentlichen Toiletten: ein wogendes Meer von Maden.

Der zuständige Offizier der Public Security stellte unsere Gruppe quasi unter Hausarrest, weil unser Permit ungültig war. Die nächsten 24 Stunden vergingen nebulös mit *chang*-Trinken – der Grund für die verkommene Atmosphäre Metoks. Sonam verschwand mit mehreren Schachteln Zigaretten, um die Polizisten zu schmieren, und kam am späten Nachmittag zurückgetaumelt. Ich ging »einkaufen« und tauschte meine teuren »High-Tech«-Wanderstiefel, die nur noch von Gummis und Klebeband zusammengehalten wurden, gegen ein Paar khakifarbene Armeeturnschuhe. Da meine einzige wasserdichte Hose kurz davor war, auseinanderzufallen, sah ich wie eine schmuddelige Lastenträgerin aus (und roch auch so). Meine letzte Dusche war knapp zwei Wochen her. Dank Sonams Diplomatie und Bestechung durften wir schließlich weiterziehen.

Der Vorfall mit der PSB in Metok war eines der ersten Anzeichen dafür, dass sich unsere Pilgerreise nicht so gestaltete wie erwartet. Einige Tage später, während wir in einem Meer von Reisfeldern kampierten, hallte ein wildes Gewitter durch die Täler und ließ unser Zelt wie ein Blatt im Wind erzittern. Am nächsten Morgen raunten die Träger sich zu, dass unsere Gruppe ihre Beschützer – die *suma*, die Pemako bewachen – gekränkt hätte. Warum, wurde nicht klar. Ob es vielleicht an der mangelnden Kameradschaft lag?

Sonam, Ani und ich drängten uns ums Feuer und tranken unseren Morgentee, als Ani mich warnte: »Du musst vorsichtig sein. Wenn du die Schutzgötter erzürnst, bekommst du seltsames Wetter. Stürme, Hagel, Lawinen. Und bei wirklich großem Zorn verwandeln sie sich in Tiger oder Yetis.«

»Du glaubst an Yetis?« Ich nahm einen Löffel Müsli.

»Ja, aber sie sehen nicht so aus wie die, die ich einmal in Lhasa im Fernsehen gesehen habe. Sondern wie große Menschen. Ich habe gehört, wie die Armee einen Yeti gefunden hat. Er war größer als ein Lastwagen. Die Einheimischen, mit denen ich auf Pilgerreise zum heiligen Berg Kundu Dorsempotrang war, berichteten mir, dass in den dichten Wäldern noch Yetis umherstreifen. Und wenn man sie wütend macht, greifen sie Menschen an.«

Ein Jahr nach ihrer Ankunft in Rinchenpung hatte sich Ani zusammen mit einem Dutzend anderer Pilger, vor allem Khampa, die in Pemako lebten, zu einer Pilgerreise auf den Berg aufgemacht, den man für den Sitz des Herzens der Göttin Vajrayogini hält. Es war eine gefahrvolle Reise, auf der sie sich bei wolkenbruchartigem Regen zentimeterweise durch den Dschungel kämpften. Ohne Weg, nur mit Steinhaufen und Markierungen an Bäumen zur Orientierung. Wenn sie einen Fluss überqueren wollten, mussten sie sich Brücken aus Baumstämmen zimmern, und Ani kam zehn Tage lang nicht aus ihren nassen Kleidern. Wie um ihre Opferbereitschaft auf eine noch härtere Probe zu stellen, mussten sie auch noch die »breiten und sumpfigen«, blutegelverseuchten Marschen von Adrathang durchqueren. Dort verbrachte sie die Nacht auf einer Plastikfolie, die sie auf nassen Zweigen ausgebreitet hatte.

Als sie am Kundu Dorsempotrang ankamen, der von Seen umgeben ist und mit Tausenden von selbst entstehenden Bildern Buddhas bedeckt sein soll, unternahm Ani fünf innere *koras* – zwei pro Tag – und eine äußere *kora*. (In Tibet gilt die *kora* – das Umkreisen eines heiligen Objekts, meist eines Berges – als der eigentliche Zweck jeder Pilgerreise, da sie das *wang*, die spirituelle Kraft, stärkt.)

»13 äußere *koras* führen auf dieselbe Stufe wie ein Bodhisattva (ein erleuchtetes Wesen, das aufs Nirwana verzichtet, bis auch alle anderen gerettet sind)«, erklärte sie mir. »Drei Tage lang bin ich früh am Morgen aufgestanden, und bis Einbruch der Dunkelheit war ich bei der *kora*. Ich bin kaum stehengeblieben, um etwas zu essen. Du darfst währenddessen keine Zeit verlieren. Ich hörte, dass es dort Leoparden und Tiger geben sollte, aber ich bekam keine zu Gesicht. Nur eine gelbweiße Giftschlange, die sich um einen Baum ringelte.« Sie blies in ihren Tee. »Es war hart und sehr gefährlich. Wenn du dich verirrst, kann es Monate dauern, bis du einen Menschen triffst.«

Nachdem er sein Frühstück beendet hatte, sammelte Sonam den Müll rund um unser Lager ein und warf ihn ins Feuer.

»Aa-oo-uu, *min, min*. Nein, nein«, schrie Ani und zog das Papier wieder aus dem Feuer. »Du wirst die Feuergötter erzürnen. Du darfst nur natürliche und reine Opfergaben verbrennen.«

Sonam lachte und setzte sich schwungvoll seinen Rucksack auf.

»*Nga tso dro*. Wir müssen los. Es ist ein weiter Weg.«

Die nächste Nacht verbrachten wir in Marpung, wo riesige Gebetsfahnen sich wie Friedenssegel im Wind blähten. Das Dorf war eine wirre Mischung aus Tradition und Moderne. Die Kinder, die chinesische Schulen außerhalb der Täler besuchten, trugen rotes Lycra, Soldatenmützen und rauchten Zigaretten. Sie boten Ian einen Topf voll Scheiße an und bewarfen mich mit Steinen. Im Haus des Dorfvorstehers, der die goldenen Gewänder eines Mönchs trug, erfuhr Hamid, dass die Hausherrin eine *dugma* – eine Giftmischerin – wäre.

»Keine Sorge«, sagte sie unter schrillem Gelächter, »heute ist kein guter Tag zum Vergiften.«

Ich war immer noch skeptisch, was die Geschichten über den Giftkult anging, bis mir zu Ohren kam, dass der Arzt von Marpung Ian nach Medikamenten gefragt hatte. In gedämpftem Tonfall hatte er ihm erklärt, eine alte Frau aus dem Nachbardorf habe vor 28 Jahren sein *chang* vergiftet. Am nächsten Tag, als wir in genau jenes Dorf kamen, zeigten die Träger auf die vermeintliche *dugma*, deren Gesicht so verschrumpelt war, dass es einer Walnuss ähnelte, und bestätigten uns, sie sei berüchtigt für ihr tödliches Gebräu.

Unsere Träger nahmen die Gefahr, vergiftet zu werden, sehr ernst und weigerten sich, in bestimmten Monpa-Dörfern zu übernachten. Sie warnten uns auch davor, Essen oder Trinken von Fremden anzunehmen.

An jenem Abend kampierten wir an einem idyllischen Platz, von wo aus man die Aussicht auf bewaldete Berge genießen konnte, die an die Kurven einer liegenden Frau erinnerten. Plötzlich wurde einer unserer Träger von einem Dorfbewohner erst mit einem Gewehr, dann mit einem Säbel bedroht. Er packte sich einen großen Stock und ließ ihn zweimal auf den Mann niedersausen. Durch die Dunkelheit drang ein Schrei, der uns das Blut in den Adern stocken ließ, als der Angreifer ins Gebüsch stürzte. Der junge Träger blieb zitternd zurück.

Ich zog mich in unser Zelt zurück, konnte aber nicht einschlafen. Seit Metok verspürte ich eine seltsame Unruhe. Pemako war ein Schmelztiegel der Gegensätze: Berge, die für zornige Götter standen, Dorfbewohner, die einen im Handstreich vergiften konnten. Gegenwärtig verließ die junge Generation die Täler, wo die militärische Besatzung allgegenwärtig war und die illegale Holzindustrie florierte. Mitten im Dschungel sah ich Baumstämme mit chinesischer Beschriftung, die einmal in Schanghai zu Frisierkommoden verarbeitet werden sollten.

Zugleich erblickte ich entlang unseres Wegs einen Regenbogen nach dem anderen und sann darüber nach, ob an der Legende etwas dran war, wonach man in Pemako den Tod nicht zu fürchten brauchte. Denn jedes Lebewesen, ob Insekt, Hund oder Mensch, würde sofort in einem »Regenbogenkörper« wiedergeboren und direkt in Buddhas Land eingehen. Aus diesem Grund, sagt Ani, wolle sie dort wiedergeboren werden. Je weiter ich ins verborgene Land vordrang, desto tiefer schien ich auch in mich selbst einzudringen. Während ich in der Dunkelheit lag und den Wind sanft durch die Bäume streichen hörte, erkannte ich, dass Anis Anpassungsfähigkeit und Spontaneität, ihr Mitschwimmen im Strom und ihr Verschmelzen mit der Landschaft ihr sowohl eine tiefe Selbstgewissheit als auch eine unbeschwerte Einstellung zum Leben schenkten. Es schien ihr leichtzufallen, furchtlos in unbekannte Regionen vorzustoßen, voller Vertrauen, dass sie immer wieder nach Hause finden würde. Als ich in den Schlaf hinüberglitt, war ich von der Hoffnung erfüllt, ich hätte eines Tages auch ein solches Vertrauen.

7

Unter Arrest

Nach Wochen, in denen wir außer einigen wenigen barfüßigen Monpa niemandem begegnet waren, wurde der Weg auf einmal zu einem breiteren Maultierpfad. Wir näherten uns der südwestlichen Ecke der Täler und hatten nur noch drei Tage beschwerlicher Wanderung vor uns, dann würden wir den Doshung La überqueren und Pemako verlassen. Ich war mir ohnehin nicht sicher, wie lange ich in meinen leichten Turnschuhen noch weitergekonnt hätte. Meine Beine waren vor Erschöpfung schwer wie Blei. Am Ende eines langen Tages trafen Ani und ich im Lager ein. Sonam erwartete uns mit einem chinesischen Bier in der einen und einer Zigarette in der anderen Hand. Er grinste von einem Ohr zum anderen.

»Willkommen«, prostete er mir zu. »Jetzt ist es nicht mehr weit, bis wir nach Lhasa zurückkommen.«

Der Führer träumte von den Annehmlichkeiten zu Hause und seiner hübschen 24-jährigen Verlobten.

Nach einem Schluck von seinem warmen Bier ließ ich meinen Blick schweifen – über eine sich ausbreitende Müllhalde. Kleine schwarze Buschschweine und bis auf die Knochen abgemagerte Hunde suchten in den Bergen von Unrat, zwischen zerbrochenen Bierflaschen, leeren Nudelpackungen und Zigarettenkippen, nach Nahrung. Maultiere fraßen aus Futterbeuteln, und eine spärlich bekleidete Chinesin, vermutlich eine Prostituierte, schlenderte in hochhackigen Sandalen vorbei.

»Wo zur Hölle sind wir hier?«

»In einem Armeelager. Sie bringen Vorräte für den Winter. Wo ist der Rest der Gruppe?«

»Sie kommen noch. Einmal bin ich die Erste! Ich habe sie nach dem Mittagessen bei einem Schläfchen im Schatten zurückgelassen ...«

Mitten im Satz wurde ich von einem wütenden chinesischen Wortschwall unterbrochen. Er kam von einem herannahenden dickbäuchigen Offizier, an dessen Uniform drei Sterne unübersehbar glitzerten.

»Wer ist diese Ausländerin? Was treibt ihr hier?«, schnarrte er mit zitternder Unterlippe. Soldaten in Tarnkleidung, die Maschinenpistolen lässig umgehängt, umzingelten Sonam und mich und zwangen Ani, beiseitezutreten. Der Offizier verlangte, meinen Pass zu sehen.

»Was soll ich machen?«, fragte ich Sonam mit belegter Stimme.

»Ihn ihm geben«, murmelte er.

Der Offizier blätterte den Pass durch und ließ in dann in seiner Brusttasche verschwinden.

»Sag den übrigen Ausländern, sie sollen sich sofort nach ihrer Ankunft melden«, befahl er Sonam, bevor er auf dem Absatz kehrtmachte.

Später am selben Nachmittag kam es zu einem heftigen Streit zwischen Ian Baker und dem chinesischen Offizier, der unserer Gruppe vorwarf, wir hielten uns ohne das erforderliche Permit in einem militärischen Sperrgebiet auf, was gleichbedeutend mit Spionage war.

Unter ein paar Bäumen am Rande des sumpfigen Militärlagers bauten die Sherpas unsere Zelte auf. Ich kauerte mich ans Lagerfeuer und versuchte meine chinesischen Armeeturnschuhe zu trocknen, als sich Ani mit ihrer Holzschale voll *tsampa* und einer Blechtasse mit schwarzem Salztee zu mir gesellte.

»Wir haben kein Glück«, seufzte sie und hockte sich ebenfalls auf den Boden. »Nur einmal im Jahr kommt die Armee hier vorbei und bringt Vorräte – Munition und Waffen. Deshalb ist der Offizier auch so wütend. Er will nicht, dass Ausländer, noch dazu Amerikaner, das sehen.«

»Was hat das zu bedeuten?«, fragte ich und starrte in die glimmende Asche.

»Ich weiß nicht. Sicher wollen sie den Film aus deiner Kamera sehen. Vielleicht bringen sie auch alle zum Verhör nach Lhasa. Sollten wir morgen zum Doshung La aufbrechen dürfen, dann bestimmt in Begleitung von Soldaten. Der Offizier hat seinem Vorgesetzten berichtet, dass wir kommen, und sobald wir aus Pemako raus sind ...« – Ani zog scharf Luft ein – »... big problem.«

In jener Nacht war alles voller dünner, schwarzer und fetter, schleimig-grüner Blutegel, sogar unsere Schlafsäcke. Ein betrunkener chinesischer Soldat wollte in unser Zelt einzudringen. Wir stießen ihn mit Verwünschungen und einem Stock hinaus, und er trollte sich in die Dunkelheit. Früh am nächsten Morgen erwarteten uns, wie Sonam es vorausgesagt hatte, fünf chinesische Soldaten in Tarnkleidung, mit durchsichtigen Plastikponchos und je einem automatischen Gewehr vom Typ M 16. Dazu kam noch ein Armeeträger, der beim Grinsen einen Mund voll verrotteter brauner Zähne sehen ließ. Ich erhielt meinen Pass zurück, aber offiziell wurde die ganze Gruppe unter Arrest gestellt. Man würde uns aus den Tälern hinaus zu einem Militärlager auf der anderen Seite eskortieren.

Es war ein Tag, an dem man auf glitschigem Holz ausrutscht und in den Sumpf fällt; nachdem ich mir meine Schulter ausgerenkt hatte, gab ich meinen Rucksack einem Träger mit Packesel. Einige Stunden später hatte ich den Lasttiertreiber noch immer nicht eingeholt und marschierte, nachdem Ani weit vorausgelaufen war, allein durch den Wald. Ich verlor jedes Zeitgefühl und auch das Gefühl für mich selbst. Gerade als ich schon aufgegeben hatte, Ani, Träger oder mein Mittagessen zu finden, trat einer der Sherpas, der

Father Pasang genannt wurde, in roten Hosen, grünem Pullover und mit schrägsitzendem königsblauem Barett wie ein Kobold hinter einem Fels hervor. Erleuchtet oder verrückt, ich vermochte es nicht zu sagen, jedenfalls verzog sich sein zerknittertes Gesicht zu einem breiten Grinsen, als er mir ein dickes Stück Brot hinhielt. Gemeinsam kletterten wir zu einer Holzhütte der Armee hinauf.

Drinnen drängten sich Träger und Soldaten. Die nassen Körper dampften. Ani saß nah am Feuer und wärmte ihre roten Wangen. Mit gespielter Freundlichkeit teilten Sonam und die Soldaten abgepackte Nudeln und prosteten sich mit *bai jiu* zu. Nach ein paar Schlucken von dem widerlich schmeckenden Feuerwasser, das meine eisigen Glieder aufwärmen sollte, quetschte ich mich neben Ani auf den Boden und aß mein Sandwich mit Erdnussbutter.

»*Tsering nga mola yin.* Heute fühle ich mich wie eine alte Frau. Ich bin sehr müde.«

Ich verzog das Gesicht. »Wirklich?«

»*Otse.* Ein wenig«, sagte sie. »Meine Knie schmerzen.«

»Warum?«

»Zu viel Zeit im Winter in kalten Höhlen verbracht.«

»Los, Drolma, beeil dich, wir müssen los«, schrie Sonam über den Lärm hinweg. »Jetzt musst du mit uns gehen. Der Weg durch den Wald ist nicht gut erkennbar.«

Ich gab meinen Rucksack einem der chinesischen Soldaten. Um sicherzustellen, dass ich nicht zurückfiel, befahl Sonam dem Träger, sich an meine Fersen zu heften, während unsere Truppe in brutalem Tempo in wenigen Stunden ein paar hundert Höhenmeter hinauflief. Bei einer kurzen Rast bat unser Führer, sich die Maschinengewehre der Soldaten ansehen zu dürfen. Begeistert willigten sie ein und reichten die Waffen lässig herum. Als Sonam so tat, als würde er den Abzug drücken, bogen sie sich vor Lachen. Ani sah verlegen drein.

Als wir das Hochgebirge erreicht hatten, ließen wir den 200 Jahre alten Wacholderwald hinter uns und durchquerten nebelverhangene, vom Regen durchweichte Felslandschaften. In der Abenddämmerung stießen wir auf ein weiteres Armeelager, das in einer Moorlandschaft aufgeschlagen war. Einer nach dem anderem traf unsere Gruppe ein, um die letzte Nacht in den Tälern zu verbringen, in primitiven Schlafsälen und auf kleinen Holzpritschen. Ani und ich, Sonam und die Soldaten kuschelten sich alle unter dünnen Decken aneinander, damit es wärmer wurde. Wir teilten unser Essen und tranken Tee. Die fünf Soldaten kreischten und quasselten wie ein Haufen Schuljungen, und ich merkte, dass auch Ani sich wohlfühlte. Ohne ihre Waffen und nicht unter Befehlsgewalt waren sie nichts anderes als glattgesichtige junge Männer, gerade erst aus der Pubertät heraus und sehr weit weg von zu Hause.

Früh am nächsten Morgen brachen Ani und ich gemeinsam auf. Sonam war schon mit den Soldaten vorausgegangen und hatte mich vor dem Ärger gewarnt, der uns erwarten würde, sobald wir die Täler verlassen hätten. Nachdem wir den windgepeitschten Doshung-La-Pass überquert hatten, wo das Wrack eines Armeehubschraubers neben Packpferdskeletten verstreut lag, stiegen wir an der Nordseite ab. Das Gefühl einer bösen Vorahnung lastete auf uns beiden. Wir beschleunigten unsere Schritte. Anis Lächeln war verschwunden; sie summte auch nicht mehr ihr Mantra.

Plötzlich entdeckte ich durch die Bäume hindurch Soldaten, die am Fuß des Waldwegs warteten. Drei Wochen lang war es still gewesen – keine Autos, keine Flugzeuge. Dort erwartete uns ein Dutzend Wachsoldaten. Sie standen um einen Armeelaster, bedrohten uns mit ihren Waffen und schossen ganze Garben in die Luft. Der Lärm hallte durch den stummen Wald. Wie Tiere zusammengetrieben, kletterten Ani und ich auf die offene Ladefläche und hielten uns aneinander fest. Ihr Gesicht war sorgenvoll zerknittert, mein Magen vor Angst zusammengekrampft.

Als der Laster den Hügel hinabholperte, drehte ich mich um und warf einen letzten Blick auf die Täler. Doch die verborgenen Länder Pemakos waren verschwunden, und wie ein Vorhang senkte sich der Nebel.

Als wir bei den Baracken in der Gemeinde Pe eintrafen, entschuldigte sich ein tibetischer Offizier bei uns für die grobe Behandlung und bot uns Tee an. Ich wurde in einen Schlafsaal der Soldaten geschickt, um dort zu warten. Über den schmalen Betten hingen, was mich sehr erstaunte, hautfarbene Nylonstrümpfe mit Paaren flauschiger Slipper darunter. Ich hätte nicht gedacht, dass chinesische Soldaten derart kitschige Pantoffeln tragen würden, und schlüpfte in ein Paar. Sie passten perfekt. Augenblicke später marschierte ein Soldat herein. Als er sah, dass ich die Hausschuhe trug, knurrte er mich an und schickte mich wieder nach draußen.

Wir erhielten den Befehl, am Ufer des Tsangpo zu kampieren. Trotz der Anwesenheit des Militärs herrschte eine gewisse Euphorie – darüber, dass alle die Reise heil überstanden hatten. Die Träger wurden bezahlt und kauften sich sofort Bier. Wir Leute aus dem Westen nutzten hingegen die Gelegenheit, heiß zu duschen. Ani feierte, indem sie einen schweren flauschigen Mantel überzog, den sie die ganze Pilgerreise hindurch im Gepäck getragen hatte (nur um ihn am Ende anzuziehen). Außerdem wechselte sie ihre Socken. Anstatt die zwei Paar neuen Socken, die ich ihr geschenkt hatte, abwechselnd zu tragen, hatte sie nur eines davon benutzt. Kichernd zeigte sie mir ihre faulig stinkenden Füße – in einem fortgeschrittenen Stadium von Fußbrand.

Aus der Stadt Bayi trafen Polizeijeeps ein. Der PSB-Offizier, ein drahtiger Chinese, etwa Mitte dreißig, mit blässlichen Zügen und über den Wangenknochen straff gespannter Haut, war außer sich,

als er erfuhr, dass wir gegen die Permits verstoßen hatten. Am Flussufer liefen Soldaten zusammen, und zeternde chinesische Stimmen
schallten durch die Abendluft.

»Was ist los?«, fragte ich Sonam.

»Schwierigkeiten«, sagte er vage. »Es ist jemand gestorben. Sie
kümmern sich um die Leiche.«

Es sickerte durch, dass sich am Abend zuvor zwei Cousins betrunken hatten. Die beiden Monpa gerieten in Streit, als einer dem
anderen vorwarf, ihm die Frau gestohlen zu haben, und es endete
damit, dass einer erstochen wurde. Jetzt zerlegten Angehörige des
Toten seinen Körper. Dann konnte ich beobachten, wie chinesische
Soldaten auf das unbewegte, stahlblaue und von majestätischen
Bergen umgebene Wasser hinausruderten, um sich des Leichnams
zu entledigen.

Das Eintreffen des PSB-Offiziers sorgte für großen Wirbel zwischen Armee und Polizei. Die Armeeoffiziere argumentierten, sie
hätten uns »entdeckt« und wären deshalb für diesen Fall zuständig,
dürften all unsere Filme beschlagnahmen und uns nach Lhasa
schaffen. Die Polizei war da anderer Meinung und behauptete, die
Sache fiele in den Zuständigkeitsbereich von Bayi und wir müssten
zu Verhören eben dorthin. Beide Seiten stritten um die hohen Geld-
strafen, die sie uns wohl abpressen wollten. Baker und Sardar müh-
ten sich nach Kräften, zu verhindern, dass wir nach Bayi gebracht
wurden, das einige Stunden entfernt lag. Sie sorgten sich, dass wir
dann Ken Storm und die Gillenwaters verpassten, die Pemako über
eine andere Route verlassen wollten.

Am nächsten Morgen – es fiel ein leichter Nieselregen – brüllten
die Armeeoffiziere die Polizisten an. Das PSB siegte und befal uns,
wieder auf den offenen Laster zu steigen. Wir weigerten uns und
verlangten, in ihren Fahrzeugen mitgenommen zu werden. Sie rissen die Filme aus unseren Kameras und warfen sie auf die Rücksitze

ihrer Jeeps. Inzwischen kam es zu einem Streit zwischen Sonam und den Trägern, die klagten, sie wären unterbezahlt worden.

Den Tränen nahe, wandte Sonam sich an uns und flehte: »Bitte, bitte, tut, was die Polizei sagt. Steigt auf den Laster. Sonst bringt ihr mich in große Schwierigkeiten.«

Schließlich kletterten wir, zusammen mit einigen Trägern, allen Sherpas und Ani auf den LKW. Hamid schrie etwas von Misshandlung, Ani weinte. Einer der Sherpas übergab sich über die Bordwand. Ich krabbelte ganz nach vorn und setzte mich neben Ian, der mir eine Codeintablette anbot, mit der ich die rumpelige Fahrt, die vor uns lag, besser überstehen würde.

Stunden später bogen wir in die Armeestadt Bayi ein und steuerten sofort die Polizeistation mit der vertrauten Plakette am Tor an: »Section of Alien and Entry-Exit Administration«. Der dritte diensthabende Offizier hieß Tsering und sprach passabel Englisch. Er sagte uns, er überwache das Verhör. Mit seinem schwarzen Filzhut und einem schiefergrauen Anzug, der eine Nummer zu groß war, sah er aus wie ein Detective der Fünfzigerjahre, dem Filmset zu *The Goodfellas* entsprungen. Zwischen Ian, Hamid, Waltraut und mir lagen ein Dutzend Taschen und mehr als 150 Filme mit unersetzlichen Aufnahmen. Ein chinesischer Offizier und eine Polizistin mit verkniffenem Mund durchsuchten unsere Sachen. Inzwischen wurde Sonam nebenan hart vernommen: »Warum hast du die Ausländer an den falschen Ort geführt? Warum hast du das Permit missachtet?« Draußen standen die Träger, Sherpas und Ani im Regen, während die Polizei die Weidenkörbe der Träger durchwühlte. Dann befragten die Polizisten Ani, die mit gesenktem Kopf dasaß.

»Ich habe mich gefürchtet«, erzählte sie mir später. »Ich bin ein Angsthase.«

Während die Stunden in dem schmuddeligen Warteraum dahinkrochen, fühlte ich mich, als hätte ich eine Rolle in einem bösen und surrealen Schwarzweißthriller. Wir wurden zwar höflich behandelt, aber zugleich gab man uns das Gefühl, wir wären Kriminelle. Dank einer unausgesprochenen Übereinkunft wurde wundersamerweise kein einziger unserer Filme konfisziert (irgendwie lenkten wir den Offizier jedes Mal ab, wenn er unserem Geheimversteck zu nahe kam), und so übergaben wir nur ein paar unbelichtete Filme. Nur mein *Tibet Handbook* und mein *Magic and Mystery in Tibet* wurden als subversiver Lesestoff beschlagnahmt.

Als der chinesische Polizist meine Tasche durchwühlte, stieß er auf meine Tagebücher und übergab sie Tsering. Der blätterte sie mit glitzernden Augen durch. Er lehnte sich zurück und las laut daraus vor. »Sieht so aus, als ob die Amerikaner wieder den hübschen Trägermädchen nachjagen.« Ian und Hamid starrten mich an, und ich wurde rot. Tsering lachte und beugte sich zu Hamid – »Was heißt das?« –, weil er über ein Wort gestolpert war.

Ohne zu überlegen, machte ich von der anderen Seite des Zimmers aus einen Satz auf Tsering zu und schnappte mir mein Tagebuch.

»Das dürfen Sie nicht lesen. Das ist privat.«

Alle verstummten. Tsering hob erstaunt die Augenbrauen, brüllte vor Lachen, packte sich mein Tagebuch wieder und las weiter. Ich atmete tief durch. Tsering musterte mich einen Moment lang und bot mir dann eine Zigarette an.

»Sie haben die Wahl zwischen zwei Sorten«, sagte er mit einem Augenzwinkern. »Damen bevorzugen meist die lange, dünne Sorte ...«

Der Abend rückte näher, Beweise für irgendein Vergehen wurden nicht gefunden, was die Polizei sichtlich beunruhigte. Tsering warnte uns davor, ihn zu verärgern, und setzte den Verhören für diesen Tag ein Ende.

»Wir machen morgen weiter«, bellte er. »Jetzt gehen wir zum Abendessen.«

Unsere ganze Gruppe sowie Tsering und seine Frau suchten ein nahe gelegenes chinesisches Lokal auf. Niemand wagte es, die Ursache unserer Verhaftung anzusprechen.

»Amerika ist himmlisch. Da möchte ich hin«, dröhnte Tsering, der vor Kopf saß. Mit geschwellter Brust griff er nach einer Zigarette und ließ dann langsam den Blick über jeden Einzelnen schweifen, der sich um den Tisch versammelt hatte. Einen Augenblick lang hörten alle auf zu essen, um gleich darauf umso schneller damit fortzufahren. Uns wurde ein Festmahl serviert, ein fettreiches chinesisches Gericht nach dem anderen: exotische Pilze, Schweinefüße, frittierter Tofu und Huhn. Die Träger saßen am äußersten Ende; die Jungs stopften sich voll, während die Mädchen schüchtern auf ihren Tellern herumpickten. Niemand von ihnen sprach; sie waren baff vor Erstaunen.

»Mein Lieblingsbuch«, fuhr Tsering in seinem Englisch mit leichtem amerikanischem Akzent fort, »ist *Stolz und Vorurteil*, mein Lieblingsfilm *Der Pate*. Ich möchte sehen, wie die Amerikaner sind. Ich möchte nach New York.« Er sog heftig an seiner Zigarette. »Kannst du mich nach New York mitnehmen?«, wandte er sich halb fragend, halb drohend an Baker, der in seine Suppe stotterte. »Natürlich können Sie nach Amerika kommen. Sicher können wir Ihnen dabei behilflich sein.«

»Ich möchte etwas Geld wechseln«, fuhr Tsering fort. »Tauschen Sie Dollar zu einem guten Kurs?«

»Mmm«, machte Baker zögerlich.

Tsering lehnte sich lächelnd zurück, sein Wanst quoll wie warmer Teig über seinen Gürtel. Seine tibetische Frau kicherte und schob das Essen auf ihrem Teller mit Stäbchen hin und her. Schweigen breitete sich aus. Schwaden von fettigem Küchendunst hüllten das winzige Restaurant ein, und Kondenswasser lief die Wände hinab. Bettelnde tibetische Kinder starrten hungrig durch die Glastüren. Ohne Vorwarnung klopfte Tsering laut mit einem Löffel auf den Tisch: das Signal für das Ende der Mahlzeit und für die Bettler in zerrissenen Kleidern und mit schmutzigen Gesichtern, die daraufhin hereinschwärmten, mit Taschen für die Reste bewaffnet. Nicht zuletzt wegen der schwachen Beleuchtung herrschte die Atmosphäre eines mittelalterlichen Banketts.

Draußen kehrten wir wieder in die moderne chinesische Stadt zurück. Armselige Imitationen von Pagodendächern ragten in den Himmel über Bayi. Das mit blauem Glas verkleidete Welcome Guesthouse leuchtete fremd im Licht einer grellen Straßenlaterne. Mit großer gespielter Freundlichkeit verabschiedeten wir uns händeschüttelnd von Tsering und seiner Frau.

»Wir sehen uns morgen um neun auf dem Polizeirevier«, sagte er, bevor er hinter den grellrosa Vorhängen einer dreirädrigen Rikscha verschwand.

Mein Magen verkrampfte sich angesichts der Mischung aus schwerem Essen und Adrenalin. In der Hotelhalle suchten Ani, die Träger und Sherpas ihre billigeren Zimmer auf. Wir gingen in unsere »Premium«-Zimmer mit frischem Rattenkot auf dem Kopfkissen. Unsere Pässe waren beschlagnahmt, wir standen nach wie vor unter Arrest. Was als Pilgerreise durch ein verborgenes heiliges Land begonnen hatte, endete mit einer bitteren Kostprobe vom Alltag der Tibeter, 50 Jahre nach Beginn der Besetzung. Ich wusste, dass wir, was auch immer geschehen mochte, früher oder später ausreisen könnten. Für Ani war es das Zuhause.

8

Liebe in Lhasa

Von Bayi fortzukommen war extrem schwierig. Am Tag nach dem Festmahl mit Tsering entdeckten uns die Brüder Gillenwater und Ken Storm im Welcome Guesthouse. Die ganze Gruppe brachte noch einen weiteren Tag mit Verhören in der Polizeistation zu. Zwischendurch fiel unser Blick auf den gequält dreinschauenden Sonam, der von Mal zu Mal bleicher wurde. Wie er zu Beginn der Reise vorhergesehen hatte, musste sein Reisebüro dafür aufkommen, dass wir die Permits nicht beachtet hatten: etwa 6000 Renminbi an Strafen sowie eine (echte) Rolex für den Polizeichef.

Nachdem der PSB Storms Videoaufnahmen stundenlang studiert hatte, um Beweise für seine Behauptung zu finden, wir wären Spione der amerikanischen Regierung, waren die Polizisten enttäuscht und erstaunt, dass kaum etwas anderes als dichter Dschungel und Wasserfälle zu sehen war. Auf ihrem Streifzug über zahllose Felsgrate und durch die dichten Wälder waren die drei Amerikaner in die »Fünfmeilenschlucht« vorgedrungen und den legendären Wasserfällen beachtlich nahe gekommen. Sie hatten den Gipfel des Dorje Bragsen erklommen, der als zorniger Hüter der innersten Schlucht gilt, hinabgeblickt und durch Gischtwolken einen mächtigen Wasserfall gesehen. Sie schätzten seine Höhe auf gut 30 Meter. Eingekeilt von den nackten Wänden der Schlucht, erinnerte sich Gil Gillenwater, hätte der Fluss ausgesehen, als würde er durch einen riesigen Feuerwehrschlauch gejagt.

Schließlich erhielten wir die Erlaubnis, in die Hauptstadt zu fahren. Wir näherten uns Lhasa von Osten und sahen schon aus einigen Kilometern Entfernung den Potala-Palast über der Stadt thronen.

Das majestätische, mit goldenen Türmchen verzierte 13-stöckige Bauwerk, in dem, wie man sagte, 999 Räume Platz hatten, erstrahlte ochsenblutrot und cremefarben. Durch das Spiel von Licht und Schatten wirkte es, als wäre es an die Hänge des Marpori nur angebunden und könnte wie ein riesiges Schokoladenbaiser davonschweben. Als Wohnsitz von Generationen tibetischer Herrscher war der Potala früher auch Regierungssitz gewesen. Heute ist er ein halbherziges Museum mit Mönchen als Wächtern, die die Gänge und schwach erleuchteten Kapellen fegen. Trotz der kostbaren Schätze und juwelenbesetzten Ikonen wirkt das Ganze düster und ernst.

Zehn Gehminuten vom Palast entfernt steht der Jokhang-Tempel, das wahre Zentrum tibetischer religiöser Sehnsucht und Anziehungspunkt für Pilger. Die auf knapp 3600 m gelegene Stadt ist ringsum von kahlen Bergen umgeben, während der Fluss Kyichu im Süden eine natürliche Grenze bildet. Am nördlichen und westlichen Stadtrand stehen zwei riesige Klöster – Sera und Drepung – und überall in der Stadt kleinere Tempel. Auf den Straßen stießen ländliches Treiben und die Moderne aufeinander: Fahrradrikschas, eine Schafherde und Toyota-Geländewagen machten einander den Platz streitig. Chinesische Mädchen in Miniröcken stöckelten an verschrumpelten Pilgern vorbei, die ihre Gebetsmühlen drehten.

Ani und ich fanden ein billiges Hotel im tibetischen Viertel, nahe dem Jokhang, und wir trennten uns von den anderen. Während der stressigen Tage in Bayi hatte Ani sich in sich selbst zurückgezogen und angespannt ausgesehen. Der Grund war zum einen die massive Polizeipräsenz, zum anderen ihre Sorge, dass wir bestraft werden könnten. Meine Befürchtungen, dass das Reisen mit Ausländern sie in Gefahr bringen könnte, wies sie zurück. »Drolma, ich mache mir Sorgen um euch«, betonte sie stattdessen. »Mir können sie nichts wegnehmen. Aber euch können sie in Schwierigkeiten bringen.«

109

Als wir in der Hauptstadt angekommen waren, hatten das gemeinsame Erlebnis der Pilgerreise durch Pemako und der Arrest die spaßige Seite unserer Freundschaft beendet und uns auf das Wesentliche zurückgeworfen. Das lag jenseits von Sprache, Kultur und gesellschaftlichem Hintergrund. Unsichtbare Fäden entspannen sich zwischen uns. Und erst viel später sollte mir klar werden, wie fest diese geknüpft waren.

Eines Morgens verließ Ani das Hotel früh und kehrte lächelnd und statt in ihrer rosa karierten Tunika mit einer weinroten wollenen *chuba* zurück. Die Farbe zeigte an, dass es sich um ihre Nonnentracht handelte. Wie ich feststellte, hatte sie auch die Socken gewechselt. Angesichts meiner chinesischen Armeeturnschuhe, die nach überreifem Parmesan rochen, und meiner einzigen Hose, die nicht mehr zu retten war, beschloss ich, es den Einheimischen gleichzutun und mir auch eine *chuba* zu kaufen.

»*Nga-tso Barkhor trom la dro, dig gi re-peh?* Wir gehen zum Barkhor-Markt, einverstanden? Der ist tibetisch, nicht chinesisch«, meinte Ani und schlenderte den Yutok Lam zum Platz vor dem Jokhang hinunter. Sie führte mich durch das Gewimmel aus bunt gekleideten Nomaden, bettelnden Kindern und ehrfürchtigen Touristen.

Rund um den Jokhang, zwischen alten tibetischen Häusern, auf deren Traufen leuchtend bunte religiöse Symbole gemalt waren, und der von Mauern umgebenen Tempelanlage erstreckt sich die gepflasterte Fußgängerzone mit dem Barkhor-Markt. Der Barkhor, der Mittlere Umrundungsweg, ist eine Art Mikrokosmos des tibetischen Alltags, in dem Religionsausübung von alters her mit Handel kombiniert wird. Vollgestopft mit Buden und auf dem Boden ausgebreiteten Decken, werden dort Unmengen von kitschigem Schmuck, Nägel und Hämmer ebenso feilgeboten wie Gebetsmühlen und schrille Wecker, billiges chinesisches Spielzeug und *cheeepie* Goldfüllungen. In den dunkleren Nischen hängen Felle gefährdeter Tierarten: Leoparden, Wildkatzen und schneeweiße Nerze.

Die Luft ist vom Geschrei der Händler erfüllt: »Fünf Renminbi, zehn Renminbi!«

»*Lookie, lookie*«, schrie eine dicke Khampa-Frau, die Türkisklumpen in ihre Haare eingeflochten hatte, und drückte mir eine billige Gebetsmühle in die Hand (made in Nepal, wie die meisten Souvenirs). »*I make you happy price.*«

Links von den dicken Holztoren des Tempels befindet sich ein gepflasterter Platz, wo Nomaden und Einheimische sich niederwerfen – ein Chor sich hebender und zur Erde fallender Hände, ein Rauschen und Wischen der Kleider, die über Steinplatten streifen, welche Jahrhunderte der Huldigung blank gerieben haben. Kleinkinder, die noch kaum laufen konnten, legten unbeholfen die Handflächen aneinander, bevor sie vorwärtstaumelten. Als eine alte Frau die Knie beugte, meinte ich es knacken zu hören. Ihre nackten Füße sahen aus wie Hufe, verkrustet mit dem Schmutz von Jahrzehnten.

»Es tut dem ganzen Körper gut«, sagte Ani, während ich neugierig um mich blickte. »Man tut es für den Buddha.«

(Wenn ein tibetischer Pilger sich zu Boden wirft und dabei die Stirn, den Hals und das Herz berührt, wiederholt er ein Mantra, um den Geist, seine Rede und seinen Körper zu reinigen, während er eine Gottheit visualisiert. Die Menschen glauben, dass das nicht nur ihnen allein zugutekommt, sondern allen fühlenden Wesen.)

Wir kämpften uns durch die Buden zum hinteren Teil des Barkhor vor, wo Ani Gewicht, Schnitt und Material diverser *chuba* prüfte, bis sie etwas fand, das sie zufriedenstellte. Ich entschied mich für eine mattschwarze Wickeltunika mit einem dazu passenden Paar schwarzer Schnürstiefel, zwei seidige Blusen (ohne Knöpfe, kurz und mit weiten, dreiviertellangen Ärmeln), eine flie-

derfarben, cremeweiß die andere, und eine lavendelfarbene Plastik-
brosche, um das Outfit zusammenzuhalten. Anschließend durchquerten wir ein Labyrinth schmaler Kopfsteinpflastergassen, die in
Spiralen vom Tempel fortführten. Wir waren auf dem Weg zu Anis
Freundin, einer Nonne namens Pema. Sie lebte in einem alten drei-
stöckigen tibetischen Haus, zu dem ein Innenhof mit einer Wasser-
pumpe in der Mitte gehörte. Frauen waren bei der Wäsche und
schwatzten, Kinder spielten. In den Wohnungen gab es kein flie-
ßendes Wasser. Die Gemeinschaftstoiletten befanden sich unten
und kosteten zwei Jiao pro Besuch.

Pemas Mietwohnung bestand aus zwei spärlich möblierten Zimmern, einem Schlaf- und Wohnraum, sowie einer Küche und einem
Bereich, wo sie und Pasang – ein Mann um die 60 – eine kleine
Schule betrieben. Ani und Pema bestanden darauf, mich in meine
chuba zu kleiden. Sie strichen hier eine Falte glatt, steckten dort einen Wulst fest und legten dann geschickt die Schärpe um meine
Taille. Zustimmendes Gemurmel ließ darauf schließen, dass sie mit
dem Ergebnis zufrieden waren.

»Warte, warte«, befahl Ani. »Deine Haare.«

Sie wühlte in der taschenartigen Vorderseite ihrer eigenen *chuba*,
wo sie den Großteil ihres weltlichen Besitzes verwahrte – eine abgenutzte Stoffbörse, Schriften, ihre Schlüssel –, und zog schließlich
einen ramponierten schwarzen Kamm hervor. Ohne auf mein Ge-
jammer zu achten, führte sie ihn durch die verfilzten Strähnen.

Als ich mich endlich im Spiegel betrachten durfte, staunte ich.
Ich sah nicht aus wie ich selbst.

»*Drolma nying jepo du.* Drolma, du siehst schön aus. Du bist ein
tibetisches Mädchen, nicht wahr? Keine Engländerin.«

Ich war mir nicht mehr sicher, wer ich wirklich war.

Dann führten sie mich ins Wohnzimmer, das wie in jedem tibetischen Haushalt von einem Altar mit Statuen und Butterlampen

beherrscht wurde. Auf einem der niedrigen Sofas saß Pasang in seinem steifen, burgunderfarbenen Obergewand. Mit einem kastanienbraunen Hut, der seinen rasierten Kopf bedeckte, und dicken viereckigen Brillengläsern sah er wie der Inbegriff eines Mönchs aus. Er saß mit gekreuzten Beinen und las buddhistische Schriften, die in dunkelockerfarbenen Stoff gebunden waren. Auf dem Tisch neben ihm standen eine Holzschale, etwa so groß wie eine geöffnete Hand und mit verziertem silbernem Fuß, für seinen Buttertee sowie ein leeres Marmeladenglas mit Holzkielen. Er bedeutete mir, mich zu setzen, und während wir Kekse und knusprig süße Spiralen aus Yakkäse probierten, zeigte er auf sein kleines Transistorradio.

»Prinzessin Diana«, sagte er. »Ich habe gehört, dass sie gestorben ist. Tut mir sehr leid. So ein guter Mensch.«

Wenige Tage danach traf ich in einem Café Tashi, unseren Führer auf der ersten Suche nach der roten Lilie. Er begann mit exakt denselben Worten und rief aus: »Deine Prinzessin, so schön. Warum starb sie so jung?«

(»Meine Prinzessin« kam ums Leben, während ich im Dschungel von Pemako unterwegs war. Wahrscheinlich war ich eine der letzten Britinnen, die davon erfuhren, und ich staunte über die große Zahl Tibeter, die mir ihr aufrichtiges Beileid bekundeten.)

Es war gegen Ende unserer Pflanzenexpedition gewesen, nach der Unterhaltung mit dem alten Mönch, der auf einem Holzstoß saß, dass Tashi sich mir anvertraut hatte. Er hatte von seinem Frust über das Leben in Tibet und von seinem Aufenthalt in Indien erzählt, wohin ihn sein Vater zur Ausbildung geschickt hatte. Angesichts der schwierigen Wahl zwischen einer teuren chinesischen Ausbildung in Tibet, mit Chinesisch als erster Sprache, oder einer traditionellen tibetischen Ausbildung im Exil werden die Kinder zu Hunderten fortgeschickt, und viele kehren niemals zurück. (Alljährlich fliehen immer noch 2500 bis 3000 Tibeter nach Indien; mehr als ein Drittel davon sind Kinder unter 14 Jahren.) Nachdem er wiederholt von seinem Vater geträumt hatte, war Tashi auf den Rat eines Lamas hin nach Lhasa zurückgekehrt, wo er seinen Vater im Sterben liegend vorfand.

Bevor ich Tibet verließ, schenkte Tashi mir einen alten bronzenen *melong*, eine runde Scheibe, in die die zwölf Tiere des tibetischen Tierkreises eingraviert waren. Als er ihn mir umhängte, meinte er feierlich: »Das hat meinem Vater gehört. Trag es nah an deinem Herzen, und sag *Om Mani Padme Hung*. Das wird dich heilen.«

Als ich Tashi im Restaurant Snowlands wiedertraf, strahlte er mich an und drückte meinen Arm ganz fest. Er trug Arbeitsjeans, die bis zur Hüfte heruntergerollt waren, eine Tweedjacke, die seine breiten Schultern betonte, und hatte die Ärmel hochgeschoben, so dass seine muskulösen Unterarme mit der teakholzfarbenen Haut zu sehen waren. Aus der Nähe betrachtet war das Weiße in seinen Augen gelb durchsetzt, und er roch nach Moschus. Wir spürten, dass wir uns gegenseitig anzogen; wir neckten einander und zankten uns spielerisch.

Nachdem wir uns unerwartet in Lhasa wiedergetroffen hatten, bot er mir an, mich mitzunehmen und, wenn seine Arbeit als Touristenführer es zuließ, Ani und mich beim Sightseeing zu begleiten. Zunächst hatte ich befürchtet, Ani würde gekränkt reagieren. Aber das Gegenteil war der Fall. Sie war froh, dass Tashi übersetzen konnte, wenn wir drei zusammen waren. Anis Freundin Pema wollte, dass sie bei ihr wohnte und in der Schule mithalf, also zog ich in ein anderes Hotel und traf Ani tagsüber. Trotz ihrer sozialen Zurückhaltung haben die Tibeter eine erstaunlich lockere Einstellung zum Sex. Mit einer gehobenen Augenbraue stieß Ani ihre beiden Zeigefinger aneinander und lachte hell und vielsagend.

»Drolma mag Tashi. Tashi mag Drolma. Das ist gut. Das ist okay.«

Tashi öffnete mir den Zugang zu einer Seite Lhasas, die ich mit Ani niemals zu Gesicht bekommen hätte, und dafür war ich ihm dankbar. Nach unserer Reise durch Pemako fühlte ich mich wie aufgebrochen, mein innerer Kompass war zerstört. Irgendwie hatte ich aus den Augen verloren, wer ich war. Ani verstärkte diese Heimatlosigkeit zum einen und brachte zum anderen eine Seite an mir zum Vorschein, von deren Existenz ich bis dato nichts gewusst hatte. Neben ihr war ich eine Engländerin in einer tibetischen *chuba*, die eine aufrichtige – wenn auch leicht gezwungene – Frömmigkeit an den Tag legte. Im Bemühen, diese Frau, die sich so vollkommen von meinem alten Ich unterschied, zu verstehen, die in einer Welt lebte, die mir so angenehm fremd war, folgte ich einfach Anis Beispiel.

Ich hatte auch das echte – und manchmal zutiefst beunruhigende – Gefühl, dazuzugehören. Manchmal spürte ich Anis Blick auf mir ruhen. Ich wusste, dass sie mich voll und ganz annahm und einfach so sah, wie ich war, ohne Masken oder Schutzschild. Wenn wir schweigend nebeneinandersaßen oder Klöster besuchten, brauchten wir nicht zu sprechen. Zeit mit Ani zu verbringen war so leicht und unkompliziert wie mit meiner ältesten Freundin.

In diesen drei Wochen in Lhasa fühlte ich mich hin und her gerissen zwischen dem Wunsch, nur mit Ani zusammen zu sein, und dem Verlangen nach Vertrautem – Bier, Zigaretten, Tanzen und Liebe spät in der Nacht. Letzteres fand ich in Tashis weit geöffneten Armen. Zunächst gelang mir dieser Spagat, aber schon bald wurden die unüberwindlichen Gegensätze zwischen Tashi und mir sichtbar.

Die Mehrheit der Tibeter in Lhasa (»Ort der Götter«) lebt in einem immer kleineren Viertel rund um den Barkhor. Der Rest der Stadt ist von moderner chinesischer Architektur geprägt, einem wachsenden Moloch aus eintönigen funktionalen Wohnblocks, Fabriken und Kasernen. 1991 rief Deng Xiaoping die »Springflut«-Bewegung ins Leben, die mit ihren ökonomischen Reformen ganz China erfasste. Ein Jahr später wurde Tibet offiziell zur »Sonder-Wirtschaftszone« erklärt und sollte sich »der Außenwelt öffnen«; chinesische Unternehmer und Gelegenheitsarbeiter wurden ermutigt, ihr Glück im Westen zu suchen. Von der Regierung in Peking wurden sie als Zivilisationsbringer ausgeschickt, die »rückständige« ethnische Minderheiten verändern sollten. Diese ersten Wellen chinesischer Kader und Immigranten waren Bewohner auf Zeit.

1994, im Rahmen des »Dritten Arbeitsforums zu Tibet« und der zunehmenden Marktwirtschaft, begann die Regierung gezielt, und zwar mit höheren Löhnen, Konzessionen und Vergünstigungen, chinesische Geschäftsleute und ungelernte Arbeitskräfte anzulocken. Daraus ergab sich ein dauerhafter Bevölkerungstransfer nach Tibet. Fleißige Chinesen ließen sich auf Dauer in Lhasa und anderen Städten nieder, holten ihre Familien nach oder gingen Mischehen mit Tibeterinnen ein. Aus dem Tröpfeln wurde eine Flut, und diese Wanderbewegung führt dazu, dass die Tibeter zur Minderheit in der Autonomen Region Tibet werden.

Allein in Lhasa mit einer Stadtbevölkerung von rund 200 000 Menschen (die rund 50 000 chinesischen Wanderarbeiter gar nicht eingerechnet) ist das Verhältnis von Chinesen zu Tibetern mindestens zwei zu eins. Angesichts geringer Anstrengungen, Tibeter auszubilden, und der Voraussetzung, fließend Chinesisch zu sprechen, wenn man einen höheren oder Beamtenposten anstrebt, entsteht eine sich ständig verbreiternde Kluft zwischen Arm und Reich. So bildet sich eine Unterschicht aus entfremdeten und entrechteten Tibetern (geschätzte 80–90 Prozent der Tibeter sind Analphabeten). Ein Mann drückte es treffend so aus: »Wir Tibeter sind zu Bürgern zweiter Klasse in unserem eigenen Land geworden.«

Rund um den Barkhor lungern Männer in Gruppen herum, oft Khampa mit rabenschwarzem Haar, die ihre Zeit mit Billardspielen, Mädchen-Nachschauen und dem Pinkeln in dunkle Ecken verbringen. Es blüht eine Teehauskultur für die Generation »Kein Job, aber trotzdem beschäftigt«, die Stunden und Tage im »Wenn-Café« verbringt und darüber räsoniert, wie anders ihr Leben verliefe, »wenn ich eine gute Frau hätte ... wenn ich reich wäre ... wenn der Dalai Lama nach Hause käme«. Dort fand ich auch Tashi und seine Freunde, die alle aus Indien zurückgekehrt waren und nur Saisonjobs als Touristenführer ergattert hatten.

Von den Behörden werden sie mit Argusaugen beobachtet. Weil jeder, der aus Indien kommt, verdächtigt wird – als potenzieller Spion für die tibetische Exilregierung, als Abtrünniger, der vom Mutterland abfallen will. Sie gebärdeten sich als rebellische Draufgänger und erinnerten mich irgendwie an italienische Hitzköpfe: sentimental, leidenschaftlich und alles auf die lange Bank schiebend. Mir war klar, dass ich Tashis Freunden quasi als Trophäe vorgeführt wurde. Trotzdem genoss ich ihren ansteckenden respektlosen Humor und ihren Idealismus. Er passte zu meinem eigenen momentanen Bedürfnis, jede Sekunde bewusst zu leben und vom Unmöglichen zu träumen.

Die Teehäuser mit ihren Steinfliesenböden, Holzbänken und geschwärzten Wänden waren eine Institution in Lhasa und voller Männer, die schwarze Anzüge und Filzhüte trugen. Den ganzen Tag über brachten Frauen riesige Kannen süßen Tees und füllten für ein paar Heller die fingerhutgroßen Gläschen nach. Dazu servierten sie gedämpfte *momos* (Fleischknödel) mit Chili. Die Luft vibrierte von Gelächter und Diskussionen.

Eines Nachmittags saß ich mit Tashi und seinen Freunden in einem dunklen Teehaus, als Tashi lässig einem Tibeter mittleren Alters zunickte, der eine Zigarette rauchte und seine Augen ständig durch den Raum wandern ließ. Sein Blick ruhte nie länger als einen Moment auf einer Person. Mit gedämpfter Stimme sagte Tashi zu mir: »Pass auf, was du sagst, Drolma. Rede nicht zu laut.« Der Mann war ein bekannter Polizeispitzel.

»Ist es nicht riskant, mit mir hier zu sitzen?«, wandte ich ein.

»Was willst du machen? Das ist Lhasa.« Er zuckte leicht mit den Achseln. »Wir müssen eben aufpassen. Vielen Tibetern kannst du eben nicht trauen.«

»Sieh mal, da kommt wieder die Süße, Dorje. Sie schaut in deine Richtung«, sagte Shondup, um das Thema zu wechseln. Alle drehten die Köpfe zu zwei jungen Tibeterinnen, die sich gerade gesetzt hatten.

Ich versuchte mir vorzustellen, wie es wäre, zu Hause mit Freunden einen Pub zu besuchen und zu wissen, dass unsere Gespräche belauscht, unsere Bewegungen überwacht werden konnten. Wie es sich anfühlen würde, mit der permanenten Bedrohung zu leben, dass die Polizei nachts ohne Haftbefehl ins Haus kommen und unter einem fadenscheinigen Vorwand Menschen zum Verhör schleppen konnte. Wurde ein Foto des Dalai Lama gefunden, konnte das eine Geldstrafe von 450 bis 2000 Renminbi oder Gefängnis nach sich ziehen; auch die Familie wäre stigmatisiert. Ich fragte mich immer wieder, wie sich eine solche Angst auf meinen Verstand, meine Seele und meine Freundschaften auswirken würde.

Seit 1990 haben die Behörden in Lhasa ihre Unterdrückungspolitik mit einer Mischung aus Überwachung, Nachbarschaftskomitees und Polizeiaktivitäten perfektioniert. Paranoia und Angst wurden unter der Bevölkerung geschürt, und zwar durch ein weites und offiziell bezahltes Informantennetz. In der ganzen Hauptstadt gibt es als Stadthäuser getarnte Polizeistationen, schwenkbare Überwachungskameras und eine erschreckend große Zahl Geheimdienststellen.

Nachdem der Barkhor in den späten 1980er-Jahren zum Schauplatz der Demonstrationen für die Unabhängigkeit geworden war, wurde die Polizeipräsenz dort verstärkt. Alle paar 100 Meter traf man auf Grüppchen von Tibetern, die grünen Tee tranken, Karten spielten und deren Job es war, jeden im Auge zu behalten und alles Verdächtige sofort zu melden. Sie konnten Alarm schlagen und Verstärkung durch die schwer bewaffnete Volkspolizei anfordern, die laut hupend in ihren Jeeps durch die Stadt raste. Und dann gab es natürlich noch die PSB, die offen und undercover arbeitete. Die Geheimdienste wurden zusammengelegt, und das State Security Bureau (SSB), das eine wichtige, geradezu offizielle Rolle beim Ausmerzen von Widerstand spielte, stellte schwarze Listen auf. Schließlich ist da noch die Volksbefreiungsarmee – mit mindestens 300 000 in Tibet stationierten Soldaten. Sie ist häufig, insbesondere an heiklen Jahrestagen oder wenn hohe Würdenträger aus Peking zu einem offiziellen Besuch in Lhasa weilen, öffentlich präsent.

Im Gegensatz zur allgemeinen Wahrnehmung, wonach die Schuldigen immer die Chinesen sind, begann ich zu begreifen, dass die Realität komplizierter war. Ohne das Heer von Informanten und spionierenden Mönchen, von korrupten Polizisten und bestechlichen Beamten – allesamt Tibeter – könnte China seine Macht in Tibet kaum konsolidieren. Der Fotojournalist Steve Lehman hat es so formuliert: »Die Lage in Tibet ist grau; je tiefer man forscht, desto komplexer wird das Ganze. Die Chinesen haben die Tibeter unterdrückt, und die Tibeter haben einander unterdrückt ... Um zu überleben, gehen die Leute Kompromisse ein. In Tibet nennen sie das ›zwei Gesichter haben‹.«[1]

Oder wie Taschi es ausdrückte: »Ein lächelndes Gesicht, ein schwarzes Herz.«

Ani zeigte mir stolz ihr kulturelles Erbe, und bei unseren regelmäßigen Ausflügen gewährte sie mir verwirrende Einblicke in den tibetischen Buddhismus. In einer Kapelle nach der anderen zählte sie mir mit zum Gebet erhobener Handfläche die Namen jeder Gottheit auf – die der Mitfühlenden, die der Zornvollen und die der Weisen. Wenn ich die Bedeutung der Buddhas mit ihren vielen Augen und Armen nicht verstand, war Anis Frömmigkeit mir Inspiration. Wie so viele ungebildete Tibeter folgte ich ihr in blindem Glauben.

Eines Nachmittags besuchten wir Shoton, das Joghurtfest, im Drepung-Kloster am Stadtrand. Groß wie ein ganzes Dorf, mit gewundenen Wegen zwischen den Unterkünften der Mönche und den Tempeln, war das Kloster einst Heimstatt von 10 000 Mönchen des Geluk-Ordens. Heute leben dort noch etwa 500. Nachdem sich eine Masse Gläubige in die große Versammlungshalle gedrängt hatte, dirigiert von mürrischen Mönchen, die wie ehemalige Gangster aussahen und Stöcke bei sich trugen, damit die Leute nicht zu sehr drängelten, zogen Ani und ich uns zu den Küchen zurück. Dort kochten blubbernd *momos* in großen Kesseln, und Mönche in Overalls schnitten mit riesigen Fleischermessern Yakfleisch. Ein gebeugter Mönch bot uns Schalen mit hausgemachtem *dri*-Joghurt an, der sehr sauer und glibberig war.

»Bist du eine *khandro* (erleuchtete Lehrerin)?«, fragte er Ani, der das sichtlich peinlich war. »Du hast etwas Besonderes an dir.«

»*Min, min.* Nein, nein«, sagte sie mit gesenktem Blick. »Ich bin nur eine Nonne.«

»*Ah ley.*« Er nickte und musterte sie gedankenverloren von oben bis unten. »Du siehst wie jemand aus, der meisterlich meditiert.«

»*Min, min.* Ich bin nichts Besonderes«, beharrte sie und wurde rot.

Er sah sie spöttisch an, schüttete noch mehr Joghurt in ihre Schüssel und fragte nur noch: »Möchtest du Zucker?«

Wenn wir beide in unseren *chuba* durch die Straßen liefen, erregten wir automatisch Aufmerksamkeit – Tibeter lächelten uns an, Chinesen beschimpften uns. Mich beunruhigte der Gedanke, dass

Ani in Schwierigkeiten geraten könnte, sobald ich Tibet verlassen hätte, weil man sie zusammen mit mir gesehen hatte. Ich kannte ihre absolute Selbstlosigkeit, und wenn ich sie wieder und wieder fragte, ob es nicht gefährlich für sie sei, gab sie mir stets die gleiche Antwort: »Mach dir um mich keine Sorgen. Das ist schon in Ordnung. Ich habe mehr Angst um dich, falls du krank wirst.«

Mit fest verschränkten Armen ermahnte sie mich, wenn mein Portemonnaie zu sehen war: »*Kumar dug.* Hier sind Diebe. Du musst besser aufpassen.«

Eines Nachmittags trafen wir Tashi in Pemas Wohnung. Sie unterrichtete eine Klasse kleiner, frech aussehender Kinder, die auf Kissen am Steinboden saßen und Holzblöcke auf dem Schoß hielten.

»*Dri dang dri.* Schreibt. Schreibt«, wies Pema sie an.

Nachdem Pema ihr Kloster aus Gründen, die ich nicht ganz begriff, verlassen hatte, fragte sie Pasang, ob sie ihm in seiner Schule für arme Familien in Lhasa helfen könnte. Als ehemaliger Lehrer an einer Privatschule war Pasang beseelt von der Idee, die tibetische Sprache zu retten, die in seinen Augen vom Aussterben bedroht war. Sie führten die Schule mit sehr knappen Mitteln. Als Toilette diente ein Eimer, den Pema zum Ausleeren zwei Treppen hinuntertrug. Die Kinder wiederholten das tibetische Alphabet wie kleine Papageien. Pasang stand vor der Klasse und malte mit einem in Tinte getauchten Kiel die elegant geschwungenen tibetischen Schriftzeichen auf eine Holztafel.

Während wir die Kinder beobachteten, wandte sich Tashi an mich. »Meine kleine Nichte und mein Neffe können nur Chinesisch. Sie sprechen es sogar zu Hause mit ihrer Mutter und spotten über meine fehlerhaften Antworten. Ich lebe mit meiner alten Mutter und kümmere mich um meinen jüngeren Bruder. Seit dem Tod meines Vaters muss ich sein wie er. Ich mag das nicht, wie nennst du es ...« Er unterbrach sich und suchte nach dem passenden Wort.

»Verantwortung«, schlug ich vor.

»Vielleicht.«

»Tashi«, sagte ich und nahm ihn beiseite. »Ich muss mit dir über Ani reden. Ich fürchte, dass sie Schwierigkeiten bekommt, wenn man sie mit mir sieht. Ich habe gehört, dass Nonnen besonders vorsichtig sein sollen, weil ihnen schreckliche Dinge passieren können, wenn sie ins Gefängnis kommen.«

Leise übersetzte er Ani meine Bedenken. Sie traten verlegen von einem Bein aufs andere und bedeuteten mir dann, ihnen aufs Dach zu folgen, wo wir uns in eine schattige Ecke setzten. »Es stimmt«, hob Ani an. »Wenn Nonnen verhaftet werden, benutzen sie Elektroschocks – überall, sogar da unten.« Sie zeigte auf meinen Schoß.

»Äußerlich sehen die Nonnen unversehrt aus«, fuhr Tashi fort. »Innen sind sie geschmort wie gekochtes Fleisch. Wenn es den Gefangenen dann sehr schlecht geht, werden sie nach Hause geschickt. Die Familien nehmen sie wieder bei sich auf, damit sie nicht im Gefängnis sterben.«

»Ist das wirklich wahr?«, fragte ich ganz elend.

»Ja, Drolma«, flüsterte Ani. »Das ist wahr.«

»Und dir wird nichts passieren, weil du meine Freundin bist?«

»Nein.« Sie legte ihre Hand auf meine.

»Gehst du in dein Kloster zurück, wenn ich weg bin?«

Ein Schatten fiel auf ihr Gesicht. Ich war überrascht und bestürzt.

»Ich weiß nicht. Letztes Jahr war das Kloster in einer schwierigen Lage. Das Amt für Religiöse Angelegenheiten kam, und drei Monate lang mussten wir zweimal täglich zu Versammlungen, um den Dalai Lama zu kritisieren. Alle Nonnen schwiegen. Es war wie ein Hungerstreik, nur mit Schweigen.«

»Hattest du Angst?«

»Ja, anfangs. Ich war aber auch wütend. Die Beamten sagten uns: ›Glaubt nicht, dass ein gutes Karma euch glücklich macht. Ihr müsst euch eine Arbeit suchen, ein Geschäft aufmachen, heiraten, das macht euch glücklich.‹« Sie runzelte die Stirn. »Den Leuten sagten sie, Nonnen wären wie Schweine. Sie tun nichts, sind faul und leben von den Laien.« Sie machte eine Pause, um Luft zu holen, was Tashi Gelegenheit zum Übersetzen gab. »Es hieß, wir müssten unser Haus innerhalb von drei Jahren verkaufen. Wenn nicht, würde die Regierung es konfiszieren. Um die Nonnen zum Ablegen ihrer Gewänder zu bewegen, boten sie uns sogar Lizenzen zur Geschäftsgründung an, aber wir gingen darauf nicht ein. Zumindest anfangs nicht.« Sie verstummte.

»Am Ende mussten wir Seine Heiligkeit den Dalai Lama und den Buddhismus verleugnen. So schlecht habe ich mich noch nie gefühlt.« Sie holte hörbar tief Luft und verzog das Gesicht. »Es war so traurig, so schrecklich, wirklich furchtbar. In meinem Kopf hämmerte es, und ich hatte eine Riesenwut auf die Chinesen.«

Ani schlug die Augen nieder und spielte mit ihrem Armband. Tashi saß mit grimmigem Gesicht neben ihr. »Ich heulte mit den Wölfen und wehrte mich gleichzeitig. Einmal sagte ich, das hätte nichts mit Befreiung zu tun, und zum anderen verleugnete ich Seine Heiligkeit, indem ich behauptete, ihn gar nicht zu kennen. Weil ich das sagte, taten sie mir nichts«, fuhr sie fort. »Ich bin die Älteste und saß ganz vorn. Die Nonnen hatten die Köpfe gesenkt und schwiegen. Ich hatte das verzweifelte Bedürfnis, etwas zu sagen, weil mir die Politversammlungen zum Hals heraushingen.«

»Was passierte dann?«

»Über 100 Nonnen wurden vertrieben, rausgeworfen wie Hunde. Ich ging zurück in mein Nomadendorf, wo ich auch einen Personalausweis erhielt. Ich lebte bei der Familie meines Bruders. Nach einem Monat wollte ich nur noch fort. Wo ich aufgewachsen war, da war nicht mehr mein Zuhause, es ist keine spirituelle Gemeinschaft.« Ich hörte etwas wie Widerstand in ihrer Stimme.

»Ich wollte nur auf den Berg zurück und mich in meine Religion versenken. Also zerriss ich meinen Ausweis und kehrte ins Kloster zurück. Dann unternahm ich alle Anstrengungen, um mich bei der lokalen Behörde registrieren zu lassen, nicht für das Kloster, sondern in dem Bezirk. Sie haben es abgelehnt.« Sie schürzte die Lippen. »Also bin ich jetzt nirgendwo registriert, weder in meinem Heimatdorf noch im Kloster. Was soll ich tun? Ich kenne keinen Ort, an den ich gehen könnte.«

»Was passiert, wenn die Behörden darauf zurückkommen?«

»Die oberste Nonne hilft uns. Wir werden gewarnt, wenn Beamte oder Leute von der Partei kommen. Wir nehmen dann ein paar Sachen – *tsampa*, einen Kessel zum Teekochen – und ziehen uns für einen oder zwei Tage in die Berge zurück, bis sie wieder weg sind.« Sie schwieg. »Und dann gehe ich oft auf Pilgerschaft.«

Nachdem ich Tibet wieder verlassen hatte, erfuhr ich, dass ab 1986, als die regionale Kommunistische Partei TAR sich der tibetischen Forderungen nach größerer religiöser Freiheit annahm, die Zahl der Mönche und Nonnen kontinuierlich stieg. Gleichzeitig kam es zu einem umfangreichen Wiederaufbau der Klöster, was die Chinesen aufgrund ihrer Ideologie und ihrem Bestreben, die Modernisierung der Region voranzutreiben, als Rückschritt verstanden.

Ein Jahrzehnt später startete China eine groß angelegte »patriotische Erziehungskampagne«, die zum Ziel hatte, diesen Trend umzukehren und Tibet in ein atheistisches Land zu verwandeln. In ganz Tibet (einschließlich Kham und Amdo) wurden Tausende von Mönchen und Nonnen wie Ani aus ihren Klöstern vertrieben, weil sie sich den Anordnungen der chinesischen »Arbeitsgruppen« widersetzten und weder den Dalai Lama verleugneten, noch Tibet als Teil Chinas anerkannten. Um die sich ausbreitende Verzweiflung und den Widerstand einzudämmen, ließ der Dalai Lama seine

Landsleute 1998 wissen: »Sollten die chinesischen Behörden euch zwingen, mich zu verleugnen, so tut dies von nun an ohne Zögern.«[2]

Nach unserem Gespräch auf dem Dach schien Ani sich zurückzuziehen. Ein paar Tage später lernte ich einen französischen Studenten kennen, der uns in einem Teehaus seine Dienste als Übersetzer anbot. Da fragte ich Ani, was mit ihr los sei.

»Ich denke, ich muss mir eine Arbeit suchen«, sagte sie unbehaglich.

»Als was?«

»Als Haushälterin.« Sie zögerte. »Da ich nicht zurück ins Kloster kann, überlege ich mir, in Lhasa zu bleiben. Ich habe ein junges Paar kennengelernt. Sie würden mich einstellen, um zu putzen und ihr Haus in Ordnung zu halten.«

»Sind das gute Menschen? Warum wollen sie dich anstellen?« Ich war skeptisch. Ich wusste, dass es unter Tibetern kein gutes Karma versprach, wenn man eine Nonne beschäftigte, um die Unterwäsche der Familie zu waschen.

»Ich weiß nicht. Ich will den Job ja auch gar nicht.« Sie errötete – ein sichtbares Zeichen ihrer Seelenqual darüber, dass ihre eigentliche Berufung so abrupt zu Ende sein sollte. »Ich war ein Nomadenmädchen. Jetzt bin ich eine Nonne. Wenn ich Leuten beim Abwaschen zusehe, quält mich das ...« Ihre Stimme erstarb, aber dann fuhr sie resolut fort: »Ich möchte mich meiner Religion widmen. Das ist eine friedvollere, anerkennenswerte Arbeit.«

Wie er sich seinen Weg durch die Menschenmassen vor dem Jokhang bahnte, während sich die Dämmerung über die goldenen Türme des Tempels senkte, machte Tashi den Eindruck, zuverlässig und hart im Nehmen zu sein. Er schritt mit stolzgeschwellter Brust einher. Wenn wir abends ausgingen, bestand er darauf, mich an die Hand zu nehmen, und sagte: »Bei mir bist du sicher, Drolma.«

Wenn wir auf Polizeipatrouillen trafen, zog er mich nur näher zu sich heran.

Wie seine Freunde, so ging auch Tashi eine Menge Risiken ein. Seine alte, gebeugte Mutter fürchtete um ihren Sohn. Sie hatte Angst, sein geschwollenes nächtliches Daherreden über die Zukunft Tibets könnte den Nachbarn zu Ohren kommen und die könnten es den Behörden melden. Der Tod seines Vaters hatte die Familie gebrochen. Manchmal, denke ich, fühlte er sich wie ein Ausgestoßener in seiner Heimatstadt und sehnte sich nach dem leichten Leben damals in Indien: »eine nette Freundin, Basketball, keine Verantwortung«.

Eines Abends, der Vollmond ging gerade auf, saß ich mit Tashi auf dem Hoteldach. Nur in Tibet habe ich den Mond wie die Sonne scheinen gesehen, mit Strahlen so weiß wie Eis und so hell, dass sie einen Schatten auf die Erde werfen, der sie in Dunkelheit taucht.

»Du solltest Bettlern etwas geben, Drolma«, sagte er. »Ich habe heute bemerkt, dass du es nicht getan hast. Missachte sie nicht, wie es andere *injis* tun. Sie brauchen Hilfe. Geld kommt und geht wie Wasser. Nur was hier drinnen ist, bleibt.« Er legte seine Hand auf mein Herz.

Es gefiel mir, den Konturen von Tashis schlanker, wohlgeformter Taille nachzufahren; mit meinen Fingern über seine hohen Wangenknochen und durch sein schwarzes, glänzendes Haar zu streichen. Ich mochte es, wie er mein Haar löste, es um mein Gesicht legte und mir sagte: »Ich kann in dein innerstes Herz sehen.« Auf beiden Seiten war es Hunger nach Liebe – und nach Geliebtwerden. Ich war von seiner unbändigen Vitalität und rauen Sinnlichkeit fasziniert und von der Stärke meiner Gefühle für ihn zugleich verwirrt. Ich konnte sehen, dass er freundlich war, aber da war auch etwas Böses in seinen mokkafarbenen Augen, das mich erschreckte: ein Tal des Schmerzes und der Verbitterung. Ich begann diesen bitteren

Kern auch bei anderen Tibetern zu sehen, einen Ausdruck von Gejagtsein und Augen so hart wie Stein.

Hinter Tashis fröhlicher Fassade lag ein Gefühl von Ohnmacht, geschürt von einem tiefsitzenden Unterlegenheitskomplex – den ich langsam als nationales Charakteristikum erkannte, ein Symptom der chinesischen Besatzung –, hervorgerufen von der Trauer angesichts trostloser Zukunftsaussichten. »Menschen zerbrechen«, pflegte Tashi zu sagen, wenn jemand schon ziemlich am Ende war.

Im Hotelzimmer in Lhasa mit dem weiß gemusterten Plafond, grellrosa Bettdecken und passenden Kissenbezügen für sie und ihn sah ich ein, dass meine hohen Erwartungen an Tashi unrealistisch waren. Wen wollte ich täuschen, wenn nicht mich selbst? Hoffnungslos romantisch – wie ich auch sein kann –, war er in meinen Augen ein Junge im muskulösen Körper eines Mannes, mit einer unverblümten Einstellung zum Sex, auch wenn er oft grobe Witze machte (wie ich später noch lernen sollte, ein beliebter tibetischer Zeitvertreib). Sein Körper war bewunderns-, sein Benehmen im Bett beklagenswert. Danach blieb ich mit dem Gefühl einer inneren Leere zurück und fand mich noch weniger zurecht.

Weil meine Zeit in Tibet ablief und meine Affäre ihren Zauber verlor, wandte ich mich an Ani. Mit meinem spärlichen Tibetisch konnte ich ihr nicht erklären, was zwischen mir und Tashi passierte. Selbst wenn ich es gekonnt hätte, wäre es mir denkbar unpassend erschienen, das Thema Sex und Männer ausgerechnet mit einer Nonne zu erörtern. Ich sorgte mich, dass sie danach schlechter von mir denken könnte. Nach ein paar hässlichen Abenden, an denen Tashi zu betrunken war, um sich auf den Beinen zu halten, sagte ich ihm, dass ich genug hätte. Er bettelte um eine letzte Chance. Er sagte mir, er liebe mich und dass er auf mich warten würde, wenn ich Tibet verlassen hätte. Ich gab nach, und wir verabredeten uns für den nächsten Tag.

Nachdem wir im Dunkeln eine *kora* um den Jokhang absolviert hatten, trafen Tashi und ich uns mit seinen Freunden – Pasang, Dhondup und Dorje. Sie waren Touristenführer und alle verschieden gekleidet. Nur die Baseballcaps trugen sie ausnahmslos verkehrt herum. Der eine zum Bon-Jovi-T-Shirt, ein anderer zu einem abgetragenen Blazer, aus dessen Brusttasche eine rote Marlboro-Packung hervorschaute. Wir gingen kurz in die Disco JJ's gegenüber dem Potala, wo homosexuelle chinesische Paare auf einer ansonsten leeren Tanzfläche Walzer tanzten.

Von dort aus spazierten wir die schmalen Gassen hinunter, die reihenweise von chinesisch geführten Buden gesäumt sind, wo man Alkohol und Zigaretten verkauft. Wir kamen an billigen tibetischen Restaurants vorbei, die brutale Kung-Fu-Filme zeigten, in denen stets der chinesische Protagonist all seine Gegner massakriert. Um Kundschaft anzulocken, werden die Soundtracks über Lautsprecher nach draußen übertragen, was noch die letzte Gasse mit schrillen Mordgeräuschen erfüllt. Zurück auf der Hauptstraße, liefen wir an Dutzenden chinesischer Friseursalons vorbei, die zugleich als Bordelle fungierten – ein Fick zum Preis einer Dauerwelle. Weiter entlang an den Ufern des Kyichu, wo gleich neben ein paar Luxusapartments ein neuer Ladenkomplex und ein Casino gebaut wurden.

Schließlich erreichten wir die Disco Make Dreams. Draußen erfüllten chinesische Essensstände mit gebratenen Kastanien und riesige Woks mit gebrannten Erdnüssen die Luft mit süßlichen Düften. Ein mit Graffitis verschmiertes Treppenhaus führte zu einem kleinen Nachtclub. Dort plärrte blechern klingender Techno und amerikanischer Rap mit bizarren Texten – *I want to fuck you, Don't be silly put a condom on your willy* – aus den Boxen. Chinesen und Tibeter taumelten im blitzenden Neonlicht. Ich wurde nach oben in die hypermoderne DJ-Box eingeladen, mit Blick auf die Tanzfläche, die mit sorgsam gemachten Einzelbetten vollgestellt war. Geschäftsleute aus Peking und ihre Babes hatten sich kettenrauchend darauf niedergelassen und tranken grünen Tee aus Marmeladengläsern.

Am Ende der Nacht besorgten wir uns ein paar Vorräte – einen Fünf-Liter-Plastikkanister mit *chang* für zehn Renminbi und frittierte Kartoffeln mit Chili für drei Renminbi – und zogen uns ins Hotel zurück. Wir tranken die ganze Nacht durch, während Freunde kamen und gingen. Die unglücklichen Touristenführer mit den lächelnden Gesichtern warfen ihre Masken von sich. Dhondup begann sich aufzuführen wie ein verrückter Teenager, schlug gegen die Wand und heulte über seine in die Brüche gegangene Beziehung. Tashi wechselte zwischen hysterischem Gelächter und rührseligen Erinnerungen an sein Leben in Indien. Die Geschichten über ausländische Touristen sprudelten nur so hervor.

»Erinnert ihr euch, als der chinesische Führer im Potala einer deutschen Gruppe diesen kommunistischen Scheiß erzählt hat?«, sagte Tashi. »Und der Mönch gibt ihm eins auf die Nase ...«

»Jaaah, das geschah ihm ganz recht.« Pasang lachte schallend.

»Es ist unfair, dass chinesische Guides eine Fünfjahreslizenz kriegen können«, fuhr Tashi fort. »Wir Tibeter nicht, sondern nur für ein Jahr. Dann müssen wir eine Prüfung ablegen.«

»Spielt keine Rolle – sie werfen uns trotzdem raus. Wie viele Tibeter haben letztes Jahr ihre Lizenz verloren!«, knurrte Pasang.

Dhondup hickste laut und hob seine Dose Bier der Marke Blue Ribbon.

»Dies chinesisches Bier, es tötet Tibet.«

»Yakshit. Tibet ist schon lange tot«, erwiderte Tashi scharf.

»1959 hatte Tibet keine Waffen, da war es sehr leicht zu töten«, sagte Dorje.

»Drolma, glaubst du, dass wir Freiheit kriegen?«, fragte Dhondup. »Glaubst du, dass sich 1999 etwas ändert? Man sagt, das neunte Jahr jeder Dekade ist wichtig für Tibet. 1959 ging der Dalai Lama fort. 1969 der große Aufstand gegen die Chinesen. 1979 hab ich vergessen ...«

»Dem Dalai Lama wurde erlaubt, Gesandte zu einem Besuch nach Tibet zu schicken«, unterbrach ihn Dorje.

»Ach ja.« Dhondup rülpste. »1989 Demonstration in Lhasa.«

»Eine große Revolution war das.« Tashi lachte hysterisch und schlug sich auf die Schenkel.

»Schsch, red leise«, fuhr Pasang ihn an.

»Kein Problem. Das Hotel ist okay«, sagte Dhondup und hob die Stimme. »1989 kriegte Seine Heiligkeit auch den Friedensnobelpreis.«

»Halt die Klappe, ja?«, brummte Pasang.

»Also vielleicht haben wir 1999 Glück«, sagte Dhondup und erhob sich unsicher. »Warum tut der Westen nichts? Warum tut die UNO nichts?«

»Oder Amerika?«, sagte Dorje. »Clinton scheint Seine Heiligkeit doch zu mögen, oder?«

Ein Glas zerbrach, und *chang* spritzte. Dhondup stürzte hinaus und übergab sich.

»Was ist mit all den Buddhas, all den Beschützern?«, fragte ich. »Wo sind sie, wenn ihr sie am dringendsten braucht?«

An der Wand zusammengesackt, grinste Tashi böse und hob sein Glas: »Sie sind betrunken, wie wir alle.«

Um 6.30 Uhr weckten mich die Rufe von Ani und Pema vor meinem Fenster. Es war noch dunkel. Mit einem hämmernden *chang*-Schädel zog ich mich an, fuhr mit der Zahnbürste durch meinen pelzigen Mund und eilte in elendem Zustand die Treppe hinunter. Gerade noch rechtzeitig, damit Ani und ich den ersten Bus zum Kloster Ganden erwischten. Der Bus war überfüllt mit ungewaschenen, mit Yakbutter eingeriebenen Tibetern. Um mich nicht übergeben zu müssen, hielt ich den Kopf aus dem Fenster.

Ani amüsierte sich über meinen Kater und neckte mich: »Zu viel *chang* ist nicht gut fürs Meditieren. Komm lieber mit mir ins Kloster, anstatt dich mit Tashi zu amüsieren.«

Ich stimmte ihr zu. Das sollte der letzte Abend gewesen sein, den ich mit Tashi verbrachte. Denn er musste Lhasa verlassen und eine Touristengruppe zum Namtso-See begleiten. Das setzte unserer chaotischen Beziehung quasi ein natürliches Ende.

Es dauerte Stunden, bis wir Ganden erreichten. Es lag nur gute 60 Kilometer östlich von Lhasa entfernt, aber der Bus kroch dahin, schlängelte sich vom Kyichu-Tal aus den steilen Berg hinauf. Als wir endlich ankamen, war mein Kopfweh verschwunden, und ich war bereit für eine weitere große Ani-Tour.

Das 1416 von dem bedeutenden Lehrmeister Tsongkhapa, dem Gründer des Geluk-Ordens, der auch die Dalai Lamas hervorbringt, erbaute Kloster Ganden ist nach dem Paradies benannt, in dem sich der Maitreya, der künftige Buddha, aufhält. Der Großteil des Klosters wurde jedoch während der Kulturrevolution geschleift.

Nach Jahren mühevoller Restaurierungsarbeiten standen die Mönche kurz vor der Vollendung ihres Werks. Nun waren sie gerade dabei, die Versammlungshalle mit grell leuchtenden Farben zu bemalen. Im Innenhof standen riesige Farbbottiche; jedes Fresko, jede Statue, von den scharlachroten schmollenden Lippen Buddhas bis hin zu den schrecklichen kobaltblauen Dämonen, glänzte wie neu.

Ani und ich suchten Tsongkhapas Thronsaal auf, um uns von einem alten Mönch segnen zu lassen, der uns mit den Schuhen des 13. Dalai Lama und dem Hut des 14. Dalai Lama über Kopf und Rücken strich. In einem geschlossenen Innenhof sahen wir uns ein buddhistisches Theaterstück über debattierende Mönche an. Ein Wirbel aus Safran und Karmesinrot, durchsetzt von Schreien und

Lachsalven. Die Mönche stritten paarweise über schwierige Fragen des buddhistischen Glaubens: Bist du ein Mensch? Welchen Beweis hast du dafür? Einer von ihnen stellte stehend die Fragen, wobei er seine Gebetskette schwang wie ein Cowboy sein Lasso und in die Hände klatschte, um das Gesagte zu unterstreichen. Sein Opponent saß mit gekreuzten Beinen auf dem Boden, und wenn er die falsche Antwort gab, schlug der stehende Mönch ihn mit seiner Gebetskette auf den Kopf. Als der Gong zum Mittagessen ertönte, stolperten die Mönche hinaus auf den sonnenverbrannten Hang. Für ihre üppige Statur liefen sie erstaunlich leichtfüßig.

Ani nahm mich auf den Pilgerweg rund um das Kloster mit. Freude durchströmte uns, als wir den Serpentinenpfad entlanggingen, rennend und hüpfend, unsere Hände in die Abdrücke erleuchteter Meister legten, uns zu Boden warfen, wo sie es getan hatten, in die Höhle lugten, wo Tsongkhapa meditiert hatte. Am Visionsfelsen hofften wir auf Erleuchtung und Einsicht. Über dem Totenfeld, wo auch Himmelsbestattungen vollzogen werden, schwebten erwartungsvoll mehrere Geier.

Am Nachmittag schlängelte sich der Bus zurück nach Lhasa, beladen mit 60 Passagieren und einem kleinen Wacholderwald auf dem Dach – am nächsten Tag war Feiertag, und dafür benötigten die Leute zusätzlichen Wacholder. In einem Meer goldener Felder durchquerten wir Dörfer, wo Frauen, rosa- und purpurfarbene Tücher auf dem Kopf, mit Heugabeln droschen und in flachen, runden Körben die Spreu vom Getreide trennten. Es war Erntezeit, und Esel wackelten wie trunkene Heuhaufen die Straße entlang.

Da mein Visum zwei Tage später ablief, sicherte ich mir eine Mitfahrgelegenheit in einem Jeep, der nach Nepal fuhr. Als Ani sich verabschiedete, schenkte sie mir ihren eigenen *phurbu* – einen spitzen rituellen Dolch – und eine weiße *khata* aus Seide für eine gute Reise. Ich konnte ein lautes Schluchzen nicht unterdrücken, während ihr, in einem seltenen Moment der Trauer, eine einzige Träne über die Wange rollte. Ich hatte keine Ahnung, ob und wann ich Ani wiedersehen würde. Er war unmöglich, Kontakt mit ihr aufzunehmen, und selbst wenn ich eine Adresse gehabt hätte, hätte ich nicht Tibetisch schreiben können.

Meine bleibende Erinnerung an Tibet war: Sonnenstrahlen, welche die Wolken aufleuchten lassen, die wie ein Diadem über dem Mount Everest schweben. Am zweiten Tag der Reise leuchtete der Berg wie ein Himmelsamethyst in der rosigen Morgenröte. Vor uns marschierte eine Kolonne chinesischer Soldaten, gefolgt von einem Zug zerlumpter tibetischer Schulkinder mit verstrubbeltem Haar, schmutzigen Gesichtern und Löchern in den Pullovern. Sie grinsten und winkten. In diesem Moment fiel das Licht auf den Everest, bevor sich der Gipfel wieder hinter einer Wolke verbarg.

9

Leben im Exil

Etwa 8000 Tibeter leben in McLeod Ganj, einer kleinen Stadt oberhalb des indischen Dharmasala, im Exil. An einem Ort, wo die Busse wenden und ständig gebaut wird, wo es Läden mit tibetischem Schmuck und Hotels gibt. Der Ort ist terrassenförmig in den steilen Hang gebaut, mit den schneebedeckten Gipfeln der Dhauladhar-Kette im Hintergrund. Hauptanziehungspunkt ist der Tempel neben dem Bungalow im Raj-Stil, den einst der Dalai Lama bewohnte. Angeregt von Anis Verehrung für ihren Führer im Exil und ihrer Verpflichtung zu einem Leben als Pilgerin, schloss ich mich sechs Monate nach unserer Reise durch Pemako den tibetischen und westlichen Pilgerscharen an, die die alljährlich im März stattfindenden Unterweisungen des Dalai Lama besuchen.

Ich rechnete damit, nur ein paar Wochen zu bleiben. Doch Monate später hatte ich mein Ticket für den Rückflug nach London verfallen lassen und mietete mir ein zellengroßes Zimmer über der *Library of Tibetan Works and Archives* im unteren Teil von McLeod Ganj. *Om Mani Padme Hung* erscholl es unter meinem Fenster, während die Tibeter ihre täglichen *koras* absolvierten. Ein Maina-Vogel schrie laut, während ich meine Verben für den Tibetischunterricht lernte. Den erteilte mir eine winzige, ständig mit den Augen zwinkernde Nonne, die ihr ganzes Leben im Exil verbracht hatte und nicht im Kloster lebte, weil sie zu Hause ihre alte Mutter versorgte.

Schon eine Woche nach meiner Ankunft hatte ich eine feurige spanische Nonne von knapp 60 Jahren kennengelernt. Sie war von der beharrlichen Ungleichbehandlung, der sie als Frau im tibetischen Buddhismus begegnete, zutiefst desillusioniert. Als ich von ihrer persönlichen Frustration hörte, erinnerte mich dies an die westlichen feministischen Nonnen, die sich mit jahrhundertealten Traditionen herumschlugen. Meine Neugier war geweckt, mehr über Anis Rolle in ihrer eigenen Gesellschaft zu erfahren.

Mir war klar, dass die Geringschätzung der Nonnen in Tibet bis zu Buddha selbst zurückreichte. Er hatte, ausgehend von seinem Unwillen, einen weiblichen Orden zu gründen, schließlich unter der Bedingung zugestimmt, dass die Nonnen acht zusätzliche Gelübde ablegten, die sie unter die Kontrolle der männlichen Mönchsgemeinschaft zwangen. Dazu gehörte ein Gelübde, wonach Nonnen jeden Mönch, selbst einen Novizen, so behandeln mussten, als stünde er in der Hierarchie über ihnen.

»Es scheint, als wäre Buddha zwischen seiner kulturellen Prägung und dem hinduistischen Gesellschaftssystem auf der einen ... und seiner Überzeugung, wonach Frauen ebenso wie Männer Erleuchtung erlangen können, auf der anderen Seite hin und her gerissen gewesen«, schreibt Tsultrim Allione in *Women of Wisdom*. Wenn sie sich entschieden, Nonne zu werden, »waren sie nicht länger Eigentum ihrer Väter und Ehemänner«, doch konnten sie niemals den Status eines Mönchs erreichen.[1]

Eine Studie von Jan Willis zeigt, dass es »keinen einzigen Hinweis auf früheste Weihen tibetischer Nonnen gibt«. Vor 1959, fährt Willis fort, umfasste die Bevölkerung Tibets geschätzte 4,5 bis 6 Millionen Menschen, 18 Prozent davon Mönche, zwei Prozent Nonnen – das heißt, auf jede Nonne kamen neun Mönche.[2] Weil sie oft in kleinere Frauenklöster verbannt wurden, blieben die Nonnen ungebildet und vollzogen nur die einfachsten Rituale und Gebete für die Gemeinden vor Ort. Oder sie arbeiteten, wenn sie es noch schlechter trafen, als Küchenpersonal für die Mönche. Nancy Falk beschreibt die Struktur der Institutionen folgendermaßen: »Sie boten Frauen erstaunliche Möglichkeiten der spirituellen und intellektuellen Entwicklung, jedoch nicht für institutionelle oder lehrmeisterliche Führungspositionen, die einem solchen Entwicklungsstand eigentlich entsprochen hätten.«[3]

Traditionell gab es in Tibet viele Arten von Nonnen: jene, die in Klöstern lebten und studierten, andere, die ihr Leben der Pilgerschaft widmeten, und wieder andere, die zu Hause bei ihren Familien blieben. Trotz der Diskriminierung im Vergleich zu Mönchen besaßen Nonnen eine gewisse Wahlfreiheit in Bezug auf ihre Religionsausübung, die sie ihren jeweiligen Bedürfnissen und Ambitionen anpassen konnten. Ohne angemessenen spirituellen Unterricht in den Klöstern waren sie jedoch beständig im Nachteil. Und so entschieden sich »viele Tibeterinnen (wie auch Ani), die sich ernsthaft dem spirituellen Pfad verschrieben hatten, für ein Leben als Eremitinnen und wandernde *yoginis*«, schreibt Tsultrim Allione weiter. »Frauen in diesen Lebensumständen waren sehr frei: Sie schlossen Freundschaft mit anderen Pilgern und blieben, so lange sie wollten, an Orten, die ihnen als für die Meditation zuträglich erschienen; ihren Lebensunterhalt bestritten sie durch Betteln.«

Orgyan Chokyi, einer tibetischen buddhistischen Nonne und Eremitin, die von 1675 bis 1729 in Dolpo lebte, im Himalaja im Westen Nepals, wurde es von ihrem Lama aufgrund ihres Geschlechts verboten, ihr Leben niederzuschreiben, berichtet Kurtis Schaeffer. »Sie mag für das Leben einer Einsiedlerin qualifiziert gewesen sein, es war ihr jedoch nicht erlaubt, dieses Leben aufzuzeichnen.« Für die tibetische Literatur gilt, führt Schaeffer weiter aus, dass die (schriftlich festgehaltenen) Lebensgeschichten von Frauen »entweder gänzlich oder zu Teilen den Bemühungen männlicher Schüler oder Nachkommen geschuldet sind«. Chokyi brach mit dieser Tradition, indem sie ihre Biografie selbst niederschrieb. Sie legt ein faszinierendes Zeugnis von einer Frau aus bescheidenen Verhältnissen ab – wie Ani wuchs sie als Hirtenmädchen auf. Ihre hartnäckige Entschlossenheit, die Zwänge des dörflichen Lebens zu verlassen, führte sie zur Arbeit in der Klosterküche und schließlich zu der geistigen Freiheit, nach der sie sich gesehnt hatte.[4]

Auch wenn Orgyan Chokyi und Ani unterschiedliche Wege genommen haben und vier Jahrhunderte sie voneinander trennen, so besitzen sie doch Gemeinsamkeiten. Nicht zuletzt die Beschränkungen als Frau in der patriarchalisch geprägten tibetisch-buddhistischen Welt. Wenn Ani sich an die Höhlen erinnerte, die sie bewohnt hatte, war das wie das Echo von Chokyis Freude über ihr felsiges Refugium. »Was für ein freudvoller Ort«, schreibt Chokyi. »Was auch immer ich hier denke, es vergrößert meinen spirituellen Erfahrungsschatz ... Zeichen der Freude für diese Bettlerin, für mich selbst.« Und weiter: »Eigennützig, eigenmächtig bin ich den Menschen entkommen. Ich habe Unabhängigkeit erlangt.«[5] Für beide bedeutete die Höhle Einsamkeit und Unabhängigkeit. Für beide ist es ein Ort, wo sie sich ihrem höchsten Ziel einen Schritt nähern: ein Bodhisattva zu werden und Erleuchtung zum Wohl aller Wesen zu erlangen.

Als ich die *Library of Tibetan Works and Archives* nach weiteren Zeugnissen von Frauen wie Ani durchsah, die der Tradition umherziehender Nonnen folgten, war ich erstaunt über den Mangel an Literatur über Frauen in Tibet. Die Zahl der Biografien tibetischer buddhistischer Lehrmeister geht in die Hunderte, während es über Mystikerinnen herzlich wenig gibt. Dass nur so wenig über sie geschrieben wurde, heißt aber keinesfalls, dass solche Frauen nicht existierten. Vielmehr hielt man ihre Lebensgeschichten wohl nicht für aufschreibenswürdig. Da es keine weiblichen Dalai Lamas gibt, weniger Göttinnen und Heldinnen, denen sie nacheifern könnten, scheint es, dass die – ungerühmten, unbesungenen – Nonnen in Tibet in ihrem Innern nach Motivation zu suchen hatten.

Dass ich Ani kennenlernte, hat Tibet für mich zweifellos zu einer sehr persönlichen Erfahrung werden lassen, womit ich nicht gerechnet hatte. Ich machte die tibetische Sache und den Freiheitskampf des Landes zu meiner Herzensangelegenheit. Natürlich war ich damit nicht allein. Ich reihte mich in das Heer der Tibetfans ein – Hippies und Hausfrauen, Hollywoodstars und Menschenrechtsaktivisten. Jedes Jahr versammeln sich die buddhistischen Beatniks zusammen mit Tausenden Tibetern auf dem Hof vor dem Tempel des Dalai Lama. Am ersten Tag der Unterweisungen, die dem *Lam Rim* – den »Stufen auf dem Weg zur Erleuchtung« – gewidmet sind, nahm der tibetische Führer auf einem vergoldeten Thron Platz. Sanft von einer Seite zur anderen schaukelnd, vermittelte Tenzin Gyatso den Eindruck eines wohlwollenden Schuldirektors, der über seine Schäfchen wacht.

In der Menge sah man Dreadlocks, Glatzen und Zöpfe. Eine schicke, leicht verrückte Französin in Rotbraun versuchte sich als Mönch auszugeben – sie beharrte darauf, irgendein wiedergeborener Lehrmeister zu sein. Echte Lamas lauschten und dösten, regelmäßig aufgeschreckt von der Armee der Buttertee-Verteiler. Junge Mönche schleppten riesige abgenutzte Teekannen herbei. Ich besuchte die Unterweisungen möglichst oft und nahm einen Platz weiter hinten unter den Westlern ein, wo die englische Übersetzung der Ausführungen des Dalai Lama verbreitet wurde. Gelegentlich kam es zu Handgemengen, wenn fromme *injis* sich um die beste Sicht auf den tibetischen Führer zankten. »Wenn du Arschloch jetzt nicht von meinem Platz verschwindest«, brüllte ein Kanadier mit blitzenden Augen einen Amerikaner an, »dann schmeiß ich dich über die verdammte Absperrung.«

»Buddhismus ist eine Geisteswissenschaft, keine Religion. Respektiert die Lehren Buddhas, aber benutzt euren eigenen Verstand, um die Transformation des Geistes zu verstehen«, begann der Dalai

Lama. »Der buddhistische Standpunkt kennt keinen Schöpfer oder Gott. Buddhismus ist eine Folge des Handelns, die Ursache des Handelns ist der Geist, aber es gibt keinen Anfang dieses ...«

Eine Welle lief durch die Menge, als der Hollywoodschauspieler Richard Gere mit dunkler Sonnenbrille und schwarzer Jeans eintraf und sich bemühte, möglichst unauffällig seinen Platz einzunehmen.

Als ich Gere eine Woche später interviewte, überraschte es mich, wie ernst er sich selbst nahm. Ich fragte ihn, ob Hollywood und Filme wie *Kundun* von Regisseur Martin Scorsese und *Sieben Jahre in Tibet* mit Brad Pitt den Buddhismus zu einer Modeerscheinung degradierten.

»Das ist sehr gut für den tibetischen Buddhismus«, beharrte Gere und hielt meinem Blick stand. »Es ist in Ordnung, wenn die Leute ihm nur ein paar Jahre lang folgen – das ist ihre karmische Verbindung. Die Menschen, die hierherkommen, meditieren ernsthaft und möchten die Natur des Geistes begreifen. Es zieht sie hierher, weil sie hoffen, Zufriedenheit zu finden, ihre Hoffnungen und Träume zu realisieren. Die Leute suchen nach Antworten, und Buddha bietet sie ihnen.«

Mit jedem Tag, der verging, wurde die Stimmung in Little Lhasa, wie der Ort liebevoll genannt wurde, stärker von erwartungsvoller Glückseligkeit durchdrungen. Ich hatte oft das Gefühl, im Schilf der buddhistischen Doktrin zu versinken; ich hatte Angst, in eine der vielen Höllen zu fallen, die der Dalai Lama in aller Ausführlichkeit beschrieb und die erstaunlich katholisch klangen und mich an Dantes Inferno erinnerten. Da war die Hölle des hungrigen Geistes, die erdrückende und die heulende Hölle, die Hölle der schwarzen Linie und die extrem heiße Hölle. Die Kontemplation über die Höllen und den mit Blasen überzogenen, verbrannten und »wie ein frittierter Fisch bei lebendigem Leib gegarten« Körper dient dazu, »intensive Praxis durch Angst vor dem Leid zu kultivieren«.

Während ich in der Menge saß, wanderte mein Geist zurück nach Tibet. Ich erinnerte mich daran, wie ich mit Ani durch die riesige Versammlungshalle des Klosters Drepung gestreift war und wie wir uns über die Regale mit buddhistischen Schriften beugten, deren Lehr- und Überlieferungsgeschichte 2500 Jahre zurückreicht. Damals war mir nicht klar gewesen, welche Disziplin und welche Sorgfalt es erfordert, diese Texte zu meistern. Zu den Grundlagen gehört, wie ich erfuhr, *Mulamadhyamakakarika: Die fundamentale Weisheit des Mittleren Weges* des buddhistischen Heiligen Nagarjuna sowie Shantidevas *Der Weg des Bodhisattva*. Mir waren beide Werke so unverständlich wie Hieroglyphen. Das war die harte Schinderei gewesen, der Ani sich mit Anfang 20 tagtäglich unterzog, nachdem sie von einer alten Nonne die Grundbegriffe des Lesens und Schreibens gelernt hatte. Ani beschrieb mir das Lesen der Schriften »wie den Schulbesuch eines Kindes, anfangs schwer, im Laufe der Zeit und mit etwas Übung immer leichter«. Bei ihr hatte das alles so einfach geklungen.

Zurück auf dem Platz, wo der Dalai Lama seine Unterweisungen gab, brannte die Sonne herab, und Langeweile breitete sich unter der Menge aus. Die Menschen aus dem Westen kicherten beunruhigt über die grausigen Höllen und die zahlreichen negativen Besudelungen und Verdunkelungen, falls es uns nicht gelänge, gute Buddhisten zu sein.

»Identifiziert deshalb die Ursachen und Bedingungen des Leids und die grundlegende Ursache der wiederkehrenden Existenz«, dröhnte der Dalai Lama. Dann lachte er leise über die groteske Vorstellung, dass »wenn ich Unterweisungen als Lama gebe, die Leute mich manchmal für einen Buddha halten. Ich weiß, dass ich kein Buddha bin. Ich bin nur ein einfacher buddhistischer Mönch.«

Weil er sich des prüfenden Blickes seiner »westlichen Freunde, die sich für Frauenrechte interessieren« bewusst war, gab er zu, dass der Buddhismus eine männerdominierte Lehre ist, der männlichen *sangha* (Gemeinschaft) mehr Respekt erweist als der weiblichen und dass das tibetische Wort für Frau wörtlich eigentlich »minderwertige Geburt« bedeutet. Doch dann fügte er noch schnell hinzu: »Das bezieht sich auf Kraft, nicht auf Intelligenz. In der Tantrapraxis sind weibliche Praktizierende höher angesehen. Wenn wir von Befreiung sprechen, brauchen wir die Hilfe von Frauen.«

Ein paar Türen von meinem zellenartigen Raum entfernt, der nach Moder und Farbe roch, lebte ein ungefähr 20-jähriger Tibeter namens Tenzin (seine Mutter konnte sich an das exakte Jahr seiner Geburt nicht erinnern). Als er hörte, dass ich kürzlich in seiner Geburtsstadt Lhasa gewesen war, wollte er alle Neuigkeiten über die Stadt erfahren. In seinen Baggy-Jeans, mit langen, zu einem nachlässigen Pferdeschwanz zusammengebundenen schwarzen Haaren, einer ausgeprägten Stirn, einer Gebetskette um ein Handgelenk und einer lässig über die Schulter gehängten ramponierten Büchertasche sah Tenzin aus wie der Inbegriff eines unbekümmerten Studenten. Stets war er dabei, etwas zu lernen – ob japanische Vokabeln oder buddhistische Philosophie. Und er bezauberte die Touristen mit seiner schnellen Auffassungsgabe und seiner Redeweise, die von rein zufällig ausgesuchten amerikanischen und englischen Slangausdrücken durchsetzt war. Eine überlebensgroße und zugleich irgendwie unberechenbare Gestalt. Sein lautes, heiseres Lachen sorgte dafür, dass sich die Leute in dem aus zwei Straßen bestehenden Himalajastädtchen, das jetzt sein Zuhause war, nach ihm umdrehten.

Wenn Tenzin nicht mit seiner Freundin zusammen war oder einem alten *kushu* half, einem Mönch, den er wie einen Ersatzgroßvater behandelte (sein eigener hatte großen Einfluss auf Tenzins Leben gehabt), dann erzählte er mir, wie es für ihn gewesen war, in

Lhasa aufzuwachsen. Das klang nach einem ziemlich dysfunktionalen Zuhause: Seine Mutter hatte nacheinander vier Ehemänner und ließ ihn im Alter von ungefähr zwölf Jahren einmal den Winter über für sechs Monate allein, weil sie und sein Stiefvater dringende Geschäfte in China zu regeln hatten. Tenzin wurde »fast ein Bettler; ernährte sich vom Müll« und schlief irgendwo rund um den Barkhor in aufgelassenen *sangs*, den konisch geformten Altären. Diese Erfahrung und das Miterleben der Welle blutiger Demonstrationen für die Unabhängigkeit 1989 hatten ihn missmutig gemacht, und hinter seiner ganzen Jovialität schwelte Wut.

Nachdem er »den Aufstand gehört hatte«, wie er sagte, »als Chinesen Tibeter niederschlugen und erschossen; die Leute verletzte Nonnen und Mönche forttrugen«, da habe er sich geschämt. »Ich wusste nichts von unserer Geschichte. In der Schule hatten wir nur etwas über das Große Mutterland und die Große Befreiung gelernt. Vor den Demonstrationen hatte ich die chinesischen Soldaten großartig gefunden. Als ich sah, wie sie meine Landsleute töteten, kamen sie mir unbarmherzig und grausam vor.« Jetzt, im Exil, war Tenzin entschlossen, die Wahrheit über die Ereignisse in Tibet herauszufinden und andere darüber zu unterrichten, sowohl Tibeter als auch Leute aus dem Westen.

Eines Morgens klopfte es laut an meiner Tür.

»Drolma, steh auf«, befahl Tenzin. »Beeil dich. Das Orakel fällt in Trance.«

»Was?«, brummte ich. »Es ist noch zu früh. Ich komme nach.«

»Nein, dann verpasst du es. Steh auf! Du musst jetzt dort sein und dich anstellen.«

Eine Viertelstunde später standen Tenzin und ich vor dem Kloster Nechung, inmitten einer wogenden Menge Tibeter, die *khatas* umklammerten und die Ersten in der Schlange sein wollten, die ein gesegnetes rotes Band erhielten.

Um irdische Belange zu beleuchten, können die Gläubigen zwei offizielle tibetische Orakel anrufen, Nechung und Gadong. Sie fungieren als eine Art Brücke zwischen der konkreten Politik und den unsichtbaren Reichen des Geistes. Seit Jahrhunderten konsultiert die tibetische Regierung beide in Angelegenheiten des Staates. 1959, als der Dalai Lama ins Exil floh, war es die frühere Inkarnation des Nechung-Orakels, die den Tag und die Route festlegte, die er nehmen sollte, damit er auf der Flucht aus Lhasa nicht chinesischen Soldaten in die Hände fiel.

Jedes Jahr zu Losar und wenn die tibetische Exilregierung es anruft, fällt der Abt des Klosters Nechung, der traditionell die Rolle des Mediums – kuten – einnimmt, in Trance. Zuvor muss er tagelang seinen Geist und seinen Körper reinigen, damit, wie es heißt, der Schutzgott Dorje Drakden Besitz von ihm ergreift und ihm seine Nachricht übermittelt. Der gegenwärtige Abt, der Ehrwürdige Thupten Ngodup, beschrieb das Erlebnis der Besitzergreifung in einem Interview so: »Ein höheres Bewusstsein spricht durch mich. Wenn es kommt, ist es wie ein elektrischer Strom, und danach spüre ich nichts.« Wenn es vorüber ist, fühlt sich Ngodup »stundenlang krank, müde und zum Erbrechen«, zudem hat er »große Schmerzen« in seinen Armen, »von wo der Geist kommt«.[6]

An jenem frühen Morgen war die Verwandlung vom Mönch zum Besessenen bereits hinter verschlossenen Türen und in Anwesenheit weniger Privilegierter – darunter Richard Gere – vonstatten gegangen. Dann wurde der kuten von seinen mönchischen Dienern zu einem Thron getragen. Auf seiner Brust befand sich ein Spiegel, sein Kopf ruckte vor und zurück, herabgezogen von einem riesigen Kopfschmuck, der wie ein Helm aussah. Sein aufgequollenes Gesicht war von einem dünnen Schweißfilm überzogen. Während ich versuchte, näher heranzukommen, taumelte der kuten auf seine Füße, warf eine Handvoll orangefarbener Gerstenkörner in die

Menge und stieß einen durchdringenden Schrei aus. Zimbeln wurden geschlagen, und in der Ferne hörte man Donnergrollen. Die Tibeter stürzten sich wie hungrige Wölfe auf die Gerste. Als ich Tenzin einige Minuten später wiederfand, hielt er zwei Bändchen in der Hand.

»Ihr *injis* seid zu langsam. Du musst es wie die Tibeter machen«, sagte er und reichte mir den roten Stoffstreifen. »Lass uns unser Glück beim Gadong-Orakel versuchen, da kannst du einen Segen bekommen.«

Gadong ist sozusagen die Nummer zwei, das stellvertretende Orakel, und sein kleinerer Sitz befindet sich unterhalb des großen Nechung-Klosters. Dort warteten auch weniger Leute auf dem Rasen, als Tenzin und ich uns in der Schlange nach vorn schoben. Als die Tore sich öffneten und zu Gadongs Ankunft Trommeln geschlagen und lange Hörner geblasen wurden, drängten wir alle vorwärts. Der maskierte Gadong-*kuten*, von dem der zornige Geist Shinjachen Besitz ergriffen haben sollte, saß in Trance schwankend da. Man sah das Weiße in seinen Augen, sein offener Mund war verzerrt, und er stöhnte laut.

»Jetzt«, sagte Tenzin.

»Was soll ich tun?«, fragte ich panisch.

»Biete den Mönchen *katha* und Geld an. Aber berühr ihn nicht.«

Während ich mich vorwärtsschob, wurde ich plötzlich von hinten gestoßen. Ich fiel Gadong vor die Füße und streifte dabei mit meinem rechten Arm sein Knie. Als ob ich vor einem Elektroschock zurückzucken würde, wurde ich nach hinten geworfen, ließ *katha* und Geld fallen und wurde vom Druck der Masse wieder hinaus auf das Gras befördert.

Ich ging langsam fort, mein Arm zitterte.

»Alles in Ordnung mit dir, Drolma?«, fragte Tenzin besorgt. »Was ist passiert? Ich habe gesehen, dass du gefallen bist.«

»Ich habe Gadong berührt, und jetzt« – ich zuckte zusammen – »schmerzt mich mein Arm.«

Er sah mich befremdet an. »Es ist ein Segen. Er hat karmische Hindernisse von deinem Körper genommen.«

Eine Stunde später hatte ich leichtes Fieber, und mein ganzer rechter Arm bis zur Schulter hinauf pochte. Ich scheute mich, einen weiteren Tag mit gekreuzten Beinen den Unterweisungen zu lauschen, und stieg mit einem Notizbuch und einem Stift in der Hand ins Dhauladhar-Gebirge oberhalb von McLeod Ganj hinauf. Die Sonne schien, aber von Osten rollten dunkle Wolken heran. Anscheinend braute sich ein Gewitter zusammen. Langsam fühlte ich mich etwas besser. Es war eine Erleichterung, einmal aus der beengenden Kleinstadt herauszukommen.

Am Fuße eines Wasserfalls setzte ich mich auf einen sonnenwarmen Stein und begann zu schreiben: unzählige seltsam klingende Gedichte über Ani, frühere Leben in Tibet, den Yogiheiligen Milarepa. Als dicke Regentropfen fielen, zog ich mich in eine *chai*-Hütte mit einem Blechdach zurück und schrieb weiter, während der Regen trommelte. Mir schien es, als versuchte er, meine innere Verwahrlosung hinauszuschwemmen, wie ein elektrischer Strom, der durch meinen Arm pulsierte. Ich schrieb, was auch immer mir in den Sinn kam. Unaufhaltsam. Ich hatte keinerlei Erklärung dafür, und nachdem die Worte ein paar Tage lang unaufhörlich aus mir herausgeströmt waren, fühlte ich mich erschöpft und noch verwirrter, was mein Verhältnis zu Ani und zu Tibet anging. Ich fragte mich schließlich, ob meine Erkenntnis in Pemako – wie ungeheuer dünn der Schleier ist zwischen den Welten, der sichtbaren und der unsichtbaren – meine Wahrnehmung unwiderruflich verändert hatte. Außerdem fragte ich mich, wohin mich diese Reise als Nächstes führen würde.

Ani war auf unsichtbare Weise in meinem Leben präsent. Wenn ich am Tempel des Dalai Lama Butterlämpchen opferte, stellte ich mir vor, dass ich das in ihrem Namen tat. Als ich das *Tibet Nuns Project* und das sich im Bau befindliche neue Frauenkloster Dolma Ling besuchte, wo Nonnen in einer Reihe standen und sich Steine zureichten, erinnerte ich mich daran, dass Ani zehn Jahre zuvor etwas Ähnliches getan hatte. Beim Wiederaufbau ihres eigenen Klosters, das im Zuge der Kulturrevolution geplündert worden war.

Beim Besuch der Büros von Gu Chu Sum für politische Gefangene – darunter auch Nonnen, die gefoltert worden waren – fiel mir mein Gespräch mit Ani auf dem Dach des Schulzimmers in Lhasa wieder ein. Als ich den Bericht der nach einer Unabhängigkeitsdemonstration verhafteten Nonne Gyaltsen Choetso aus dem Kloster Gari las, spürte ich wieder das gleiche eisige, schmerzende Loch in meiner Magengrube. Ich erinnerte mich aber auch an das beruhigende Gefühl, als Ani ihre Hand auf meine gelegt hatte. Choetso beschreibt, wie sie nackt ausgezogen wurde. »Die Aufseher, die mich folterten und schlugen, waren Frauen, Tibeterinnen und Chinesinnen. Sie sagten: ›Die tibetische Unabhängigkeit ist ein Traum, der nie wahr werden wird. Du störst die Gesellschaft mit deinem Demonstrieren. Wenn du Unabhängigkeit willst – hier, da hast du deine Unabhängigkeit!‹ Dann traktierten sie uns mit elektrischen Schlagstöcken mit elektrischem Strom, am ganzen Leib, auch an den intimsten Stellen.«[7]

Ich erfuhr mehr über die Kagyü-Schule, der auch Ani angehört. Sie wurde im zehnten Jahrhundert von dem Brahmanenpriester Tilopa gegründet, der dem klösterlichen Leben entsagte und umherzog. Wie es heißt, hat er seine Befähigung unmittelbar von Vajradhara Buddha – auf Tibetisch Droje Chang – erhalten und sein göttliches Wissen an seinen Schüler, einen indischen Mystiker namens Naropa, weitergegeben. In der Folge wurde Naropa der

Meister von Marpa, der die buddhistischen Lehren ins Tibetische übersetzte und sie einer Handvoll Studenten vermittelte, darunter der meistverehrte Heilige Tibets, Milarepa.

Milarepas Biografie klingt geradezu märchenhaft: Jetsun Milarepa soll im elften Jahrhundert innerhalb eines einzigen Lebens die Erleuchtung erlangt und sich von einem mächtigen Zauberer in einen erleuchteten Meister verwandelt haben. Gemäß einer Prophezeiung Buddhas begab sich Milarepa zum Berg Kailash im äußersten Westen Tibets, lebte in einer Höhle, meditierte und besiegte die Bön-Schamanen. Ich begann, von einer Reise zu diesem Berg, dem heiligsten Asiens, zu träumen. Und zwar mit Ani an meiner Seite.

Als ich durch die schmalen Gassen von McLeod Ganj spazierte, umgeben vom Gestank der offenen Abwasserkanäle, dem Geruch faulen Obsts und indischen Weihrauchs, da versuchte ich, mir Ani hier mit mir vorzustellen. Ich fragte mich, wie sie wohl mit der Hitze fertig werden würde und mit *dhal bhat* zu jeder Mahlzeit. Ich glaube, ihr sehnlichster Wunsch – wie der eines jedes Tibeters – war es, einmal im Leben den Dalai Lama zu sehen. Jedes Jahr wagen rund 2500 Flüchtlinge die gefährliche Überquerung des Himalaja, und viele müssen erkennen, dass das Leben im Exil meilenweit von der Utopie, die sie sich vorstellten, entfernt ist. Neuankömmlinge waren sofort erkennbar. Sie sammelten sich in Gruppen, sahen benommen drein, die Wangen von Wind und Sonne rau, die Kleider – oft die einzigen, die sie mitgebracht hatten – zerlumpt und schmutzig, die Haut noch mit Yakgeruch behaftet. Manche hatten Wochen gebraucht, um aus Tibet zu fliehen, andere Monate. Wiederum andere schafften es gar nicht. Jedes Jahr fand man Flüchtlinge, die erfroren waren – der Zoll des Todes wurde nie gezählt. Das Bitterste daran ist, dass, sobald die Tibeter ihr Pilgerziel erreicht und den Segen des Dalai Lama empfangen haben, dieser sie zur Rückkehr auffordert.

Viele im Exil geborene Tibeter der zweiten und dritten Generation meiden die Neuankömmlinge. Wenn man sie nach dem Grund fragt, bringen sie »eine andere Mentalität« als Entschuldigung vor, oder sie nennen diese Menschen »primitiv, rückständig und gewalttätig«. Ironischerweise sind das die gleichen Vorurteile, die die Chinesen in Tibet über die Tibeter verbreiten. Ein tibetischer Ladenbesitzer gestand mir seinen Zwiespalt: »Mein Vater war Mönch. Wenn die Besetzung nicht stattgefunden hätte, wäre ich heute nicht auf der Welt.«

Nicht unberechtigt sind auch Befürchtungen, Neuankömmlinge könnten Spione der chinesischen Regierung sein. Tatsächlich gab im darauffolgenden Jahr der Vorsitzende der Provinzregierung von Tibet, Legchog, bekannt, dass »Spaltungsaktivitäten zu Hause wie im Ausland« beobachtet werden müssten, und deutete damit an, dass Exiltibeter, am wahrscheinlichsten in Dharmasala, unter Beobachtung stünden.[8] In einer so kleinen Stadt blüht der Klatsch, und Gerüchte verbreiten sich in Windeseile. Trotz der vom Dalai Lama propagierten Toleranz gerieten die Leute leicht in den Sog antichinesischer Rhetorik, die von den Einheimischen und von der Exilregierung gleichermaßen verbreitet wurde.

Mir dämmerte langsam, dass die Tibeter in Tibet schrittweise und unumkehrbar chinesische Züge annehmen werden, während sie im Exil und staatenlos immer stärker unter den Einfluss der westlichen Zivilisation geraten. In Dharmasala traf ich auf ältere Tibeter, die immer noch einen gepackten Koffer bereithielten, um zurückzukehren, sobald, wie sie mir sagten, »Tibet frei wird«. Der Mehrheit gibt der Glaube an ihren Führer, den sie für den Schutzpatron Tibets – die Seele einer Nation mit gebrochenem Herzen – halten, Hoffnung in einer an sich hoffnungslosen Lage.

Einer der wenigen Tibeter, die bereit sind, den Dalai Lama offen zu kritisieren, war der Dramatiker und politische Schriftsteller

Jamyang Norbu, ein feingliedriger Mann mit einem lockigen Schnurrbart. Bei Bier und Schüsseln voller Chips im Hotel Tibet hielt Norbu inmitten einer kleinen Gruppe junger, allesamt im Exil geborener Tibeter Hof. Er mahnte, nicht apathisch zu werden und aufzugeben. Norbu beschuldigte den Dalai Lama, seine Ansichten »dauernd zu ändern« und den Anspruch auf Unabhängigkeit zugunsten verwässerter Forderungen nach Autonomie aufzugeben. Er erklärte: »Der Kampf um die Unabhängigkeit Tibets ist nicht nur eine territoriale oder nationale Angelegenheit, er hat vielmehr eine universelle und moralische Dimension. Letztlich ist es ein Kampf um Gerechtigkeit und Wahrheit.«

An einem frühen Abend hielt Jamyang Norbu in einem Raum, der sonst als Klassenzimmer diente, einen Vortrag über die Geschichte des tibetischen Freiheitskampfes, in den er auch selbst involviert war. 1971 war Norbu als junger Mann von zu Hause fortgelaufen und hatte sich den letzten 3000 tibetischen Rebellen angeschlossen, die von einer Basis im nepalesischen Mustang aus Überfälle und Anschläge auf chinesische Soldaten verübten. Dieser geheime Guerillakrieg hatte Mitte der 1950er-Jahre begonnen, nachdem die USA dem Gesuch der tibetischen Regierung entsprochen hatten, Kämpfer auszubilden und Waffen zu liefern. Auf dem Höhepunkt des Kalten Krieges setzten die Amerikaner diese Politik fort, und zwar genauso lange, wie es ihrem Plan zur Destabilisierung Chinas entsprach. Es sollte noch weitere vier Jahre dauern, bis der Guerillastützpunkt unter Druck der Nepalesen und auf Wunsch des Dalai Lama geschlossen wurde.

»Damals wollte ich einfach nur einen Chinesen erschießen«, sagte Norbu. »Ich schäme mich dessen nicht. Als guter Buddhist muss man Kampfgeist haben, man muss den Mumm in den Knochen haben, alles kurz und klein zu schlagen«, predigte er und schien zunehmend Gefallen an diesem Thema zu finden. Die Atmo-

149

sphäre in dem Klassenzimmer knisterte vor lauter Testosteron, Stolz und Wut.

»Die Tibeter legen sich ein New-Age-Image zu – das einer friedfertigen und liebenden Gesellschaft –, aber sie müssen sich ihrer Geschichte stellen. Ein kleines Volk nimmt es mit der größten Nation der Welt auf und sollte stolz darauf sein. Ich bin kein eingefleischter Militarist, aber ich glaube an das Recht auf Selbstverteidigung. Die einzige Möglichkeit, sich seine Männlichkeit zu bewahren, besteht darin, sein Schicksal selbst in die Hand zu nehmen. Heutzutage ist unsere Gesellschaft mehr und mehr von Alkoholismus und Gewalt gegenüber Ehefrauen geprägt.« Er musterte seine Zuhörer mit gerunzelter Stirn. »Besser kämpfen als zerbrechen. Gewalt ist nicht der einzige Weg, aber immerhin ein Weg.«

Die vom Dalai Lama eingeforderte Gewaltlosigkeit brachte ihm 1989 den Friedensnobelpreis ein, und dennoch befindet er sich heutzutage, da man den Begriff Freiheitskampf eher mit Gewalt als mit Dialog assoziiert, in einer unlösbar misslichen Lage. 1998, während meines Aufenthalts in Dharmasala, begannen sechs Tibeter in Neu-Delhi einen »Hungerstreik bis zum Tod«, um die UN zu zwingen, über die tibetische Unabhängigkeit zu debattieren. Als indische Polizisten den Protest am 94. Tag beendeten, übergoss sich ein 60-jähriger Tibeter namens Thubten Ngodup mit Kerosin und zündete sich an. Das Bild eines menschlichen Feuerballs, der »*Boepa Rangzen! Free Tibet! Victory for Tibet!*« schrie, sorgte weltweit für Schlagzeilen.

Zwei Tage später starb der als friedlich bekannte Ngodup an seinen 90-prozentigen Verbrennungen und wurde über Nacht zu einem Märtyrer. In seiner Erklärung sagte der Dalai Lama: »Viele Jahre lang ist es mir gelungen, das tibetische Volk in unserem Befreiungskampf davon zu überzeugen, der Gewalt zu entsagen. Heute hat sich bei vielen Tibetern ein Gefühl von Frustration und Dringlichkeit aufgestaut. Die Frustration resultiert daraus, dass das tibetische Volk mit seinem einzigartigen kulturellen Vermächtnis nach und nach vom Antlitz der Erde gelöscht wird. Dies ist eine Tragödie für die ganze Welt.«

Wenige Wochen später, nach vielen Monaten des Wartens – und 24 Stunden vor Ablauf meines indischen Visums und meiner dadurch bedingten Rückkehr nach England –, wurde mir ein Interview mit dem Dalai Lama zugesagt. Der hohe Zaun und die patrouillierenden Wachleute, die sein Anwesen umgeben, vermitteln den Eindruck, dass man eher eine Festung als den Palast eines lebenden Buddhas betritt, der als die Inkarnation von Avalokiteshvara gilt, dem Bodhisattva des Mitgefühls. Der Bungalow des 14. Dalai Lama ist von einem paradiesischen Garten umgeben, in dem die Vögel nur so umherschwirren.

In einer magentaroten *chuba*, mit einem Bündel *thangkhas* (religiösen Bildern) und meiner *mala*, der Gebetskette, die ich segnen lassen wollte, wartete ich in einem Raum, der mit Auszeichnungen und Medaillen, darunter auch dem Friedensnobelpreis von 1989, dekoriert war. Ich war beklommen. Neben der Verehrung, die er unter Tibetern genießt – sie verbeugen sich instinktiv, wenn sie seinen Namen hören, und ihre Augen füllen sich dann oft mit Tränen –, gilt dieses Staatsoberhaupt im Exil weithin als eine der lebenden moralischen Autoritäten unseres Planeten.

Als ich dem Dalai Lama begegnete, staunte ich über seine kräftige, muskulöse Erscheinung. Er trug einen Rosenkranz um das eine Handgelenk, eine massive Uhr um das andere. Und als ich ihm die traditionelle *khata* anbot, winkte er ab und kam rasch zur Sache. Mir fiel auf, dass seine Lippen in einem perfekten Bogen geschwungen waren, seine perlmuttfarbene Haut für einen Dreiundsechzigjährigen erstaunlich glatt und makellos war. Hinter der viereckigen

151

Brille strahlten seine Augen, und seine hohe Stimme erklang deutlich, auch wenn seine Rede oft von tibetischen Redensarten und lauten, rollenden »Rwwwwwaaaagggs« unterbrochen war, was auf Tibetisch »nicht wahr?« bedeutet.

Wie er so unmittelbar vor mir auf dem Sofa saß, da hatte sein Benehmen – für mich überraschend – etwas Gravitätisches und Ernsthaftes. Ich führte das auf die jüngsten besorgniserregenden Ereignisse zurück und fragte ihn, ob er den zunehmend frustrierten, ungeduldigen Tibetern Alternativen anzubieten hatte.

»Wenn ich nur welche wüsste. Ich möchte die Alternativen gern kennenlernen. Ich habe keine.« Er lachte kurz auf, wohl eher aus Gewohnheit. »Ich befinde mich in einem Dilemma. Die Politik der Regierung – der Mittelweg – ist gescheitert. Als ich den Mann besuchte, der sich selbst angezündet hat, habe ich ihm gesagt: ›Du darfst keine negativen Gefühle oder Hass gegen die Chinesen hegen. Du solltest den Chinesen gegenüber positiv eingestellt sein. Unser Kampf läuft nicht auf einen tibetischen Sieg und eine chinesische Niederlage hinaus. Nein, sondern auf beiderseitigen Nutzen, beiderseitigen Sieg.‹« Er schwieg und fuhr mit sanfterer Stimme fort: »Später war ich froh, als ich erfuhr, dass seine Stimmung, seine Motivation, seine Einstellung im Laufe der folgenden Stunden (bevor er starb) ruhig und friedlich wurde.«

Wenn der Dalai Lama nach einem englischen Wort suchte, sprang sein Übersetzer ein, und ein Leibwächter stand ganz in der Nähe und blickte auf seine Uhr, um sicherzustellen, dass ich die mir zugestandenen 45 Minuten nicht überschritt. Während der Dalai Lama mit heftigen Gesten zu mir sprach, wies er mit dem Finger in meine Richtung, um seine Worte zu unterstreichen. Das Gespräch reichte von Mitgefühl – nein, Tibeter hätten nicht angeboren mehr Mitgefühl als wir anderen, »obwohl es zur buddhistischen Kultur vielleicht dazugehört und Tibeter aus dem *land of snow* eine besondere Bindung zu Avalokiteshvara haben« – bis hin zu den karmischen Gründen für die chinesische Invasion.

»Die letzten Generationen der Tibeter haben große Fehler begangen«, gab der Dalai Lama zu. »Sie haben sich vollständig isoliert und ignoriert, was in der Welt draußen passierte. Die heutige tragische Situation ist also der Fahrlässigkeit geschuldet.«

»Sind Sie noch optimistisch, was die Zukunft Tibets angeht?«

»Wenn Sie sehen, was in Tibet passiert ... Es passiert vieles, was Angst oder Frustration erzeugt. Aber mit mehr Abstand betrachtet, gibt es auch positive Anzeichen. Kurzfristig ist die Lage demnach sehr schlecht. Die Zeit läuft ab. Auf lange Sicht ändert sich China jedoch, und es gibt wirkliche Hoffnung.«

Als ich ihm meine Frage über den Wert der Pilgerschaft in einer modernen Gesellschaft stellte, erhielt ich eine mich irgendwie schockierende Antwort. Er stimmte zu, dass Pilger Segen von Orten beziehen können, wo Menschen mit »hoher spiritueller Motivation« einst gelebt haben. »Wenn jemand sich halb als Tourist, halb als Pilger, halb als jemand, der ein Picknick veranstaltet, wirklich auf den Weg machen will – sehr gut. Dann ist es sinnvoll für ihn. Aber wenn Sie mich fragen, ob das nötig ist, dann lautet die Antwort nein.«

Um seine Meinung zu veranschaulichen, erzählte mir der Dalai Lama von einem Schüler eines Kagyü-Lamas, der seinem Lehrer sagte, er beabsichtige, eine Pilgerreise ins indische Bodhgaya zu unternehmen. Sein Lama antwortete ihm: »Dein eigenes Herz ist Bodhgaya. Also bleib besser hier.« An dieser Stelle lehnte der Dalai Lama sich zurück und kicherte amüsiert.

Unsicher, was ich mit dieser Antwort anfangen sollte, erinnerte ich mich an einen Satz, den ich in Jennifer Westwoods *Sacred Journeys* gelesen hatte: »Pilgerschaft führt nirgendwohin, und doch lässt man durch das Gehen an sich das alte Leben hinter sich, und der Pilger kehrt erneuert zurück.«[9] Ich beschloss, diese Bemerkung so zu verstehen, dass vielleicht einmal eine Zeit kommt, da man nirgendwohin gehen muss: Die Suche beginnt und endet im eigenen Herzen.

Gelegentlich unterbrach der Dalai Lama abrupt seine Rede, beugte sich vor und sah mich an. Ich hatte das Gefühl, er würde direkt in mich hineinsehen. Trotz all seiner irdischen Solidität war doch eine einzigartige Leichtigkeit in seinem Verhalten. Er strahlte eine unbeschreibliche Wärme, eine geistige Generosität aus. Während meine Zeit ablief, stellte ich eine letzte Frage: seine persönliche Definition von Freiheit.

»Am 17. März floh ich aus Lhasa, am nächsten Tag war ich in Südtibet. Erst da konnte ich die Chinesen offen kritisieren. Bis dahin sehr schwer auszudrücken.« Er lachte zwerchfellerschütternd. »Damals lernte ich die Redefreiheit erstmals schätzen. Trotz des Lebens als Flüchtling totale Freiheit.« Er schwieg und dachte darüber nach. »Gedankenfreiheit, Recht auf freie Meinungsäußerung. Das liebe ich.«

Ich überlegte, dass Ani durch ihr Leben als Wandernonne in Tibet in ihrer Freiheit begrenzt war und nur schwerlich gemäß ihrer Berufung, als Pilgerin von Ort zu Ort zu wandern, leben konnte. Und obwohl sie Gedankenfreiheit besaß, war ihr Recht auf freie Meinungsäußerung – wie das aller Tibeter – stark eingeschränkt. Zumindest konnte sie in ihrem eigenen Land, am Geburtsort ihrer Religion mit all seinem Symbolismus und Vermächtnis leben. Viele ihrer Landsleute, die im Exil waren, hatten diese Möglichkeit nicht und trauerten darum.

10

Aufstand in Lhasa

Weniger als ein Jahr später kehrte ich nach Tibet zurück. Ich traf zu heimlichen Dreharbeiten wenige Tage vor dem 10. März 1999, dem 40. Jahrestag des Tibetaufstands 1959, in Lhasa ein. Seit Jahren ist dieses Datum dort eines der wichtigsten und politisch heikelsten. Sobald ich den Auftrag erledigt hätte, hoffte ich Ani zu finden. (Ich trennte meine journalistischen Ambitionen ganz bewusst von meiner Freundschaft zu Ani, um sie in keinster Weise zu gefährden. Sie kannte den beruflichen Grund meines Tibetaufenthalts nicht einmal.)

Monatelang hatte ich mich nach Ani gesehnt, von ihr geträumt. Ich fragte mich wieder und wieder, ob ich tatsächlich Ani vermisste oder das, was sie letztlich in meiner Vorstellung symbolisierte – eine unabhängige, nach Perfektion strebende Frau, deren Leben ohne Umschweife der Erleuchtung geweiht war, »wenn nicht in diesem Leben, dann im nächsten«. Ich vermutete, dass es beides war und dass ich zurückkommen musste, um es herauszufinden.

Nach den Monaten, die ich in Dharmasala verbracht hatte – inspiriert von der leidenschaftlichen Rhetorik Jamyang Norbus, dem charismatischen Mitgefühl des Dalai Lama, der einen bleibenden Eindruck auf mich gemacht hatte –, setzte ich meine Arbeit für die tibetische Sache auch daheim in England fort. Den Refrain – »alle neun Jahre ändern sich für Tibet die Dinge« – im Kopf, hielt ich in jenem Jahr wohl alles für möglich.

In Lhasa begleiteten mich ein Kameramann und ein Assistent. Wir hatten nur wenige Tage Zeit, um ein paar Straßenszenen zu drehen, bevor die beiden Männer nach Hongkong fliegen würden, um für den 10. März einen Nachrichtenbeitrag fertigzustellen. Ich sollte als Augenzeugin vor Ort bleiben, falls am Jahrestag irgendetwas passierte. Ich war gleichermaßen besorgt und erfreut, wieder in der tibetischen Hauptstadt zu sein, die sich seit 1997 wie ein Krake ausgebreitet hatte und ihre Tentakel über das ganze Tal ausstreckte. Mehr Läden, mehr Firmen; Scharen tüchtiger chinesischer Geschäftsleute mit Handys und eine neue Flotte grünweißer Taxis.

Am Tag nach unserer Ankunft kletterten wir hinter dem Kloster Sera den Berg hinauf, um die Stadt von oben aufzunehmen. Außerdem hofften wir, von diesem Aussichtspunkt, aus sicherer Entfernung, den von Mauern umgebenen Komplex des Drapchi-Gefängnisses‹ (heute Gefängnis der Autonomen Region Tibet genannt) filmen zu können, wo schätzungsweise 300 bis 350 politische Gefangene festgehalten wurden. Während des Fahnenzeremoniells am 1. und 4. Mai des vergangenen Jahres hatte es erhebliche Proteste gegeben, und in den darauffolgenden Wochen sollten die Insassen massiv geschlagen und zum Teil in Einzelhaft genommen worden sein. Einen Monat später »nach fünf Wochen schwerer Misshandlungen starben gleichzeitig fünf Nonnen im Lagerraum ihres Zellentrakts. Sie waren enge Freundinnen, Anfang 20, und alle wegen friedlicher Proteste verhaftet worden.«[1]

Die Sicherheitsvorkehrungen in Lhasa waren äußerst streng. Nach Einbruch der Dunkelheit patrouillierte die Volkspolizei mit Schutzschilden und Schlagstöcken. Polizeikonvois fuhren durch die Straßen. Seit Anfang des Jahres war alles, was als umstürzlerisch verdächtigt wurde, brutal niedergeschlagen worden. Das hatte zu einem Anstieg der Festnahmen geführt. Das Tibet Information Network berichtete, das State Security Bureau habe die Sicherheitskräfte angewiesen, symbolische Verhaftungen vorzunehmen – mindestens 80 im Raum Lhasa –, die in erster Linie, Wochen vor dem Jahrestag, als Abschreckungsmaßnahme gedacht waren.

Solche Anordnungen waren symptomatisch für den kafkaesken Albtraum, der als rechtmäßige Politik verkauft werden sollte. Neufassungen des chinesischen Strafgesetzbuchs und Strafprozessrechts hatten den Tatbestand »konterrevolutionäres Verbrechen« zwar eliminiert, dafür wird – bis heute – eine abweichende Meinung unter dem dehnbaren Vorwurf »Vergehen gegen die Staatssicherheit« geahndet.

Keine zwei Wochen vor unserer Ankunft hatte ein Bericht im tibetischen Fernsehen, quasi als Abschreckungsmaßnahme, den Vorsitzenden der Provinzregierung von Tibet, Legchog, bei einer Inspektion von über 800 Polizisten während einer »Mobilisierungsbesprechung« gezeigt. Dabei wurden Waffen vorgeführt – halbautomatische Gewehre und Maschinenpistolen – sowie eine Flotte gepanzerter Fahrzeuge, einsetzbar gegen Aufständische. Außerdem wurde gezeigt, wie Polizeihunde Verdächtige stellten.[2]

Trotzdem summte in den frühen Morgenstunden der Jokhang-Tempel von Gebeten. Die Wacholder-*sangs* waren wie immer geschürt, und die Flammen leckten an den Opfergaben – Weihrauch und *tsampa*. Weicher, silbriger Rauch stieg auf in das erste Licht des Tages. Nur wenige Touristen ließen sich blicken, und rund um den Barkhor war das Markttreiben gedämpfter als sonst. Das lag sicher an den mindestens vier auf die Menge gerichteten Überwachungskameras.

Ein Jahrzehnt zuvor, im März 1989, hatten auf denselben Dächern bewaffnete Soldaten gestanden. Ihnen gegenüber mehr als 10 000 Tibeter, die die Straßen in einer dramatischen Protestwelle für die Unabhängigkeit in Besitz genommen hatten. Die Demonstrationen mit Mönchen an der Spitze waren der Höhepunkt achtmonatiger sporadischer Unruhen und das Ende einer Phase relativer religiöser Freiheit. An die 200 Tibeter dürften getötet worden sein; einige hundert wurden verhaftet, verletzt oder galten nach den wahllosen

Schießereien und der Anarchie, die darauf folgte und zu 14 Monaten Kriegsrecht führte, als vermisst.

Die Ereignisse vom März 1989 gingen auf ein Ereignis 30 Jahre zuvor zurück Am 10. März 1959, wurde Tenzin Gyatso, der Dalai Lama, zu einer Theatervorstellung ins Hauptquartier der chinesischen Armee eingeladen. Seit der damals neun Jahre zurückliegenden Annexion Tibets hatten die Kommunisten die Taktik verfolgt, die herrschende Elite Lhasas schrittweise in Richtung Sozialismus umzuformen. Gleichzeitig flohen aber Tausende Tibeter vor den heftigen Kämpfen in den östlichen Provinzen, und in der Stadt gärte es täglich mehr. Als das Gerücht, die chinesische Armee plane, den Dalai Lama zu entführen, sich über die Kopfsteinpflasterstraßen ausbreitete, versammelten sich mehrere tausend loyale Patrioten um die Sommerresidenz Norbulinka und hielten den Dalai Lama als »Geisel der Verehrung« gefangen.

Am 17. März, nachdem zwei Granaten unmittelbar neben dem Norbulinka eingeschlagen hatten, konsultierten der Dalai Lama und seine Regierung, der Kashag, das Orakel von Nechung. Dies riet ihm zur Flucht aus Tibet. Als Soldat verkleidet und von einem Gefolge aus engsten Ratgebern, Verwandten und Bodyguards umgeben, verließ der 23-jährige daraufhin Lhasa. Gut einen Monat später passierte der Dalai Lama die Grenze und erreichte das sichere Indien.

Noch Tage nach seiner dramatischen Flucht kam es in Lhasa zu heftigen Kämpfen. Die großen Klöster rund um die Stadt – Sera, Ganden und Drepung – wurden bombardiert und Mönche, sobald man ihrer ansichtig wurde, erschossen. Bis Ende des Jahres hatten der Aufstand in Lhasa und seine Niederschlagung mehr als 10 000 Tibeter das Leben gekostet. Tausende kamen ins Gefängnis oder wurden in Arbeitslager verbannt; 80 000 folgten dem Dalai Lama ins Exil. Am 23. März 1959 wehte erstmals die rote Fahne der Volksrepublik China über dem Potala-Palast. Seither ist sie von dort nicht wieder verschwunden.

40 Jahre danach, 1999, aus Anlass des Jahrestages, gab die offizielle chinesische Nachrichtenagentur Xinhua ihre Version der Ereignisse bekannt. »Die demokratische Reform Tibets begann im März 1959, nachdem die Volksbefreiungsarmee einen bewaffneten Aufstand, angezettelt von der reaktionären Clique der tibetischen Oberschicht, niedergeschlagen hatte.« Am 1. März »beendete die Reform die klerikal-aristokratische Diktatur und befreite die Leibeigenen und Sklaven, die bis zu 95 Prozent der Bevölkerung ausgemacht hatten.«

Während die Tage bis zum 40. Jahrestag verstrichen, gelang es unserer Crew zu filmen, weswegen wir gekommen waren. Der Kameramann machte heimlich Aufnahmen von patrouillierenden Soldaten und dem Alltag in der Stadt. Wir suchten die Tore des Gefängnisses von Drapchi auf, und während einer von uns die Aufmerksamkeit des Wachsoldaten auf sich zog, gelangen ein paar verwackelte Bilder vom Gefängniseingang. Dann tauchten wir wieder alle in der Menge unter. Zwei Tage vor dem Jahrestag flogen meine Kollegen ab, und am 10. März wurden unsere Aufnahmen von asiatischen Sendern und in den britischen ITN News ausgestrahlt.

Am Tag ihrer Abreise wechselte ich das Hotel und machte einen Spaziergang, um alte Lieblingsplätze wiederzusehen. Ich merkte, wie ich die Menge nach Ani absuchte. Ich war versucht, zum Haus ihrer Freundin zu gehen, doch das war in der angespannten Situation nicht ratsam. Auf dem Rückweg zum Hotel hörte ich jemanden Drolma rufen, meinen tibetischen Namen.

Ein junger Mann kam auf mich zu. »Waren Sie schon mal in Lhasa? Ich glaube, ich habe Sie mit Tashi gesehen.«

»Das stimmt«, antwortete ich vorsichtig. »Wie geht es ihm?«

»Keine Ahnung.« Er zuckte mit den Schultern. »Er lässt sich nicht mehr oft sehen, seit er eine neue Freundin hat. Sie ist eine von der anstrengenden Sorte, hält ihn zu Hause fest.«

Wir gingen zu einem Café, in dem sich zwei Jahre zuvor die Tourguides getroffen hatten. Sie hatten es scherzhaft »Broken-hearted Restaurant« genannt. Er schob den schweren tibetischen Türvorhang zur Seite.

»Warte hier, dann zeige ich dir eine Überraschung.«

Ich trank einen süßen Tee, als ich ein vertrautes raues Lachen vernahm.

»A-ooh, Drolma-la, schön, dass du wieder da bist.«

In einem schmuddeligen dunkelblauen Blazer stiefelte Tenzin aus Dharmasala auf mich zu: »Was machst du denn hier? Ich dachte, du bist in Australien ...«

Er streckte die Hand aus, um meine zu schütteln. Er sah verändert aus: kein Pferdeschwanz mehr, kein Ohrring. Sein Haar war kurzgeschnitten und zerzaust. Er hatte auch zugenommen. Als er meinen Blick bemerkte, klopfte er sich liebevoll auf den Bauch.

»*Nga yakpa. Nga yak sha yang za.* Ich bin fetter geworden, seit ich wieder Yakfleisch esse.«

»Was ist denn passiert?«, fragte ich leise. »Was hat dich nach sieben Jahren hierher zurückgebracht?«

Nachdem er sich vergewissert hatte, dass uns niemand zuhörte, sagte er: »Ich habe Tuberkulose. Die tibetischen Ärzte sagen, das indische Wetter sei nicht gut für mich gewesen.« Er seufzte. »Und Amala, ich habe meine Mutter vermisst. Ich hatte Heimweh.«

»Sie ist sicher froh, dass du wieder da bist.« Ich lächelte.

»Ich bin ihr einziger Sohn. Sie braucht mich.« Er hob eine Augenbraue. »Und du, bist du hier im Urlaub?«

»So ähnlich, ja. Ich möchte Ani finden, mit der ich gereist bin, als ich das letzte Mal in Tibet war.«

Die rote Lilie, gefunden am Su-La-Pass im unzugänglichen Südosten Tibets.

Ani mit Blick auf das Gebirgspanorama in Pemako, Südosttibet.

Steine mit *mani,* eingemeißelten Gebeten, wie sie überall entlang des Pilgerwegs um den heiligen Berg Kailash zu finden sind.

Träger und Maultiertreiber auf der beschwerlichen Expedition durch die Bergwelt Pemakos

Claire umringt von Einheimischen aus Kham, der östlichen Provinz Tibets.

Drei Träger, drei Cousins, leisteten große Dienste auf der Pemako-Expedition.

Ein tibetischer Mönch am Pilgerweg um den heiligen Berg Kailash. Er wird für die 55 km lange Umrundung einen Tag brauchen, Europäer benötigen meist drei.

Nomadenmädchen auf dem Rücken eines Yaks. Auch Ani stammt aus einer Nomadenfamilie.

Pilger wandern im Morgenlicht um den heiligen Berg Kailash. Eine *kora* (Umrundung) soll von den Sünden eines ganzen Lebens reinigen.

Nomaden mit ihren Yaks in der Morgenkälte. Der Pilgerpfad führt in Höhen über 5000 Meter und durch eisige Kälte und Schnee.

Claire und Ani passieren wehende Gebetsfahnen, die die Götter um eine glückliche Reise bitten.

Die Nordseite des Kailash, des heiligsten Bergs Asiens

Claire vor einem tibetischen Lastwagen, unterwegs zum Mount Kailash

Auf einer Passhöhe werden Windpferde – farbige, mit Gebeten bedruckte Blätter – in die Luft geworfen, um die Gottheiten zu besänftigen.

Der Manasarovar-See in der Nähe des Kailash, einer der drei heiligen Seen Tibets.

Immer ein Lächeln auf den Lippen – Pilger aus der tibetischen Westprovinz Ngari

Ein tibetischer Lastwagen voller Pilger

Ani kocht Tee am offenen Feuer. Am liebsten isst sie *tsampa* (mit Yakbutter und Tee vermischtes Gerstenmehl) und trinkt Buttertee.

Über den Dächern von Lhasa erhebt sich der Potala-Palast, der offizielle Wohnsitz des Dalai Lama

Chinesen bei einer Militärübung am Stadtrand von Lhasa

Tibetische Polizei auf Streife. Vor dem Tempel steigt der Rauch der Opferfeuer in das Morgenlicht.

Ein Lama in Permako betet für Männer seines Dorfs um einen glücklichen Verlauf ihrer Reise.

Eine Tibeterin zieht vor den Gebetsmühlen im Potala-Palast ehrfürchtig ihren Hut.

Moderne Reklame, die Lhasas Straßen säumt

Mönche telefonieren mit Handy, der Fernseher läuft im Café – Tibet heute.

Buntes Treiben auf dem Barkhor-Markt vor dem Jokhang-Tempel in Lhasa

»Bist du allein hier?«

»Ja.«

Ich erzählte Tenzin nicht, was ich in Lhasa getan hatte. Denn mir war bekannt, dass ein Tibeter, der sich mit einem Journalisten oder einer Journalistin abgibt, theoretisch wegen »Weitergabe von Staatsgeheimnissen an den Feind« angeklagt werden kann.

Er musterte mich einen Moment lang mit zusammengekniffenen Augen.

»Ich wollte heute auf den Bumpa Ri steigen«, sagte ich schnell. »Kommst du mit?«

»Warum nicht. Es ist ein heiliger Ort.«

Wir nahmen ein Taxi zu dem Berg im Südosten der Stadt und kamen dabei an einem chinesischen Restaurant nach dem anderen vorbei, wo gekochte Hühner- und Schweinefüße in den Schaufenstern hingen. Das neue Casino am Kyichu-Fluss stand kurz vor der Fertigstellung; daneben sah man nachgeahmte Pagoden mit karamellfarbenen Dächern und Neonreklametafeln für Coca-Cola. Auf der einen Seite des Bumpa Ri befand sich die Mülldeponie der Stadt, wo tibetische Kinder mit schmutzigen Gesichtern im Abfall stocherten. Auf der anderen Seite tauchten Gebetsfahnen den ganzen Bergrücken in Farben und Geräusche. Unterhalb breitete sich Lhasa aus, und der Potala ragte daraus hervor. Dieses majestätische Bauwerk musste ich immer bestaunen. Sein ephemeres Wesen symbolisierte in meinen Augen etwas über die Tibeter, das ich nie wirklich auf den Punkt zu bringen vermochte – ihr offenes Lächeln kombiniert mit undurchdringlichem Selbstschutz. Je mehr Zeit ich mit ihnen verbrachte, desto bewusster wurde mir die Komplexität ihres Daseins – wie der Potala selbst mit seinen 999 Räumen.

Als Tenzin und ich den Berg hinaufstiegen, erzählte er mir in Bruchstücken von seiner Rückreise nach Tibet. Als er die Grenze von Nepal her überschritten hatte, wurde es gefährlich für ihn. Er hatte keinen Pass, die Polizei griff ihn auf, verhörte ihn und steckte ihn in eine kahle Zelle. Es war eiskalt, und Decken gab es nicht.

»Nach drei Monaten fand ich heraus, dass einer der tibetischen Aufseher dieselbe Schule besucht hatte wie ich. Er brachte etwas Sympathie für mich auf und rief meinen Stiefvater an. Der hat mich abgeholt«, erzählte Tenzin. »Er musste 7000 Renminbi für meine Freilassung zahlen. Niemand hat gewusst, dass ich im Gefängnis war. Ich hätte zwei oder drei Jahre drin bleiben können, weil ich illegal nach Tibet eingereist war.«

Er ging in die Hocke. »In den sieben Jahren hat sich in Tibet viel verändert. Wenn du heute Geld hast, kannst du alles tun. Die Leute können nicht mit Geld umgehen, also trinken sie, verspielen es oder geben es für Prostituierte aus, 150 Renminbi pro Besuch. Er beugte sich gegen den Wind und zündete sich eine Zigarette an. »Frauen spielen dann gern Mah-Jongg und kümmern sich nicht mehr um ihre Kinder. Sie geben ihr Geld nicht etwa für Fernseher oder Kühlschränke aus, sondern nur am Spieltisch.«

Während ich ihm zuhörte, erinnerte ich mich an den ausgeprägten Defätismus Tashis. Mir kam ein Bild in den Sinn, von einem in einen Käfig gesperrten Vogel mit beschnittenen Flügeln.

»Drolma, viele soziale Probleme, mehr denn je. Dieser Teil Tibets läuft Gefahr, innerhalb weniger Jahre chinesisch zu werden. Wenn heutzutage jemand protestiert, reagieren Freunde und Familie befremdet.« Er sah finster drein. »Die einfachen Leute sind zu verängstigt, um irgendwas zu unternehmen.«

»Glaubst du, die Tibeter haben den Freiheitskampf aufgegeben?«

»Die Leute wünschen sich immer noch Unabhängigkeit.« Er warf seine Hände in die Luft. »Aber sie müssen auch überleben. Alle meine Freunde haben nur Geld im Sinn und tun nichts für die Unabhängigkeit.« Er drückte die Zigarette aus. »Ich liebe mein Volk und mein Land immer noch.«

An jenem Abend kam mich Tenzin in meinem Hotel besuchen. Ich brannte darauf, unsere Unterhaltung über die Veränderungen in Tibet seit seinem Weggang fortzusetzen. Er zögerte erst, war dann aber einverstanden, in meinem Zimmer mit mir zu sprechen, und erlaubte mir, das Ganze aufzuzeichnen.

»Für einen Tibeter ist es praktisch unmöglich, eine tibetische Ausbildung zu erhalten, und selbst eine chinesische ist nur dann drin, wenn die Eltern sich das leisten können«, begann er. »Auf dem Land bleiben die Kinder Analphabeten. Sie helfen bei der Feldarbeit, hüten die Schafe und sammeln Yakdung. Müssten wir als Tibeter nicht in unserer eigenen Sprache reden und schreiben? Das umfasst auch die Lehren, die Buddha, der Herr, nach Tibet gebracht hat. In unserer Kultur sagt man, Worte sind kostbar. Wenn du auch nur ein einziges Wort verlierst, ist das nicht gut ...«

Er unterbrach sich, bedeutete mir mit der Hand, leise zu sein. Seine Miene verfinsterte sich.

»Ich habe den Faden verloren. Lass uns von was anderem reden.«

Ich wechselte die Kassette, legte Musik ein und zündete ein Räucherstäbchen an.

Wenige Augenblicke später klopfte es an der Tür, und bevor ich etwas sagen konnte, spazierten vier Leute von der Public Security ins Zimmer, umstellten uns und stellten Tenzin barsche Fragen. Was er hier machte. Was ich hier machte. Wer ich sei. Einer warf einen Blick auf meine Aufzeichnungen, ein anderer nahm den Kassettenrekorder an sich. Eine chinesische Polizistin setzte sich und musterte uns eingehend. Tenzin beantwortete ihre Fragen lässig. Er sei mein Fremdenführer, sagte er. »Wir haben über einen Ausflug in die Umgebung von Lhasa gesprochen.« Sie verlangten seinen Ausweis und nahmen seine Personalien auf.

Ich zeigte ihnen mein chinesisches Visum und die Einreiseerlaubnis und versuchte mein Bestes, unbeteiligt zu wirken. Meine

Hände schwitzten. Ich hatte solche Angst, dass ich einen bitteren Geschmack hinten in meinem Hals spürte. An die Fragen, mit denen sie mich von allen Seiten bombardierten, kann ich mich nicht mehr erinnern.

Irgendwann deutete die chinesische Polizistin auf das Räucherstäbchen und meinte: »Ein sehr schöner Geruch.«

»Ja, ich habe es aus Indien«, antwortete ich, ohne lange nachzudenken.

Nach etwa zehn Minuten nickten sie mir höflich zu und verschwanden.

Das Schweigen stand wie eine eisige Mauer zwischen Tenzin und mir. Er funkelte mich und meine zitternden Hände wütend an.

»Warum hast du gesagt, dass du mich aus Indien kennst?«, knurrte er. »Warum erzählst du so was?«

»Das habe ich nicht. Ich habe gesagt: Das Räucherstäbchen ist aus Indien«, protestierte ich.

»Hast du nicht«, erwiderte er. »Ich war geschockt, als du sagtest, du kennst mich aus Indien. Darum haben sie meinen Ausweis kontrolliert.«

Ich schüttelte den Kopf. »Ehrlich, Tenzin ...«

»Du hast es gerade getan, Drolma. Das PSB ist schlau. Die sehen Angst. Dir stand die Angst ins Gesicht geschrieben«, zischte er. »Das Schlimmste, das einem passieren kann.«

»Tut mir leid«, sagte ich mit zitternder Stimme. »Ich habe nach Kräften versucht, normal zu wirken.«

Er sah mich zutiefst enttäuscht an und bedeutete mir mit einer Geste, nachzusehen, ob uns jemand belauschte. Draußen auf dem Flur war niemand.

»Wenn du nach Tibet kommst und tust, was du tust, musst du auf den Ernstfall vorbereitet sein. Wo ist deine Courage?«

Ich senkte den Kopf und biss mir auf die Lippe.

»Schau mal, ich möchte nicht gemein erscheinen, aber du musst ...« Er brach atemlos mitten im Satz ab. »Du musst wie eine Touristin wirken. Ich helfe dir, weil ich weiß, dass du gute Arbeit für Tibet leistest. Du bist ein Fenster nach draußen.« Er flüsterte: »Sie haben kein Recht dazu, das Tonband zu kontrollieren, aber sie tun es, wenn sie glauben, dass du lügst. Und du siehst aus, als würdest du lügen.« Er nahm sich eine Zigarette und sprach weiter, nachdem er einen langen Zug genommen hatte. »Wenn sie das Tonband abgehört hätten, hätten sie dich des Landes verwiesen, aber ich wäre in den Knast gegangen. In einer Woche fährst du nach Hause in dein Heimatland. Ich lebe hier.«

»Dir wird doch nichts passieren, oder?« Ich schwieg und kämpfte mit den Tränen. »Ich meine, sie haben deine Personalien und ...«

Er zuckte kaum merklich mit den Achseln. »Ich glaube nicht, dass ich Schwierigkeiten bekomme. Aber kein Gespräch mehr im Hotelzimmer. Das war auch mein Fehler. Wir müssen vorsichtiger sein.«

Mindestens eine Stunde lang saßen wir noch kettenrauchend in meinem Zimmer und verließen dann getrennt das Gästehaus. Erst da wurde mir klar, dass das PSB jeden Ausländer in Lhasa überwachte. Hätte Tenzin nicht Augenblicke, bevor die Polizei in mein Zimmer eindrang, eine Vorahnung gehabt – ich schauderte bei der Vorstellung, was hätte passieren können. Obwohl Tenzin eingewilligt hatte, weiter mit mir zu sprechen, und wir Freunde blieben, gestand er mir Jahre später, dass er nach jenem Vorfall sein Vertrauen in mich zu 80 Prozent verloren hatte. Bis heute sind wir uns nicht einig, was ich damals zu der Polizistin gesagt habe.

Ich brauchte Monate, um sie wieder loszuwerden, jene heimtückische Mischung aus Angst und Schuldgefühlen, weil ich Tenzins Leben in Gefahr gebracht hatte, und das, obwohl ich die Risiken gekannt hatte. Wie eine hängengebliebene Schallplatte überkam mich das Gefühl der Angst wieder und wieder. Ich verlor – zumindest für eine gewisse Zeit – das Zutrauen zu mir selbst, in meine Fähigkeit, mich zu behaupten. Auch jegliche Illusionen, die ich mir noch über Tibet gemacht hatte, waren hinfällig. Ich konnte das Land nicht mehr durch die Shangri-la-Brille sehen. Mir vormachen, es wäre eine verzauberte Spielwiese für Pilger, auf der exotische Blumen blühten.

Nach jenem Abend steckte mir »die Angst« in den Knochen – eine Emotion mit zerstörerischer Macht, die Leben vernichten, Familien zerstören und das moralische Gewand einer Gesellschaft in Fetzen reißen kann, eine Waffe, so destruktiv wie ein Schlagstock. Gleichzeitig empfand ich ungeheuren Respekt vor all jenen Tibetern – wie auch für Menschen überall sonst auf der Welt, die in Unterdrückung leben –, denen es gelingt, diese Furcht auszuhalten, diese Dunkelheit. Und die das sogar noch mit Würde und Anmut schaffen und ohne sich selbst zu verraten.

Später an jenem Abend trafen Tenzin und ich ein paar seiner Freunde in einem chinesischen Restaurant zum Essen. Irgendwann betraten drei betrunkene chinesische Polizisten laut lachend und rülpsend das Lokal. Als sie eine junge Tibeterin bemerkten, die mit ihrem Freund an einem Tisch saß, gaben die Polizisten anstößige Kommentare von sich und warfen Essen durch die Gegend. Der Freund der Frau unternahm nichts. Nach allem, was ich gerade erlebt hatte, kam es mir vor, als würden wir auf die erste Stufe der Hölle hinabsteigen: Der Boden war fettig von Spucke und Hähnchenflügeln; dazu der Lärm der betrunkenen Männer und schließlich das Gefühl, das eigene Schicksal nicht mehr bestimmen zu können.

Die Unterhaltung an unserem Tisch erstarb. Als es dem jungen Tibeter reichte und er eine Bewegung in Richtung der Polizisten machte, legten diese lässig die Hände an ihre Waffen und drohten, ihn für ein paar Jahre hinter Schloss und Riegel zu bringen. Er ließ die Schultern hängen und sank mit einem Ausdruck, als hätte man ihn all seiner Männlichkeit beraubt, wieder auf seinen Stuhl zurück. Es folgten neue Drohungen und Beleidigungen, bis die Polizisten schließlich zahlten und gingen.

»Verdammt, ich halte das Leben hier einfach nicht mehr aus. Man lebt in ständiger Angst«, sagte der junge Mann, während er sich mit zitternden Händen eine Zigarette anzündete. Seine Freundin blieb stumm. »Was kannst du schon machen? Dich wehren ist unmöglich. Wenn die Polizei mich einsperren will, kann sie keiner daran hindern.«

Auf dem Rückweg zu meinem Hotel kamen wir an Leuten vorbei, die sich stritten. Laute Stimmen und Faustschläge waren zu hören. Frauenstimmen mahnten zur Ruhe.

»Betrunken«, sagte Tenzin nur. »Warum müssen die Tibeter sich schlagen? Sie sind eine Familie. Unbegreiflich, was alles in Tibet passiert. Die Menschen können nicht an Frieden denken, weil ihre Herzen voller Groll sind.«

Am Morgen des 10. März wachte ich auf, als es noch dunkel war, und wanderte gleich hinunter zum Jokhang, wo es schon von Tibetern wimmelte, die Opfer zur Erinnerung an den Jahrestag darbrachten. Ich hatte das Gefühl, in ein Netz einzutreten, in eine Tapisserie der Frömmigkeit, das immergleiche Handlungen und Rituale im Laufe von Jahrhunderten gewebt hatten. Jetzt waren es vor allem Frauen, die dafür sorgten, dass die Butterlampen brannten, dass die *sangs* mit Wacholder gefüllt waren und das Feuer des Buddhismus geschürt wurde. Ihre Hingabe war für sich genommen schon ein stummer Protest, eine Form passiven Widerstands gegen die immer stärker eindringende moderne Kultur und das säkulare chinesische Gesetz – eine unausgesprochene Bekräftigung der nationalen Identität.

Vor den Polizeistationen herrschte hektische Aktivität. Kleinbusse kamen und fuhren wieder fort, genau wie ein Jahrzehnt zuvor. Sicherheitsbeamte hatten von den Dächern am Barkhor aus Ferngläser auf die Menge gerichtet.

Ich ging in eines der Cafés mit Blick auf den Platz vor dem Tempel und trank einen Tee. Kurz nach zehn Uhr dröhnten drei weiße Kleinbusse und ein Geländefahrzeug der Polizei vorbei. Drinnen bellten auf den Vordersitzen Schäferhunde, hinten saßen Polizisten in voller Kampfmontur. Die sichtlich aufgebrachte Menge wich zurück, um sie durchzulassen. Die Kleinbusse steuerten den hinteren Teil des Barkhor an, wo zwei junge Mönche, die beide aus ihrem Kloster verstoßen worden waren, riefen: »Free Tibet!« und »Tibet is not part of China!« Einer der Mönche wurde sofort festgenommen, der andere zunächst verfolgt, bis die Polizei ihn gefasst hatte. Sie wurden mit Schlagstöcken und Fausthieben traktiert, dann gefesselt in einen Polizeiwagen verfrachtet. Ich hörte später, dass einer der Mönche während der Vernehmung gesagt haben soll: »Ihr könnt uns schlagen, so viel ihr wollt, aber wir geben niemals auf.«

Ich berichtete über den Protest und verfolgte in den kommenden Monaten, nachdem ich Tibet wieder verlassen hatte, das Schicksal der beiden Mönche aus dem Kloster Taklung außerhalb von Lhasa. Der 16-jährige Phuntsok Legmon und der 25-jährige Namdrol wurden am 9. Juli 1999 zu drei beziehungsweise vier Jahren Gefängnis verurteilt. Die Anklage lautete: »Verschwörung oder separatistische Aktivitäten oder Infragestellen der nationalen Einheit« sowie »Aufwiegelung und Propaganda«. Wie es hieß, wurden die beiden im Drapchi-Gefängnis festgehalten.

Ab elf Uhr herrschte das übliche Treiben. Der Rest des 40. Jahrestages verlief friedlich.

II

Die Höhle bei den Himmelsbestattungen

Ein paar Tage später war ich mit Tenzin unterwegs zu Anis Kloster westlich von der Hauptstadt. Je weiter wir Lhasa hinter uns ließen, desto besser fühlte ich mich. Als wir an einem See vorbeifuhren, stieß gerade ein Schwarm sibirischer Kraniche herab. Die eleganten Vögel mit ihren spindeldürren, orangefarbenen Beinen, schwarzem Kopf, weißem Rumpf und tintenblauen Schwanzfedern gelten als Symbole des Dalai Lama. Da ich noch nie zuvor welche gesehen hatte, nahm ich ihren Anblick als gutes Omen dafür, Ani vielleicht wiederzufinden.

Ich hatte nichts von Ani gehört und wusste daher nicht, wo sie sein mochte. Während wir die Straße weiter entlangfuhren, die vom See wegführte und sich das Tal hinaufschlängelte, fragte ich mich, ob sie wohl eine Arbeit als Haushälterin angenommen hatte oder weiter ihrer Berufung folgte, vermutete aber, dass sie weiterkämpfen würde, egal welche Hindernisse die Regierung ihr in den Weg legte. Vielleicht war sie auf Pilgerschaft, oder das Kloster war geschlossen worden, so wie das Rhakor Gompa aus dem 12. Jahrhundert, das aufgegeben werden musste, nachdem eine Hundertschaft bewaffneter Soldaten die meisten der gut 80 Nonnen gewaltsam vertrieben hatte. Heutzutage war alles möglich.

In den Monaten vor dem 40. Jahrestag wurden ständig Vorstöße gegen die kulturellen und religiösen Gepflogenheiten unternommen. Im Januar starteten die Behörden eine Propagandakampagne zur Verbreitung des Atheismus, die drei Jahre dauern sollte. Vorgeschobenes Ziel war die wirtschaftliche Entwicklung der Region. Unterschwellig ging es jedoch darum, die Loyalität gegenüber dem

Dalai Lama aufzuweichen. Die offizielle Rhetorik gegen den Dalai Lama wurde aggressiver und richtete sich sowohl gegen seine politische Haltung als auch gegen seine persönliche und religiöse Integrität. Tenzin Gyatso, der Dalai Lama, war von Peking schon verschiedentlich als Verräter bezeichnet worden, als kinderfressender Kannibale und am häufigsten als Separatist, der Tibet aus den Händen des Mutterlandes reißen will.

Die löchrige Straße ging an einem 15 Meter hohen gefrorenen Wasserfall vorbei, bevor sie am Ende des Tals zum Kloster führte. Dahinter ragten Türme aus grauem Fels in den Abendhimmel. Hier wuchsen keine Bäume, nur kleine, nussbraune Sträucher und spärliches Gras. Das Kloster, eine Ansammlung einfachster Steinhäuser rund um einen flachen Tempel, war von den unvermeidlichen bunten, aber ausgeblichenen Gebetsfahnen umgeben.

Mein Herz schlug heftig, als ich mit Tenzin an die Pforte trat. Seit vielen Monaten hatte ich mich auf diesen Augenblick gefreut. Ani war zu einer Inspiration für mein Leben geworden, die ich nicht ignorieren konnte, auch wenn ich sie nicht unbedingt verstand. Alles schien verlassen. Im Empfangsraum, der zugleich als Laden fungierte, stand eine kleine dicke Nonne, die ihr Gesicht zum Schutz vor dem beißenden Wind in einer Balaklava vergrub.

»*Ani L. du geh?* Ist Ani L. hier?«, fragte Tenzin.

»*Mindu. Mindu.* Nein, nein«, rief sie.

Schon verließ mich der Mut.

»*Kawar du-geh?* Wo ist sie?«

Sie musterte uns wachsam. »Seid ihr Freunde von ihr?«

»*Re, nga Drolma yin.* Mein Name ist Drolma«, sagte ich. »Wir haben uns in Pemako kennengelernt.«

»*Ah-leh*, in Ordnung.« Sie sah sich nach allen Seiten um und flüsterte: »Sie hat sich in eine Höhle weit oben in den Bergen zurückgezogen.«

»Können wir hingehen?«, fragte Tenzin.

Sie überlegte einen Moment. »Nehmt zwei Nonnen mit, die euch den Weg zeigen, und brecht bei Sonnenaufgang auf. Der Weg ist sehr beschwerlich. Ihr braucht den ganzen Tag.«

Tenzin und ich wurden in einen einfachen Schlafsaal geführt. Ein Bett war schon gemacht. Darauf lagen ein olivgrüner Militärmantel mit einem braunen Kragen aus Kunstfell und eine dazu passende Soldatenmütze im Kosakenstil mit Ohrenklappen. Zu müde, um mir darüber Gedanken zu machen, fiel ich ins Bett.

Im ersten Tageslicht machten zwei junge Nonnen, Tenzin und ich uns auf den Weg. Wir gingen vom Kloster aus zu einer wie eine kleine Festung aussehenden Ansammlung Häuser mit einem kleinen Tempel, wo die spirituelle Leiterin des Klosters in einer Einsiedelei lebte. Auf dem Dach saßen zwei riesige Raben. Sie krächzten laut, als wir näherkamen.

»Das sind die Schutzgötter des Klosters«, erklärte Tenzin. »Sie warnen vor unserer Ankunft.«

Drinnen lebte ein Dutzend Nonnen unter ärmlichsten Bedingungen. Das hochverehrte Oberhaupt, eine kleine Frau mit ergrautem Haar und Grübchen im Gesicht, gewährte uns eine kurze Audienz. Nachdem sie die *khata* gesegnet hatte, die ich ihr dargeboten hatte, legte sie sie mir um den Hals und starrte dann verblüfft auf meine Schuhe. Ich hatte nicht vorgehabt, in Tibet zu wandern, und nur ein einziges Paar mitgenommen: leuchtend orangefarbene Pumps vom Londoner Camden Market.

»Die sind nicht gut.« Sie hob mahnend den Zeigefinger. »Der Weg ist sehr beschwerlich. Ein Sturz in diesen Dingern, und du stirbst.« An die Nonnen gewandt, die uns begleiteten, befahl sie: »Das Mädchen wartet besser unterhalb der Höhle, und ihr holt Anila zu ihr.«

Sie segnete uns, und wir machten uns ermutigt wieder auf den Weg. In meinem Rucksack waren Fladenbrot, Kerzen und getrocknetes Yakfleisch für Ani. Obwohl ich mich nicht akklimatisiert hatte, kletterte ich schnell, fiel allerdings auf einem schmalen Grat zweimal hin. Am höchsten Punkt des Passes, auf knapp 4000 Meter, blies ein eisiger Wind von den verschneiten Gipfeln herab. Ich hatte zu kämpfen, meine Nase blutete vor Anstrengung. Tenzin sah mich besorgt an. Um mein körperliches Unbehagen zu vergessen, konzentrierte ich mich auf Ani. Ich rief mir ihr Gesicht in Erinnerung, ihre kastanienbraunen Augen unter den etwas schweren Lidern, ihren dunkelbraunen Teint und ihr helles, herzliches Lachen.

Wir kamen zu einem Ort, an dem Himmelsbestattungen ausgerichtet wurden. Dort lagen Kleider verstreut, auch eine menschliche Wirbelsäule. Tenzin schauderte sichtlich und warnte mich davor, näher hinzugehen.

»Ihr wartet hier«, sagte die jüngere Nonne. »Wir holen Ani-la.«

Ich beobachtete, wie die beiden Frauen höher und höher kletterten, bis sie zwischen den Felsspitzen des Kalksteinmassivs verschwanden. Ich schweifte umher, Tenzin döste. Hier wuchsen keine Bäume mehr, überhaupt keine Pflanzen. Einzig die Adler zogen an einem riesigen leeren Himmel ihre Kreise. Ich konnte mir nicht vorstellen, wie man in einer so trostlosen Umgebung zu überleben vermochte. Die Stille war hypnotisierend, die Luft kristallklar; es herrschte eine seltsam magische Atmosphäre, als wäre die Luft erfüllt von unsichtbaren Geistern. Hinter dem Bestattungsplatz fiel ein ungewöhnlicher weißer Lichtstrahl herab. Die Minuten verstrichen, eine Stunde verging. Ich legte mich hin und nickte ein. Als ich mit einem Ruck erwachte, sah ich drei Gestalten den Berg herabkommen. Sie wirkten wie Miniaturen, weinrote Fackeln vor einem Hintergrund aus Eis, Schnee und Fels. Ani ging als Letzte und trug, soweit ich das sehen konnte, einen Hut. Ich kletterte ihnen entgegen.

»*Drolma-la, Drolma-la. Tashi delek*«, echote eine bekannte Sings-
angstimme den Berg herab.

»*Ani-la, Ani-la.* Wie geht es dir?«, antwortete ich.

»*Debo, debo.* Mir geht's gut. Und dir?«

Ein paar Minuten lang standen wir unbeholfen, schüchtern da.
Dann warf Ani den Kopf zurück, schüttelte sich vor Lachen und
beugte ihre Stirn in Richtung meiner Stirn, um mich auf typisch
tibetische Weise zu begrüßen. Wir verharrten einen Augenblick,
unsere Augenbrauen berührten sich, und ich verspürte eine unerwartete Freude. Sie schien nicht überrascht, mich zu sehen. (Einige
Jahre später erzählte sie mir, dass mein Besuch sie sehr glücklich gemacht hatte. Sie war »nur traurig« gewesen, dass ich den Berg hatte
hinaufklettern müssen, um sie zu finden.)

»Dir ist kalt«, sagte sie und nahm meine Hand. Sie wandte sich an
Tenzin und schnalzte missbilligend mit der Zunge. »Das *inji*-Mäd-
chen ist nicht warm genug angezogen.«

Ani sah aus wie ein Fass. Sie war in zwei dicke, abgewetzte *chuba*
aus Schaffell gekleidet und trug einen passenden Hut aus dunkelro-
ter Wolle, der aussah, als hätte sie eine Krone auf dem Kopf. Er war
ein wenig spitz, mit zwei Klappen vorn, die zu einem U zurückge-
schlagen waren; unter dem Rand schauten schwarze Haarbüschel
hervor. Mir fiel ein, wie ihr Strohhut in Pemako immer ein paar Zentimeter über ihrem Kopf zu schweben schien, um der Schnecke aus
Dreadlocks Raum zu geben, und ich fragte mich, ob sie ihr Haar abgeschnitten hatte. Als ich sie darauf ansprach, erklärte sie mir, dass
sie ihre »Meditationsfrisur« nicht mehr trüge, sondern nun einen
»Knoten oben mit lose herabhängendem Haar« in der Tradition der
Kagyü.

Ani schien von innen heraus zu leuchten. Geradeso, als würde ein
Feuer in ihrem Bauch brennen. Eine schwere, durchsichtige *mala*
aus Plastik hing um ihren Hals. An ihren Fingern steckten die Ringe,

mit denen sie wie gewohnt spielte. Wir setzten uns auf die Erde, Tenzin bot ihr das Brot und Yakfleisch an, das sie begeistert annahm. Es kam mir ganz unwirklich vor, sie wiederzusehen, und noch dazu in einer so öden Umgebung. Es tat mir leid, dass ich es nicht geschafft hatte, zu ihrer Höhle hinaufzuklettern, in der nach mythischen Überlieferungen Guru Rinpoche einige Zeit verbracht haben soll. Während Tenzin übersetzte, erklärte Ani mir: »Die Höhle ist so geräumig wie ein großes Auto. In einer Ecke stehen ein Schrein und eine Statue von Guru Rinpoche. Ich schlafe in der anderen Ecke.«

»Wie hältst du dich warm?«

»Es gibt sehr wenig Holz, also lasse ich das Feuer nur morgens und am Nachmittag brennen, wenn ich Tee mache, nachdem ich ein wenig Schnee für Wasser zusammengekratzt habe. Nach ein Uhr ist die Sonne fort. Manchmal schmerzen meine Knie von der Kälte, aber ich meditiere und schicke den Schmerz fort.« Drei Monate später sollte die Arthritis in den Knien – die sie zuvor mit der mittelalterlich anmutenden Kauterisation behandelt hatte, bei der die entzündete Stelle mit einem glühendroten Eisen ausgebrannt und verödet wird – Ani zwingen, die Höhle zu verlassen.

»Wie nutzt du die Meditation?«, fragte ich fasziniert.

»Ich meditiere mit der tibetischen Silbe ›Ah‹ und stelle mir einen Kreis aus Licht drum herum vor – wie das Licht, das in die Höhle fällt. Wenn ich das sehr intensiv tue, spüre ich keinen Schmerz mehr in meinem Körper.«

Sie war schon 20 Tage in der Höhle und hatte jeden Tag gleich verbracht, mit vier Meditationsphasen und einer kargen Mahlzeit mit *tsampa*. Ihre einzige Gesellschaft, außer Adlern und Geiern, waren blaue Schafe.

»Bist du einsam?«, fragte ich sie.

»Nein. Ich bin wirklich froh, allein zu sein. Das war mir schon lange ein Bedürfnis. Es ist sehr friedlich, still – ein guter Ort zum

Meditieren, weil's keine Ablenkung gibt.« Automatisch faltete sie die Hände wie zum Gebet. »Guru Rinpoche höchstpersönlich hat hier meditiert. Er hat in der Höhle zusammen mit seiner Gefährtin Yeshe Tsogyal ein paar Jahre verbracht. Ich werde einen besonderen Segen von ihm empfangen, weil er hier war. Ich spüre, dass ich ihm ganz nah bin.«

»Warum betest du immer zu Guru Rinpoche?«

»Ich weiß nicht genau, ich spüre nur, dass es ganz tief aus meinem Herzen kommt«, erwiderte sie schlicht. »Ich habe von Guru Rinpoche geträumt und fühle mich ermutigt, wenn ich spüre, dass er bei mir ist.« Sie schwieg kurz und dachte nach. »Guru Rinpoche war kein Normalsterblicher. Er kam auf magische Weise zur Welt, aus einer Lotosblüte, nicht aus dem Bauch einer Frau. Er besitzt grenzenlose Weisheit und ist nicht gebunden wie die meisten gewöhnlichen Lamas.«

An diesem Ort, in der Nähe menschlicher Überreste und von ein paar gefrorenen Lumpen, wo sonst nichts überleben konnte, da blühte Ani auf. Ohne jeglichen Komfort, ohne eine Menschenseele weit und breit war sie in der Lage, ihren Geist in den riesigen Raum hinein auszudehnen, in den grenzenlosen klaren Horizont. Und während sie das tat, erschien es mir, als würde sie selbst sich mit ausdehnen. Es passte, dass sie, anstatt nach den Lehren eines irdischen Lamas zu suchen, eher nach der unmittelbaren Erfahrung der Weisheit des tibetischen Yogiheiligen Guru Rinpoche strebte, von dem es heißt, er wäre dank seines Regenbogenkörpers aus Licht unsterblich.

»Hast du je die Gegenwart von Yeshe Tsogyal verspürt?«, fragte ich.

»Nein.« Sie schüttelte den Kopf. »Aber die Geschichten, die ich über Yeshe Tsogyal höre, inspirieren mich. Sie war wie eine Mutter der ganzen Welt, eine Mutter aller fühlenden Lebewesen. Ich habe gehört, sie soll schon in der Haltung des Sich-Niederwerfens, das Mantra von Tara wiederholend, zur Welt gekommen sein.«

»Dann war sie also eine Göttin?«

»Nein, eine Frau wie du und ich. Und wie sie gelitten hat, um ihr Ziel zu erreichen – erleuchtet zu werden. Sie aß ein Jahr lang nicht, um die Hölle des hungrigen Geistes zu erfahren. Sie praktizierte ein Jahr lang *tumo*, das Yoga der inneren Hitze, um die Hölle der Kälte zu erleben.«

»Tut man das wirklich, um sich warmzuhalten, Ani-la?«

In einer Geste der Verlegenheit streckte sie ihre rosa Zunge heraus, dann ließ sie ihr lautes und herrlich ansteckendes Lachen hören.

»Ich bin nicht so ein *yogi*. *Yogis* sind Leute wie Jetsun Milarepa, die fliegen, ihre Gestalt wechseln können und die tantrischen Praktiken beherrschen. Auf Tibetisch bedeutet *yogi* – *drub tob* –, dass man das Bild der Gottheit immer in seinem Geist präsent haben muss.«

»Tust du das nicht?«

»Ich versuche es«, gab sie zu. »Aber ich bin nur eine wandernde Bettlerin, verrückt danach, irgendwohin zu gehen. Ich mache mir aus nichts etwas. Ich bleibe nicht in der Gesellschaft.«

»Also hast du nie eine Arbeit als Haushälterin angenommen?«

Sie schüttelte den Kopf und sagte mit unhörbarem Seufzen: »Immer noch Probleme im Kloster. Hier schikanieren mich die Chinesen nicht – es ist zu weit zu laufen. Man hat mich schon mehrmals aufgefordert, ich soll fortgehen, aber hier ist mein Zuhause.«

Im Jahr davor war sie allein nach Kongpo gepilgert und hatte eine *kora* am Bon Ri, dem heiligen Berg Bon, absolviert. Unterwegs war sie immer in Höhlen geblieben, die in Bezug zu Guru Rinpoche standen, und hatte dort meditiert und Schriften rezitiert. Einen Monat lang hatte sie das Glück gehabt, umsonst bei einer wohlhabenden Khampa zu leben, wo sie 100 000 Mantras zwölfmal wiederholte, bevor sie sich wieder auf den Weg machte und weitere Kraftplätze aufsuchte.

Tenzin, der nur für Ani und mich übersetzt und ansonsten geschwiegen hatte, sah auf die Uhr. Auch die beiden anderen Nonnen wurden langsam unruhig. Mir war klar, dass wir aufbrechen mussten; eine stundenlange Wanderung zurück zum Kloster lag vor uns. Meine Zeit mit Ani war viel zu kurz gewesen. Ich bot ihr etwas Geld an.

Mit einer abwehrenden Handbewegung meinte sie trotzig: »Ich bin wie Milarepa. Ich bettele um Almosen. Ich verlange nichts.«

Sie nahm die Tasche mit dem Proviant, den wir mitgebracht hatten, und lächelte, als wir uns an den Abstieg machten. Als ich mich umdrehte, um ihr noch einmal zuzuwinken, strebte sie schon entschlossenen Schritts ihrem felsigen Zuhause zu. Einige Jahre später, als sie mich besser kannte, erzählte sie mir, dass sie sich in jenem Jahr – und die Zeit neben dem Bestattungsplatz gehörte dazu – auf eine höchst anspruchsvolle spirituelle Übung konzentriert hatte, die *chod* heißt und von der großen *yogini* des 12. Jahrhunderts, Machig Labdron, empfohlen wurde.

Wörtlich übersetzt bedeutet *chod* »durchschneiden« und gilt als wirkungsvoller Weg, um Gefühle wie Hass, Verlangen und Verblendung aufzulösen und den Adepten wieder zu seinem wahren Charakter zurückzuführen. Es vermindert auch die Anhänglichkeit an den eigenen Körper und die damit zusammenhängende Angst vor dem Tod, denn der Adept soll, wenn er stirbt, in der Lage sein, seinen Geist oder sein Bewusstsein freizulassen. Traditionellerweise meditieren jene, die *chod* praktizieren, in der Nähe von Feuerbestattungsplätzen, um die angeborene Furcht noch zu steigern.

Später erzählte mir Ani, sie praktiziere die *chod*-Meditation allein, Tag und Nacht, an einem abgelegenen Ort. »Manche halten das für eine furchterregende Übung, vor allem wenn man an einem Ort für Himmelsbestattungen meditiert. Aber ich finde es nicht schwer. Es hängt nur vom eigenen Geist und der eigenen Konzentration ab.«

An jenem trostlosen Ort verbrachten Ani und ich kaum drei Stunden zusammen. Während ich die verschneiten Wege hinunterrutschte, stieg mein Geist in die Höhe. Ich überlegte mir, dass Ani an Statur zugenommen und etwas von ihrer jugendlichen Mädchenhaftigkeit verloren hatte. Kämpferisch und entschlossen wirkte sie, wie in ihrem Element. Auf dem langen Weg zurück begriff ich, dass es ihre Furchtlosigkeit, die Kraft ihrer inneren Motivation und die Verpflichtung gegenüber ihr selbst waren, denen ich nacheifern wollte. Ihr Leben entrollte sich wie ein Seidenfaden, der Geist ergriff Besitz von ihr, rief sie, und nichts – nicht einmal die staatlichen Behörden – konnte sie aufhalten. Ich hoffte, das würde mich inspirieren, meinen eigenen Weg einzuschlagen – nicht unbedingt einen buddhistischen, aber einen, auf dem ich meinen Überzeugungen treu blieb, allen Ablenkungen der durch und durch materialistischen Welt, in der ich lebte, zum Trotz.

Als wir wieder im Kloster eintrafen, lagen lange Schatten auf dem Tempeldach, und honigsüße Frauenstimmen stiegen zum Abendhimmel empor. Vor dem Dormitorium saß unser Fahrer. Tagsüber, so erzählte er uns, sei ein halbes Dutzend Fahrzeuge mit Polizisten und anderen Beamten da gewesen, um die Nonnen zu kontrollieren. Sie hatten wieder einmal vor, deren Zahl zu halbieren. Im Schlafsaal selbst lag der khakifarbene Mantel noch auf dem Bett. Sein Besitzer, der Beamte für tibetische religiöse Angelegenheiten, der die täglichen Aktivitäten der Nonnen zu beobachten und alles Verdächtige zu melden hatte, war noch im Dienst.

12

Auf dem Weg zum Nonnenkloster

Mein eigenes Leben war irgendwann und auf eine Weise, die ich mir nicht immer erklären konnte, zu einem Spiegelbild der Pilgerschaft geworden, die Anis Leben bestimmte. Als ich in meinem zellenartigen Zimmer in Dharmasala erstmals von dem heiligen Berg Kailash gelesen hatte, war in mir der Wunsch erwacht, mit Ani, meiner *cho-drok* – meiner tibetischen Pilgergefährtin –, dorthin zu reisen. Die kurze Begegnung mit Ani inmitten der glatten Kalksteinfelsen, über uns die kreisenden Adler, hatte mein Bedürfnis verstärkt, mehr über die »wandernde Bettlerin, die verrückt danach ist, irgendwohin zu gehen« zu erfahren.

Diese Begegnung hatte Anfang 1999 stattgefunden. Im Sommer des darauffolgenden Jahres, im Juli 2000, kehrte ich über China nach Tibet zurück. Ich hatte mich erneut David Burlinson angeschlossen, der drei Jahre zuvor die Suche nach der roten Lilie organisiert hatte. Wir fuhren gemeinsam mit Pascoe, einem breitschultrigen, schlagfertigen Engländer, und Geleg, einem winzigen tibetischen Mönch, von Peking nach Lhasa. Eine Odyssee in Spitzengeschwindigkeit, bei der wir 9600 Kilometer in 25 Tagen zurücklegten, und eine seltene Gelegenheit, über Land durch China und die östlichen tibetischen Provinzen Kham und Amdo (die bei den Chinesen Sichuan und Qinghai hießen) zu reisen. Es bot uns die Chance, die Weite und Vielseitigkeit des riesigen Kontinents aus erster Hand kennenzulernen.

Als wir an den nördlichen Ausläufern des tibetischen Plateaus die öde Wüste Tsaidam durchquerten und auf die Stadt Golmud zufuhren, trafen wir auf sich niederwerfende Pilger. Sie tauchten scheinbar aus dem Nichts auf, wie Schatten auf der schimmernden Straße – eine vierköpfige Familie, Hirten aus Labrang im äußersten Osten von Amdo. Sie hatte ihre Herde verkauft, damit sie die Pilgerreise ins rund 1500 Kilometer westlich gelegene Lhasa unternehmen konnte. Der Jüngste, ein etwa zehn Jahre alter Junge, zog einen kleinen hölzernen Karren, auf dem sich der ärmliche Besitz der Familie befand. Alle trugen sie dicke Handschützer aus Holz und eine Schürze; ihre Gesichter waren vom Staub ganz weiß.

Wir hatten schon andere Gläubige auf der Straße gesehen, die sich niederwarfen, aber die Familie hatte etwas besonders Faszinierendes an sich: der liebevolle Ausdruck im Gesicht der Mutter, wenn sie ihre beiden Söhne an sich zog, während Lastwagen in einer Wolke aus feinstem Kies vorbeirasten. Ich gab ihnen vier Perlen von meiner *mala* aus Sandelholz, die der Dalai Lama gesegnet hatte, als ich ihn zwei Jahre zuvor interviewte. Zurück in Tibet, verteilte ich die Perlen nun an Pilger entlang der Strecke.

Die Hand der Mutter zitterte, und Tränen rollten ihr über das staubbedeckte Gesicht, als sie die vier Holzperlen an sich nahm, als wären es Goldnuggets.

»Ihr hättet ihn sehen sollen«, sagte ich mit heiserer Stimme. »Nicht ich.«

»Dank dir. Das ist ein Segen. Ein gutes Omen für unsere Pilgerschaft.«

Während der nächsten Stunden im Auto sprachen wir kaum ein Wort. Vor meinem geistigen Auge sah ich die an ein Raupenfahrzeug erinnernde Vorwärtsbewegung der Familie, die sich Lhasa zentimeterweise näherte. Sie erwartete mindestens noch ein Jahr im arktischen Winter, und wohl nirgendwo sonst auf der Welt würde man ein solches Unterfangen als selbstverständlich hinnehmen. Allem Anschein nach tut man dem Körper beim Niederwerfen Gewalt an, ähnlich wie bei der Selbstgeißelung. In gewisser Weise ist es genau das. Als ich Tibeter auf offener Straße sich niederwerfen sah, empfand ich Ehrfurcht, fragte mich aber gleichzeitig »Sind sie verrückt?«. Es gilt als die löblichste Form des Reisens – die höchste Form der Unterwerfung, die den Stolz abschleift und den Körper des Pilgers mit jedem Meter des heiligen Weges entlang der heiligen Reise in Berührung bringt. Man sagt auch, es reinige den Körper, indem es seelische Blockaden in den Energiekanälen, den Meridianen, entferne, so schlechtes Karma aus der Vergangenheit beseitige und den »feinen Winden« erlaube, diese ungehindert zu passieren. Wenn die Kanäle frei sind, ist es leichter zu meditieren.

Im Vergleich zu der Familie war meine Pilgerreise luxuriös, dachte ich mir, während ich aus dem Autofenster in die Dämmerung starrte. Kurz vor meiner Abreise hatte mir eine Freundin ein Stoffsäckchen mit winzigen bunten Kristallen gegeben: »Samen der Liebe, um sie hinter sich zu verstreuen«. Ich hatte ein paar in England zurückgelassen, andere an der Chinesischen Mauer und zwischen den Terrakotta-Soldaten in Xian; ich streute ein paar in heilige Seen in Kham und auf windgepeitschte Pässe in Amdo – als Symbol für das Band der Liebe und Freundschaft, das mein Leben mit Ani verknüpfte. Mein Traum war, dass der heilige Berg Kailash zusammen mit ihr der Höhepunkt der Reise sein würde.

Ich hatte immer an Anis gut 60 Reisen durch Tibet und ihre Art zu reisen gedacht – einfach nur mit einem Bündel und einem Stock, in dem Wissen, dass sie die Strapazen des Wegs überleben würde – und begann mein eigenes Leben nach diesem Vorbild einfacher zu gestalten, wenn auch nicht immer auf sehr effektive Weise, und weniger Besitz anzuhäufen. Ich versuchte, intensiver auf meine innere Stimme zu hören, wachsamer für intuitive Bedürfnisse zu sein. Zum einen, um besser zu begreifen, wozu Ani sich verpflichtet hatte, zum anderen, um mir selbst einen neuen Kompass zu verschaffen, begann ich über die Kraft der Pilgerschaft zu lesen, die nach der großen Bedeutung, die sie im Mittelalter hatte, gegenwärtig im Westen eine erstaunliche Renaissance erlebt.

Die Tibeter sind schon seit mehr als 1000 Jahren Pilger. Hingebungsvoll durchwandern sie ihr Land und verstärken die Bindung zwischen Menschen und bestimmten Orten. Mir wurde klar, dass – welcher Tradition man auch folgt, welche Worte man auch benutzt, um die Reise zu beschreiben – letztlich alle Wege zum selben Ziel führen: einer Begegnung mit dem Göttlichen, einer Vertiefung des Glaubens an die Heiligkeit allen Lebens.

Auf der Pilgerschaft kann die »alte« Persönlichkeit einen mystischen Tod sterben und den Pilger der Befreiung näherbringen. Tibeter können ihr ganzes Leben aus dieser Perspektive betrachten – als eine Reise von »der Unwissenheit zur Erleuchtung, von der Ichbezogenheit und materiellen Sorgen zu einem tiefen Verständnis für die Relativität und das Zusammenhängen allen Lebens. Ziel der Pilgerschaft ist weniger, ein bestimmtes Ziel zu erreichen, als durch inspiriertes Reisen seine Bindungen und die gewohnte Unaufmerksamkeit zu überwinden, die verhindert, dass man sich einer höheren Wahrheit bewusst wird«.[1]

Nach der anstrengenden Reise und zwei Krankheitsattacken auf dem Weg nach Lhasa verließ ich, nachdem wir die Hauptstadt erreicht hatten, zwei Tage lang kaum das Hotelzimmer. Wenn ich es tat, dann um den Jokhang aufzusuchen. Ich war überrascht, dort massenhaft chinesische Touristen anzutreffen – drei Sommer zuvor waren sie noch außerordentlich selten gewesen. Zwei kesse Frauen, die bei Saatchi & Saatchi in Schanghai arbeiteten, erzählten mir, während sich jede eine Gebetsmühle kaufte, sie seien nach Tibet gereist, weil es so »exotisch« wäre.

Eine Gruppe chinesischer Touristen mittleren Alters, alle in den gleichen Freizeithosen und mit aberwitzig großen Kameras, drängelten sich vor, um einen Blick auf Pilger aus Amdo zu erhaschen, die unter lautem Gelächter das Weite suchten. Ich fragte mich, ob die tibetische Kultur Gefahr lief, eine Touristenattraktion zu werden wie andere sogenannte »Minderheitengebiete« Chinas, durch die wir gefahren waren – etwa Lijijang in Yünnan, wo die Naxi leben. Etwas im Stil von Disney zu werden: niedlich, bunt und chic in den Augen der sich gerade entwickelnden chinesischen Mittelschicht.

Es war nicht schwer, Tenzin aufzuspüren. Ich traf ihn in einem violetten Hardrock-Sweatshirt an. Er sah mitgenommen aus; sein Rücken war gebeugt. Unter seiner breiten, von welligem schwarzem Haar eingerahmten Stirn war sein Gesicht schmaler geworden. Im vergangenen Jahr waren wir lose in Kontakt geblieben, und ich wusste, dass er sich mit Tashi, meinem Exlover, angefreundet hatte, da nun beide als Touristenführer arbeiteten. Tenzin und ich suchten die Dachterrasse eines beliebten Cafés mit Blick auf den Barkhor auf. Sobald wir uns gesetzt hatten, fragte ich: »Hast du was von Ani gehört?«

»Ich hab sie mal in Lhasa gesehen.«

»Wie ging es ihr da?«

»Gut. Ich glaube, sie ist in ihrem Kloster. Die politische Situation ist nach wie vor nicht einfach für sie.« Er nippte an seiner Cola. »Sie tut dir gut, Drolma. Nachdem du letztes Jahr auf den Berg geklettert warst und Ani getroffen hattest, warst du ein viel netterer Mensch. Ich denke nicht, dass du das verstehst. Du bekommst viel Segen von ihr. Man sieht es deinem Körper an. Ich kann es sofort sehen.«

»Wirklich? Ich weiß nicht, was ich von ihr bekommen habe. Außer dass die paar Stunden, die wir zusammen verbracht haben, mir präsent geblieben sind. Ich möchte mit ihr gemeinsam zum Kailash pilgern.«

»Ich schreibe einen Brief für dich und helfe dir, den Transport zu organisieren.« Seine Augen bohrten sich in meine. »Drolma, nur sehr wenige Nonnen tragen so einen Hut wie Ani, das ist der Hut einer *yogini*. Nur sehr wenige können in jener Höhle meditieren. Wenn sie nicht die Kraft dazu haben, verlieren sie den Verstand.« Er zögerte. »Ich glaube, Ani und du, ihr habt eine starke Beziehung zueinander, in der Vergangenheit wie in der Gegenwart. Sie hat dir doch ihren *phurbu* gegeben, oder? Eine sehr persönliche und schöne Sache.«

»Und einen Ring.« Ich streckte meine Hand aus.

»Du musst besser Tibetisch lernen. Ich denke, sie möchte gern ohne Dolmetscher mit dir sprechen.«

»Ich versuche es ja«, jammerte ich. »Ich fange immer wieder an und gebe dann auf. Es ist nicht so leicht.«

Tenzin wirkte rastlos. Seine Knie wackelten, sein Blick wanderte ständig umher. Nach dem Vorfall im Hotel ein Jahr zuvor waren wir immer noch unsicher im Umgang miteinander. Als ich aus Tibet abgereist war, hatte er mir eine antike Tara-Figur gegeben, »für gutes Glück«, schrieb er. »Ich bin Tibeter. Es ist so schwer, meiner Verantwortung gerecht zu werden, aber in meinem Herzen tue ich es immer.«

Es fiel mir wie Schuppen von den Augen, dass ich als Ausländerin sowohl für Schwierigkeiten stand als auch für potenzielle Hoffnung – eine Rettungsleine zur Außenwelt. Seit Tenzin und ich uns vor zwei Jahren zum ersten Mal begegnet waren, herrschte zwischen uns eine ambivalente Vertrautheit. Das hatte ich auch schon an anderen Tibetern beobachtet – eine Festungsmentalität. Sie verkörperte sich auch in ihren Häusern, ihren Klöstern, ja selbst in ihrem von Bergen umgebenen Land wider, denn die Berge haben jahrhundertelang Eindringlinge ferngehalten. Gelächelt wird von der ersten Begegnung an, doch es kann viele Jahre dauern, die Tiefen auszuloten, zu verstehen, welcher Festungsgraben der Sorge sie vielleicht von uns und untereinander trennt.

Mir schien, als hätten der Raum, die Strahlkraft der Landschaft und die Lehren Buddhas den Tibetern eine Wiege des Mitgefühls in die Herzen gelegt. Doch ich musste erfahren, dass – ähnlich wie in Europa nach dem Ersten Weltkrieg – jede tibetische Familie jemanden kennt, der unter der Besatzung gelitten hat. Und auch wenn Lhasa so festgemauert schien, waren seine psychologischen Fundamente doch brüchig.

Tenzin wand sich unter meinem Blick.

»Letztes Jahr habe ich immer friedfertig mit allen Leuten gesprochen. Heute möchte ich manchmal nur kämpfen.« Er öffnete seine Tasche, um mir ein großes, glänzendes Messer zu zeigen. Er überlegte einen Augenblick lang. »Du weißt nicht, was mit Tashi passiert ist, oder?«

Ich schüttelte den Kopf.

»Die Sache wurde grotesk, Drolma. Tashi war immer betrunken, schluckte Hustensaft, um high zu werden. Probleme mit seinem Reisebüro, mit seiner Freundin. Zu viele Probleme ...« Seine Stimme erstarb, dann fuhr er betont sachlich fort: »Er hat Lhasa vor ein paar Monaten verlassen und ist nach Shigatse gefahren, um seine alte, kranke Mutter zu unterstützen. Sie kam ins Krankenhaus, und Tashi geriet in Streit mit einem chinesischen Arzt. Er griff ihn an, der Arzt verlor ein Auge.«

»Was?« Ich schnappte nach Luft.

»Der Arzt liegt mit Kopfverletzungen im Krankenhaus. Tashi ist noch in Shigatse, im Gefängnis, für drei Jahre. Er hat keine Chance, früher rauszukommen.«

Die Haarrisse, die ich drei Jahre zuvor bei ihm entdeckt hatte, waren zu Schluchten der Verzweiflung geworden. Ich erinnerte mich an seine Worte, wenn er von jemand sprach, der kurz vor dem Zusammenbruch stand. »Man crack«, pflegte er dann zu sagen. Nun fürchtete ich, dass er sich auf der gleichen Talfahrt befand.

»Vor ein paar Wochen hat ein Freund ihn im Knast besucht.« Tenzin nahm die Zigarette, die er sich hinters Ohr gesteckt hatte. »Sein Gesicht ist zerschlagen. Er hat ihm eine Nachricht mitgegeben. *Kyi-po tang.* Amüsier dich. Sonst nichts.«

Tenzin nahm mich mit in sein neues möbliertes Zimmer. Wir gingen getrennt, um bei den Nachbarn keine Aufmerksamkeit zu erregen. Der Türrahmen war abgesplittert und verbogen, weil Tashi eines Nachts betrunken und in einem Wutanfall mit der Axt darauf eingeschlagen hatte. Auf dem Boden lagen leere Brandyflaschen, in den Regalen standen *Die Prophezeiungen von Celestine*, *Die Möwe Jonathan* und Atishas *Die Lampe auf dem Weg zur Erleuchtung*.

Tenzin ließ sich auf das Bett fallen.

»Am Geburtstag des Dalai Lama ist allerhand Merkwürdiges passiert. Den Menschen wurde verboten, Opfer zu bringen, Weihrauch anzuzünden.« Seine Stimme klang verzweifelt. »Ich kann nicht frei sein, ich kann nicht unabhängig sein. Ich kann nicht ausdrücken, was ich möchte, ich kann nicht tun, was ich will.« Er schwieg und sagte dann schweren Herzens: »Und wenn du es doch tust, dann kommen sie mit Sicherheit und finden dich.«

Ich wusste, dass nur wenige Wochen zuvor, am 6. Juli, dem Geburtstag des Dalai Lama, eine große Razzia stattgefunden hatte. Die Panzer der Volksbefreiungsarmee waren aufgefahren. Familien, Schulkindern und Einzelpersonen, insbesondere tibetischen Mitgliedern der Kommunistischen Partei, war es verboten worden, Tempel zu besuchen oder zu Hause Weihrauch zu verbrennen. Videokameras filmten jeden, der sich darüber hinwegsetzte; bei Hausdurchsuchungen wurde nach Fotos des Dalai Lama gefahndet. Ich blickte aus Tenzins Fenster. Eine neue Überwachungskamera war draußen an einem Laternenmast befestigt. Ich fühlte mich ein bisschen benommen und so, als sei ich in ein Spiegelkabinett geraten, wo nichts ist, wie es scheint. Dieses Gefühl assoziierte ich nun mit Lhasa.

Ich brannte darauf, wegzukommen und mich auf den Weg zum Kailash zu machen. Mit einem poetischen Brief von Tenzin in meiner Tasche, der erklärte, »dass es unser Karma aus guten Taten in vergangenen Leben ist, zusammen zum Kailash zu pilgern«, mit einer großen Tasche, darin frisches Gemüse und Brot, brach ich zwei Tage später auf zu Anis Kloster.

Als ich mich der Ansammlung flacher Gebäude näherte, krampfte sich mein Magen zusammen. Ich erinnerte mich an Tenzins Abschiedsworte: »Bleib unauffällig.« Sicherlich hielt sich der Beamte für Religiöse Angelegenheiten mit seinem khakifarbenen Mantel noch immer im Kloster auf und registrierte jede Unregelmäßigkeit.

Zum Glück war Ani zu Hause. Eine junge Novizin wurde beauftragt, mir zu zeigen, wo über dem Haupttempel sie wohnte. Die kleinen Häuser mit Flachdächern waren wie Stufen in die felsige Seite des Tales gebaut. Jedes weiß gekalkte Häuschen war unter der Regenrinne, dem Fenster- und Türsturz rostrot gestrichen. Als wir bei Anis Haus angekommen waren, schöpfte ich erst einmal tief Atem, bevor ich die Stufen in den ummauerten Garten hinaufstieg. Zu meiner Enttäuschung war die Tür verschlossen.

»Ani ist nicht da«, rief ich.

»Sie ist nicht weit. Sie kommt gleich zurück«, sagte eine Nonne von gut 60 Jahren, die aus einem benachbarten Haus getreten war. Nach etwa einer Stunde tauchte Ani mit ein paar lehmigen Kartoffeln in der Hand auf. Sie trug ihre dicke, weinrote *chuba* und den dazu passenden spitzen Stoffhut. Um die Taille hatte sie eine pfauenblaue Schürze gebunden.

»*Lo Drolma-la, tashi delek.* Willkommen, willkommen«, sagte sie herzlich, aber ohne eine Spur von Erstaunen. Ihre Stimme klang in der klaren kalten Luft wie eine Glocke.

Sie winkte mich herein, und ich folgte ihr gebückt durch die schmale Tür, die mich an eine Hobbithöhle erinnerte. Nachdem meine Augen sich an das Dämmerlicht gewöhnt hatten, sah ich, dass ich mich in einer etwa einen halben Quadratmeter kleinen Kammer befand, die ihr als Küche diente. In einer Ecke bildete ein Kreis verkohlter Steine die Feuerstelle, wo auch einige geschwärzte Töpfe und ein torfbrauner Butterteerührer standen. Darüber, auf einem in den Fels gehauenen Regal, lagen ein großer Haufen getrockneter Yakfladen und aufgeschichtetes Holz. Schöpfkellen aus Metall, ein Wasserkrug und ein zerbeulter Kessel hingen an einem massiven Balken, der durch die Mitte des Raumes verlief.

Ein schmutziger Vorhang trennte die »Küche« vom Wohnschlafraum, der kaum die Größe eines Standardbadezimmers hatte. Auf jeder Seite befanden sich zwei Bänke, die als Betten dienten, ordentlich aufgestapelte Decken aus Yakhaar und ein paar schmuddelige Kissen. Dann standen da noch ein orangefarbener Schrank, eine riesige Truhe aus grob zusammengenähter Yakhaut und als Wichtigstes ein aus einem kleinen Schränkchen gebauter Schrein mit Fotos verschiedener Lamas. Ich erkannte Guru Rinpoche und Machig Labdron, die berühmte tantrische *yogini* und *chod*-Adeptin aus dem 12. Jahrhundert, und den bereits verstorbenen Dudjom Rinpoche, das Oberhaupt des Nyingma-Ordens. Alles war mit einem dünnen Rußfilm überzogen, auch das winzige Fenster (man baut sie so klein, um im Winter die Kälte auszusperren, sodass folglich auch kaum Sonnenstrahlen eindringen).

Ani wirbelte herum. »Drolma-la, *shu, shu*. Setz dich. Ich mache Tee.«

Bald war das Häuschen erfüllt vom bitteren, beißenden Rauch brennender Yakfladen. Ich versuchte, es mir auf ihrem harten Bett bequem zu machen, zog meinen Mantel enger um mich und sah mich in Anis kleinem Zuhause um, das vor etwa 15 Jahren mit Hilfe ihrer Eltern gebaut worden war. Sie hatten vor Ort Steine behauen und Bäume für die starken Balken gefällt. Es war eine der ersten Einsiedeleien, die an der Stelle errichtet wurden, nahe einer Quelle und hoch über dem Hauptgebäude des Klosters. Das ließ darauf schließen, dass Ani schon damals ein Leben in Einsamkeit vorzog. Es gab keinen elektrischen Strom, und als Klo dienten ein Loch in der Erde oder ein ruhiger Platz im Gebüsch.

Ich fragte mich, wie sie sich auf so engem Raum niederwarf – zwischen den Bankbetten waren nur ein paar Handbreit Platz. Nach ihrer Aufnahme in den Orden hatte sie, wie es für männliche wie weibliche Novizen üblich ist, sich den Vorbereitenden Übungen, auch *bum-shi* – wörtlich: 400 000 – genannt, gewidmet, die mit 100 000 Niederwerfungen beginnen. Über einen Monat lang vollzog Ani täglich auf einer Yakhaut am Boden 3000 Niederwerfungen. Ihre Hände bluteten, und sie verlor jedes Zeitgefühl.

»Es war schwer«, hatte sie mir erzählt. »Tagsüber fühlte ich mich ganz normal, aber nachts, wenn ich nach meiner letzten Niederwerfung aufstand, war mir so schwummerig, als sei meine Haut nicht mehr mit meinem Körper verbunden.« Es folgten 100 000 Wiederholungen des Vajrasattva-Mantras – auf Tibetisch Dorje Sempa –, die gleiche Anzahl Mandala-Opfer und schließlich 100 000 Anrufungen ihrer Abstammungslinie, auch Guru Yoga genannt.

Ich versuchte mir vorzustellen, wie man solche Phasen der Isolation in dem Häuschen aushielt, ohne Klaustrophobie oder Unterkühlung. Ich wusste, dass Anis Guru P. Rinpoche ihr nach den Präliminarien, als sie 25 Jahre alt war, aufgetragen hatte, drei Monate eingeschlossen in ihrem Haus zu verbringen. Das war ein fortgeschrittenes Reinigungsritual für die Chakren, das auch Chiksay Kundrol heißt und vom Adepten den Aufenthalt in völliger Dunkelheit verlangt. »Vor Beginn legst du ein Gelübde ab, dass du mit niemandem Kontakt haben wirst, wenn doch«, erklärte mir Ani, »kannst du verrückt werden.« Der Fensterschlitz ihres Hauses wurde abgedeckt und ein Stück angespitztes Holz vor ihrer Tür zeigte anderen an, dass sie nicht gestört werden durfte. Täglich um drei Uhr morgens begann Ani mit der Meditation in einer Holzkiste. Das tat sie viermal am Tag und gönnte sich nur Pausen für *tsampa* und Tee. Das Ganze dauerte bis Mitternacht. Nur im Schutz der Dunkelheit durfte sie hinaus, um ihre Fäkalien zu beseitigen und Wasser zu holen.

»Anfangs war es sehr schwer. Ich bekam beim Meditieren großen Hunger, mein Körper wurde schwach«, erzählte sie. »Am Ende fühlte ich mich sehr gut und leicht. Danach fiel es mir schwer, unter Menschen zu sein, schon von ihrem Geruch bekam ich Kopfschmerzen.«

Ich hörte, wie Ani nebenan Buttertee zubereitete, dann kam sie mit zwei angeschlagenen Porzellanbechern herein. Ich packte das Gemüse und die anderen Geschenke aus: Socken, eine grüne Fleecejacke und einen kirschroten Sonnenhut aus Peking. Ich hatte auch ein paar kostbare Objekte zusammengepackt: Fotos vom 17. Karmapa, heilige Medizin und ein paar Holzperlen aus meiner eigenen *mala*, die der Dalai Lama gesegnet hatte. Die ergriff sie begeistert und fädelte eine sorgfältig auf ihre eigene Gebetskette; den Rest legte sie beiseite, um sie später anderen Nonnen zu schenken.

»Ich kann keine Fotos von Seiner Heiligkeit aufbewahren. Wenn die Chinesen sie finden«, sagte sie und schlug mit der Hand in die Luft, »dann schlagen sie uns. Und sie zerreißen die Bilder.«

Ich gab ihr den Brief, den Tenzin geschrieben hatte. Sie kniff die Augen im dämmrigen Licht zusammen und folgte mit dem Finger den Worten, während sie laut vorlas. Dann breitete sich ein Lächeln auf ihrem Gesicht aus. Als sie zu den Wörtern Kailash (»Kristall«) kam, dem Berg, der auch den Namen Kangri Rinpoche (»Schneejuwel«) trug, tätschelte sie mein Knie und sprang dann voller Aufregung auf.

»*Che-rang dro toob gi dug-geh?* – Kannst du mitkommen?«, fragte ich in gebrochenem Tibetisch.

»Ja, sicher. Natürlich«, antwortete sie mit glänzenden Augen.

Sie strich mit den Händen über ihre Schürze, und als ob wir sofort aufbrechen würden, begann sie einige wenige Besitztümer in einen kleinen Stoffsack zu packen: ihr Messer mit dem Griff aus Yakknochen, eine Extra-*chuba*, den kirschroten Sonnenhut.

»Wir brauchen die Lebensmittel, die du mitgebracht hast«, sagte sie und deutete auf den Zucker und das Milchpulver. »Viel *tsampa* und Butter.« Sie zerrte einen großen Ledersack unter einem Regal hervor und nahm eine Schöpfkelle, um *tsampa* in einen anderen Sack zu löffeln. Dann faltete sie ein unappetitlich haariges Stück Yakhaut auseinander, das ihren Vorrat an *dri*-Butter enthielt. Die Butter roch stark, aber zum Glück nicht ranzig.

»*Shimbo du*«, beharrte sie. »Meine Verwandten haben sie mir gegeben; sie kommt aus meinem Nomadendorf. Sie sind gut zu mir. Wenn ich im Kloster bin, geben sie mir Geld.«

Sie sah wirklich gesund aus. In ihren Zügen lag nicht mehr der trotzige Widerstand wie im Jahr zuvor, als wir uns an dem winterlichen Ort der Himmelsbestattungen getroffen hatten. Aber vielleicht spiegelte sie auch die Jahreszeit wider: Es war Hochsommer, die Sträucher waren olivgrün, die Flüsse führten das meiste Wasser.

»Vermisst du dein Haus, wenn du nicht hier bist?«

»Nein«, sagte sie, riss einen Bissen getrocknetes Yakfleisch ab und tauchte es wie einen Keks in ihren Buttertee. »Aber ich bin immer gern zu Hause, denn dann muss ich nicht betteln.«

»Wie geht es im Kloster?«

»Die Beamten kommen nächsten Monat wieder, also muss ich weg«, sagte sie in resigniertem Tonfall. »Im Sommer sind sie nicht hier – zu viele Touristen.«

»Sogar Repressionen haben ihre Saison«, antwortete ich auf Englisch.

Sie sah mich verwirrt an.

Ich seufzte frustriert. »*Dhe kaley marey*. Mach dir keine Sorgen. Ich weiß nicht, wie ich das übersetzen soll.«

Wir unterhalten uns in einer Mischung aus tibetischen Redewendungen, benutzen dabei meinen Sprachführer, große Gesten und viel Augenkontakt. Ich seufze laut über mein unzureichendes Tibetisch. Tenzin hat recht – ich muss besser werden. Das Schweigen zwischen uns wächst, und so beginnt ein wortloser Dialog. Ich kann es gar nicht genau beschreiben – außer dass ich das Gefühl vom Nachhausekommen her kenne – und alle Fragen, die ich stellen will, lösen sich in der Freundlichkeit auf, die aus Anis Augen kommt. Wenn sie mich anschaut, merke ich, wie ich wegsehe, befangen und schüchtern.

Zwei zeitlose Tage vergingen mit immer neuen Runden von Buttertee, heißen Kartoffeln und Gemüse, von dem die Butter tropfte. Wir gingen spazieren und machten eine kleine *kora* um das Kloster. Wir nahmen den Bus, besuchten ein nahe gelegenes Kloster und stiegen auf dem Rückweg bei heißen Quellen aus, die sich bei Nomaden und Einheimischen großer Beliebtheit erfreuen. Es gab sogar einen abgeschlossenen Badebereich für Frauen.

Ani zog sich aus. Als Erstes nahm sie ihren spitzen roten Hut ab. Ihre ebenholzfarbene Haarpracht trug sie zu zwei Zöpfen geflochten, die sie um ihren Kopf feststeckte, sodass sie wie ein adrettes bayerisches Mädchen aussah. Als sie aus ihrer *chuba* schlüpfte, kam milchweiße Haut zum Vorschein – nur ihr Gesicht und ihre Hände waren sonnengebräunt. Die anderen Tibeterinnen in dem Becken reckten die Köpfe, um einen Blick auf mich zu werfen – mit Sicherheit war ich die erste westliche Frau, die sie nackt sahen. Nachdem ich mich hastig ausgezogen hatte, ließ ich mich ungeschickt ins Wasser plumpsen und schnappte angesichts der Hitze erst einmal nach Luft.

Ani rief mich zu sich, nahm die Seife und schäumte mir den Rücken ein. Anschließend rieb sie eine Hand voll kleiner Kiesel in kreisförmigen Bewegungen über meine Schultern, was wie eine sanfte Massage und ein Peeling auf tibetische Art wirkte. Eingelullt von heißem Wasser, dem Schaum und dem leisen Gemurmel der Frauen um mich herum, ließ ich meine Gedanken schweifen. Mir wurde klar, wie sehr ich Anis sensible Art schätzte. Ich überlegte mir, dass es vielleicht seltsam wirken würde, die Hand einer englischen Freundin zu halten, doch hier waren solche Gesten ganz normal. Mir gefiel die Vorstellung, dass ihr Vorbild mich ermutigte, warmherziger und anderen gegenüber offener zu sein. Nachdem ich Anis Rücken gewaschen hatte, entspannten wir uns, schauten in den Himmel, wo die Wolken dahinjagten, und kletterten dann langsam und vorsichtig aus dem Wasser. Ich saß ein paar Minuten, während sich in meinem Kopf alles drehte, und ließ mich von der kühlen Luft umschmeicheln.

Zurück in dem Häuschen, beharrte Ani darauf, dass ich in ihrem Bett schlief. Ich lag in meinen Schlafsack gekuschelt und hörte, wie sie die Wasserschalen auf dem Altar neu füllte. Ein Ritual, das sie morgens und abends vollzog. Dann zündete sie ein Räucherstäbchen an und drehte es dreimal vor dem Altar. Bevor sie sich schlafen legte, warf sie sich dreimal auf ihrem Lager nieder. Ich erinnerte mich, dass sie drei Jahre zuvor an jenem ersten Abend im Kloster Bhakha am Rand der Pemako-Täler das Gleiche getan hatte. Damals hätte ich mir nicht vorstellen können, dass die Suche nach der roten Lilie nicht nur mein Bewusstsein neu erblühen lassen würde, sondern auch der Beginn einer so ungewöhnlichen und dauerhaften Freundschaft werden sollte.

Anis Tagesablauf zu Hause beginnt vor Tagesanbruch mit dem Sprechen der Gebete. Nach dem Gesichtswaschen, Tee und *tsampa* setzt sie sich hin, um bei Kerzenschein Schriften zu studieren, bis die Sonne den Raum genügend erhellt. Jeden Monat macht sie sich an die Arbeit, einen ihrer 30 buddhistischen Texte auswendig zu lernen und zu verstehen; manche komplexe Lehren nehmen mehr Zeit in Anspruch. Nonnen, die sich immer im Kloster aufhalten, verbringen den Großteil ihrer Zeit mit dem Auswendiglernen von Schriften (und werden von ihrem Lehrer bestraft, wenn sie zu langsam sind; früher »sogar mit dem Stock«). Anis Schwerpunkt bildet jedoch die Meditation, und ihr Tag ist unterteilt in Phasen der Kontemplation, Essenspausen und Zeit zum Plaudern mit anderen Nonnen.

Je nach aktuellen religiösen Festen und ihren eigenen Neigungen wählt sie bestimmte Gottheiten, über die sie meditiert. Die Grüne Tara hilft beim Erzeugen von Mitgefühl; Vajrasattva (Dorje Sempa) beseitigt Hindernisse; die Weiße Tara steht für Langlebigkeit und Guru Rinpoche für eine gute Wiedergeburt. Sie hat auch ihre eigene *yidam* – die persönliche Meditationsgottheit –, die ihr Guru ihr genannt hat. Es ist die Vereinigung von Hayagriva und Vajrasattva Chintamani (auf Tibetisch Tamdrin und Dorje Pagmo oder kürzer Tawa Yab Yum), die man auch als »das wunscherfüllende Juwel, die mit dem Pferdehals« und »Vajra Sow« bezeichnet. Dies war die wichtigste Meditationsgottheit des berühmten osttibetischen Lama Shabkar (1781–1851), der auch ein wandernder Eremit war.

Shabkar Tsogdruk Rangdrol wurde unter den Nyingma-Yogi in Amdo, der entlegenen Nordostprovinz Tibets, geboren. Diese waren berühmt für ihr oft 1,80 Meter langes Haar, das sie auf dem Kopf aufgedreht trugen. Sie trafen sich zu Tausenden zu gemeinsamen Meditationen und Ritualen. »Sie wurden vielfach bewundert und manchmal wegen ihrer magischen Kräfte gefürchtet.«[2] (Bis ich es ihr gegenüber erwähnte, wusste Ani seltsamerweise nicht, dass sie den gleichen – und ungewöhnlichen – *yidam* hatte wie Shabkar.)

Ein *yidam* ist eine Art Archetyp, mit dem sich der Gläubige während des Meditationsprozesses identifiziert. Gottheiten sind subtile

Manifestationen des Geistes, und da es schließlich wütende und gelassene Menschen gibt, existieren auch zornige wie mitleidige Gottheiten. Ein aggressiver Mensch benötigt vielleicht einen zornigen Gott, um seine Wut in Weisheit zu verwandeln. Im Laufe der Zeit und durch Hingabe soll es dem Gläubigen angeblich gelingen, die erleuchteten Züge der Gottheit, die ja ihre eigenen erleuchteten Kräfte repräsentiert, anzunehmen.

Die nächste Stufe nach der *yidam*-Praxis ist die Meditation über die Natur des Geistes. Dabei bewegt man sich von *kye rim* oder der Erhebenden Stufe zu der fortgeschrittenen *dzog rim* oder Stufe der Perfektion, was Ani gerade tut. Das ist, wie sie sagt, nicht nur komplexer, sondern »geheim«, und die Gläubige legt in Anwesenheit ihres Lamas ein Gelübde ab, nichts, was sie erfährt, zu offenbaren, nicht einmal anderen Nonnen. Später erzählte sie mir: »Wenn Nonnen die Schriften gut kennen, sprechen sie nicht darüber, denn das könnte zu Stolz und Neid führen.« Sie berichtete mir auch, dass sie nie einen Streit gehört hätte, in der ganzen Zeit im Kloster nicht. »Wenn die Menschen eifersüchtig sind, dann zeigen sie es nicht. Sie hüten es in ihren Herzen.«

Da Ani dem Kloster nicht mehr offiziell angehört – nachdem sie im Zuge der »patriotischen Erziehungskampagne« ausgestoßen wurde –, ist sie nicht verpflichtet, an einer der monatelangen Zeremonien mit 24-stündigen Gebeten im Kloster teilzunehmen, obwohl sie sich an den Gemeinschaftsarbeiten beteiligt. Manche Nonnen, meist Dorfbewohnerinnen ohne Schulbildung, kommen ins Kloster, weil sie hoffen, dort eine gute Ausbildung zu erhalten. Die meisten sind dort »aus positiver Motivation und wegen ihres Wunsches, dem spirituellen Weg zu folgen, nicht weil es ein leichteres Leben ist. Sie haben keine Angst vor harter Feldarbeit und nehmen das Nonnengewand nicht, um sich davor zu drücken«. Unter der Vorsteherin des Klosters, die von allen Nonnen gewählt wird, sind sechs führende Nonnen tätig, die den anderen sagen, welche religiösen Übungen sie absolvieren sollen.

Einmal im Jahr sucht Ani ihren Lama auf, der sie religiös unterweist, aber sie verbringt nicht gern »Zeit im Kloster in der Gesellschaft von Mönchen, denn die Leute könnten hinter meinem Rücken über mich reden«. Wenn Ani Anweisungen zu ihren religiösen Übungen erhalten hat, entscheidet sie, wo sie praktizieren möchte. Sie folgt dabei der Tradition wandernder Eremiten, es ganz für sich allein zu tun.

13

Reise zum heiligen Berg

Ich wusste, dass es nicht ganz einfach sein würde, zum Berg Kailash zu reisen – Hindernisse gehören zum Weg eines Pilgers. Seit Jahrhunderten Anziehungspunkt für yogis und Forschungsreisende, westliche Wissenschaftler und Suchende, ist der Berg vier Religionen heilig: Buddhisten, Bön-Anhänger, Hindus und Jains verehren ihn als Sitz ihrer Götter. Aus ungeheuren Weiten machen sich Pilger auf, um zum »Nabel der Welt« zu gelangen, in der Hoffnung, sie würden von ihren Sünden gereinigt und erlangten Erleuchtung. In früheren Zeiten bewachten die Tibeter ihn so streng, dass sie, wenn ein Fremder in der Nähe des heiligen Bergs aufgegriffen wurde, den verantwortlichen Dorfvorsteher hinrichten ließen. Die mächtige Gestalt des Bergs macht sicher einen Teil seiner Anziehungskraft aus. Er ist 55 Millionen Jahre alt und wird schon in Aufzeichnungen aus Mesopotamien, die man auf die Bronzezeit datiert, erwähnt.

Wieder zurück in Lhasa, vergingen die Tage mit der Planung unserer Pilgerreise. Ich war auch auf der Suche nach anderen Leuten aus dem Westen, die mitkommen und sich an den Kosten beteiligen würden. Mein anfänglicher Enthusiasmus schwand, als nichts voranging, und ich fühlte mich wie in einem Sog gefangen. Umgeben von hohen Bergen, isoliert vom Rest der Welt, kann Lhasa schon gefährlich beklemmend wirken. Ich suchte nach Ausflüchten, warum wir nicht aufbrechen sollten: die schlimmsten Überschwemmungen seit 20 Jahren, die die südliche Route unpassierbar machten, die Kosten, der Kampf mit der Bürokratie.

Ich hatte die lange Odyssee, die ich hinter mich bringen musste, um die nötigen Papiere zu erhalten, nicht vorhergesehen, und dabei ging es nicht um mich, sondern um Ani. Da der Berg so nah an der nepalesischen Grenze liegt und auf einer Route, die Tibeter nutzen, um über den Himalaja ins Exil zu flüchten, muss ein Tibeter eine spezielle Inlandsreiseerlaubnis beantragen. Als »illegale« Nonne besaß Ani keine Ausweispapiere. Und ohne die gab es kein Permit.

Ein japanischer Forscher auf der Suche nach präbuddhistischen Pyramiden bot mir an, mich mitzunehmen, machte allerdings einen Rückzieher, als er hörte, dass ich in Begleitung einer tibetischen Nonne reisen würde. Eine verrückte junge Deutsche beharrte darauf, dass wir alle per Anhalter fahren sollten (was Ausländern in Tibet verboten ist). Im Restaurant »Tashi 1« traf ich auf einen ganzen Tisch potenzieller Kailashpilger. Doch nachdem es eine Dreiviertelstunde dauerte, die Rechnung auseinanderzudividieren, beschloss ich, dass Ani und ich allein reisten.

Weil es für sie sicherer wäre, wenn sie unterwegs nicht als Nonne erkennbar war, ging Ani eines Morgens auf den Barkhor-Markt und kaufte sich eine dunkelviolette *chuba*, aus unerfindlichen Gründen allerdings eine Nummer zu groß. Zurück im Hotel sagte sie, sie wolle sie anprobieren und mir zeigen, vorher aber die heiße Dusche nutzen – eine Neuerung, die sie sehr genoss. Danach setzte Ani sich auf den Balkon, um ihr Haar auszukämmen. Sie entwirrte die verfilzten Strähnen mit ihrem verkrusteten schwarzen Kamm, den sie schon damals in Pemako besessen hatte.

Sie hatte erzählt, wie gern sie als junges Mädchen ihr Haar gebürstet und ihren Freundinnen erklärt hatte, »wie man sich hübsch anzieht, sein Gesicht sauber hält und einfach gut aussieht«. Damals war sie »dünner, mit rosigeren Wangen, im Ruf einer Spaßmacherin, immer singend – und mit den Gedanken irgendwo«. Ich war froh, dass sie sich ihr scherzhaftes Wesen und eine Spur von Eitelkeit bewahrt hatte. Als sie mit sich zufrieden war, probierte Ani ihr neues Outfit an, inklusive rotem Sonnenhut und grüner Fleecejacke.

»Aaah, oooh, Drolma«, klagte sie. »Diese *chuba* ist zu groß. Sie gefällt mir nicht.«

»*Nying jepo du.* Du siehst wunderbar aus«, versicherte ich ihr, konnte aber kein ernstes Gesicht dazu machen.

»Du schwindelst. Sie ist mir zu groß.« Sie kicherte und machte vor, wie zwei Leute hineinpassen würden. Während sie durch das Hotelzimmer stolzierte, sang sie »Nicht eine Ani, zwei Anis«. Darüber mussten wir beide hemmungslos lachen.

Am nächsten Tag nahm sie mich mit zu einem Besuch bei ihren alten Freunden Pema und Pasang, die die winzige Schule führten. Als ich Pema 1997 kennengelernt hatte, war sie Nonne gewesen. Drei Jahre später hatte das Paar einen kleinen Sohn. Weil es ihr peinlich war, darüber zu sprechen, versicherte Ani mir nur, dass sie »sehr gute, sehr freundliche Menschen« seien, was ich schon an ihrem Engagement für die Schule sehen könne. (Es erzeugt unvermeidlich schlechtes Karma, wenn man als Mönch oder Nonne sein Gelübde bricht. In einem buddhistischen Text heißt es dazu: »Die Nonne, die vom rechten Weg abkommt, wird in diesem Leben verachtet und stürzt im nächsten in die Hölle.«[1] Im gegenwärtigen Tibet kommt so etwas aber häufig vor.)

Ani wollte den Nachmittag mit Pema verbringen, also besuchte ich den Jokhang-Tempel, zu dem Pilger seit mehr als einem Jahrtausend reisen und jeden Ziegel, jeden Farbtupfen dort mit einer besonderen, greifbaren Inspiration versehen. Wenn ein Tibeter sich dem Jokhang nähert, tut er dies nie direkt. Zuerst umkreist er die Stadt auf dem äußeren Umrundungsweg der Pilger, macht bis zu drei *koras* auf dem Barkhor, dem mittleren Umrundungsweg, und ist erst dann bereit, den Tempel zu betreten. Als ich den Innenhof betrat, war ich überwältigt vom vertrauten süßlich-öligen Geruch brennender *dris* aus Hunderten flackernder Butterlampen. Innerhalb der dicken Mauern der Anlage schlängelt sich ein Kreis aus Gebetsmühlen durch die massiven roten Holzsäulen. Ich strich mit der Hand über die Buchstaben *Om Mani Padme Hung*, die in die ramponierten Mühlen graviert sind, und genoss die Ruhe, die mit dem Ritual einhergeht.

Das unter dem König Songtsen Gampo, dem Gründer Lhasas, im siebten Jahrhundert erbaute ursprüngliche Gebäude wurde im Laufe der Jahrhunderte zerstört und steht heute drei Stockwerke hoch mit einem Labyrinth aus blutroten Räumen mit Schreinen und dem von einer schweren Metallkette geschützten Allerheiligsten – dem juwelengeschmückten und strahlenden Jowo-Buddha. Die ursprüngliche Statue wurde während der Kulturrevolution zerstört, als die Rote Armee Jokhang als Getreidesilo und Schweinestall nutzte.

Ich blieb stehen und betrachtete ein verblichenes Fresko, als sich ein junger Mönch neben mich stellte.

»Hallo. Zum ersten Mal im Jokhang?«

»Nein«, antwortete ich vorsichtig.

»Sie sehen tibetisch aus. Sind Sie Buddhistin?«

»Na ja, irgendwie schon«, sagte ich und umklammerte meine *mala*.

»Wollen Sie Führung?«

Bevor ich etwas erwidern konnte, zeigte der Mönch auf das Bild vor uns. »Das ist Manjushri, Buddha der Weisheit«, sagte er. »Achten Sie auf die Augen, wenn Sie vorbeigehen.«

Während ich ihm nachging, war ich erstaunt, wie die Augen mir zu folgen schienen. Der Mönch wartete mit einem erwartungsvollen Grinsen auf mich. Er sprach Englisch in Lehrbuchsätzen, die wie ausgeschnitten klangen, und runzelte die Stirn, während er sich bemühte, die Wörter in die richtige Reihenfolge zu bringen.

»Gut, oder? Buddhaauge sieht alles. Er folgt Ihnen. Ich bin Hüter des Schreins von Guru Rinpoche – kommen Sie, sehen Sie.«

Ich wurde von dem jungen Mönch, dessen ovales Gesicht und leicht spitze Ohren ihm etwas Elfisches verliehen, die Treppen hinaufgeführt. Während er den Zipfel seines safranfarbenen Gewands über die Schulter warf, erzählte er mir, sein Name sei Lobsang und er habe »inji-Freunde aus Welt aller«. Englisch lerne er an einer Abendschule. Zusammen mit 30 anderen Studenten, darunter 20 Mönche und Nonnen. »Sie wollen Englisch lernen, damit sie injis die wahre Geschichte Tibets erzählen können«, sagte er mit sichtlichem Stolz.

Lobsang lud mich nach oben zum Tee ein. Wir stiegen über noch mehr wackelige Stufen auf das Tempeldach und durchquerten ein Labyrinth von Korridoren, bis wir zu seinem geräumigen Zimmer kamen. Licht fiel durch ein Fenster auf ein Sofa, auf dem eine dicke, dunkelrote Decke lag. Außerdem waren dort eine Tafel mit sorgsam geschriebenen englischen Wörtern, ein kleiner Tisch, auf dem halbvolle Holzbecher standen mit erstarrtem Buttertee, und entlang einer ganzen Wand ein riesiger glitzernder Schrein. Hinten lagen zwei kleine Schlafräume, jeder mit einem Bett, wo er und ein anderer Mönch schliefen.

»Gemütlich mach«, sagte er und zeigte auf das Sofa. »Ich hole Tee.«

»Bist du sicher, dass ich mich hier aufhalten darf?«, fragte ich.

»Kein Problem. Hier waren schon früher injis.«

Wenn ich sein Quartier mit Anis ärmlicher Einsiedelei verglich, wurde mir der enorme ökonomische Unterschied zwischen Männer- und Frauenklöstern deutlich. Immer schon waren die Klöster der Mönche finanziell bessergestellt gewesen; das galt insbesondere für so wichtige Heiligtümer wie dieses. Das Ganze spiegelte aber auch den zweitrangigen Status wider, den Nonnen in der tibetischen Gesellschaft innehatten. Ein lauter, durchdringender Klingelton riss mich aus meinen Gedanken. Es war Lobsangs

201

Mobiltelefon, das er geschickt aufklappte, um den Anruf entgegenzunehmen.

Lobsang war mit 17 ins Kloster eingetreten, weil er »schöne Kleider und spielen und kein Bauer sein wollte«. Er war eines von elf Geschwistern und hatte einen eineiigen Zwillingsbruder, der als Mönch in Indien lebte. Lobsang erzählte mir, dass sie beide zwar seit acht Jahren getrennt seien, aber immer noch dieselben Träume hätten. Sein älterer Bruder arbeitete in einem nahe gelegenen Restaurant und war nicht glücklich darüber, dass Lobsang sich mit Leuten aus dem Westen anfreundete. »Er ermahnt mich immer, vorsichtig zu sein«, sagte er und griff nach seinem Holzbecher mit Buttertee. »Wenn ein Tourist mir politische Fragen stellt, antworte ich ihm wahrheitsgemäß. Das ist in Tibet gefährlich.«

Wir verabredeten, uns zusammen mit Ani in einem kleinen Teeladen gegenüber vom Jokhang zu treffen, den die Mönche nach den Tempelstunden gern aufsuchten. Er kam in Jeans, beigefarbenem Cordhemd, auf dem Kopf eine Baseballkappe aus Leder.

»Es ist besser, kein Mönchsgewand zu tragen, wenn ich Ausländer treffe«, erklärte er und ließ sich auf einen freien Stuhl fallen. »Wenn's Probleme gibt, verhaftet die Polizei die Mönche immer als Erste.«

Als klar wurde, dass Ani seinen älteren Bruder kannte – und ihm vertraute –, fragte ich vorsichtig, ob er uns vielleicht helfen könnte, ihr einen Ausweis zu besorgen. Tenzin hatte zugesichert, sein Möglichstes zu tun, um Ani eine Reisegenehmigung für das Inland zu besorgen, sofern wir ihm einen Ausweis mit Foto zur Verfügung stellen konnten.

»Ja, kein Problem«, sagte Lobsang. »Es dauert nur ein bisschen Wenn du den Ausweis hast, ist das der erste Schritt, um Tibet zu verlassen. Besser, du geht es richtig an, legal.« Nachdem er sich umgesehen und vergewissert hatte, dass niemand uns belauschte, fuhr er in gedämpftem Ton fort: »Wenn du flüchten willst, dann warte bis zum Winter, wenn mehr Tibeter hin und her reisen. Jetzt ist es praktisch unmöglich, zu große ...«

»Ich glaube nicht, dass sie flüchten will, Lobsang«, unterbrach ich ihn. »Wir brauchen nur Ausweispapiere für den Kailash.«

Er sah mich an und fragte dann Ani etwas auf Tibetisch. Angst stand in ihrem Gesicht.

»Ich habe Angst zu gehen. Ich möchte es, aber ich möchte nicht ...« Sie kreuzte ihre Handgelenke, als ob sie gefesselt seien. »Ich habe schon oft gehört, wie gefährlich die Flucht ist. Leute sind in Flüsse gestürzt, haben sich im Schnee verirrt oder, noch schlimmer, wurden von der chinesischen Polizei geschnappt. Wenn ich als Nonne geschnappt werde, was wird dann aus mir?« Sie fasste sich und sagte traurig: »Selbst wenn ich ginge, hätte ich Seiner Heiligkeit dem Dalai Lama nichts anzubieten. Ich wäre in allem von ihm abhängig.«

Lobsang und ich tauschten Blicke aus.

»Würdest du gehen, wenn du könntest? Wenn du es legal tun könntest?«, fragte ich behutsam, und Lobsang übersetzte.

Sie spielte an ihrem Ring und senkte die Augen.

»Es ist nicht mein Schicksal, nicht mein Karma, fortzugehen.«

Anfang Oktober verließen wir Lhasa im Morgengrauen mit fünf Unterschriften und vier Stempeln diverser Regierungsstellen auf Anis Reisegenehmigung für das Inland. Tenzin hatte einen Fahrer namens Pemba gefunden, der keine Fragen stellte und damit einverstanden war, nur Ani und mich ohne den eigentlich obligatorischen tibetischen Tourguide mitzunehmen. Außerdem verzichtete er auf die an sich ebenfalls obligatorische ausländische Reiseerlaubnis für mich, die so viel Geld kostete, dass ich sie mir nicht leisten konnte. Pemba versicherte mir, er kenne die Strecke und würde mich um alle

203

militärischen Kontrollpunkte, wo die Permits kontrolliert werden, herumlotsen. Ich erzählte ihm, Ani sei meine Köchin.

Nach einem Tag auf der holprigen, aber großspurig »National Highway 219« benannten Straße wurde die Landschaft karg und der Asphalt von den monsunartigen Regenfällen löchrig. Die Reise war eine Achterbahnfahrt über Bergpässe, die von Mal zu Mal höher wurden. Die Benzinkanister hinten im Wagen sprangen gefährlich hoch – da es im Westen Tibets keine Tankstellen gibt, mussten wir unseren gesamten Treibstoff mitnehmen. Der Landcruiser, in dem wir fuhren, war ein älteres Modell ohne Klimaanlage oder Radio. Alle paar Stunden blieb der Wagen stehen, und erst wenn Pemba unter der Motorhaube herumgestochert hatte, setzten wir die Fahrt fort. Er war ein kleiner, drahtiger Mann, der einen gestutzten Schnurrbart trug und unvermittelt lyrische Lieder anstimmte. In seinen Augen hatte er ein stählernes Glitzern, das ihm etwas Verbissenes gab.

Laut ihrem neuen Ausweis war Ani eine 35-jährige Laiin. Ich dachte, das Tragen ihrer neuen pflaumenblauen *chuba* würde ihr ein ungekanntes Gefühl von Freiheit vermitteln. Sie konnte auch ihre Haare mit einem blauen statt dem für Nonnen vorgeschriebenen roten Band zusammenbinden. Sie konnte tanzen und inkognito, ohne Angst vor der Polizei reisen. Ein paar Jahre später erzählte mir Ani eine ganz andere Version unseres Aufbruchs. Sie sagte, die Schwierigkeiten beim Besorgen ihrer Papiere hätten ihr »die Missachtung der Menschenrechte in Tibet wieder ins Bewusstsein gebracht. Die Volksrepublik China behauptet immer, Tibet ist offen für die Weltgemeinschaft. Tatsächlich steht es nur Touristen offen. Freiheit für die Tibeter selbst existiert nicht. Wir können nicht aus- und nicht einreisen, wir können uns im eigenen Land nicht frei bewegen. Wir sind gefangen wie ein schöner Vogel in einem Käfig.«

Unsere Route zum heiligen Berg Kailash führte uns durch die im Zentrum Tibets liegende Region U-Tsang, über die Stadt Shigatse und die Straßendörfer weiter westlich von Lhatse und Saga. Die »Zivilisation« – ein paar Häuser aus Naturstein – ließen wir rasch hinter uns. Vor uns verlief die Straße unter einem ungeheuren saphirfarbenen Himmel ins Unendliche. Wir fuhren parallel zum seidig grünen Tsangpo, der seine Quelle am Berg Kailash hat. Ebenso wie drei andere Flüsse: Indus, Sutlej und Karnali (einem Hauptzufluss des Ganges). Pemba trommelte aufs Lenkrad und besang den Tsangpo wie eine Geliebte mit einer Serenade. Ani saß auf der Rückbank und murmelte im Rhythmus ihres Atems Mantras. Nun lag ein glückliches Lächeln auf ihrem Gesicht. Sie befand sich auf ihrer zweiten Pilgerreise zum Kailash. Bei ihrer ersten war sie mit Pilgern auf einem Lastwagen mitgefahren, mit trockenen, blutenden Lippen und brennendem Gesicht. »Tagsüber brannte die Sonne so heiß wie ein Kessel, nachts war es so kalt, dass einem die Tränen gefroren.«

Im Laufe der folgenden Tage durchquerten wir Flüsse, die sich durch die Schneeschmelze in reißende Gewässer verwandelt hatten. Wir sahen Herden wilder Esel und Hirschrudel, die durch die karge, baumlose Landschaft zogen. Hasen sprangen auf, und braune Adler mit flauschigen »Hosen« kreisten in der Thermik. Am Nachmittag überflutete goldenes Licht die Ebenen, bevor urplötzlich die Nacht hereinbrach und uns – riesig und unendlich – die Milchstraße sehen ließ.

An den Kontrollpunkten des Militärs hatte ich keine Schwierigkeiten. Als wir einmal angehalten wurden, akzeptierte ein junger chinesischer Soldat meinen Reisepass (den er verkehrt herum hielt) als Permit. Manchmal übernachteten wir in einfachen Gasthäusern mit schrecklichen Toiletten, die praktisch nur aus einer offenen Senkgrube bestanden, und teilten uns zu dritt ein Zimmer. Ich sorgte mich, ob es Ani etwas ausmachen würde, mit Pemba in einem Raum zu schlafen, aber sie sagte, sie sei viel Schlimmeres gewöhnt. Bald plauderten die beiden wie alte Freunde, und als er das mit ihrem gefälschten Ausweis herausfand, spottete er: »Ich wusste es. Du kamst mir gleich nicht wie eine echte Köchin vor.«

Im Spaß taufte Pemba Ani *ma-chen nyonpa* – verrückte Köchin. Ich fragte mich immer wieder, ob ihre offensichtliche Verwilderung – ihr Haar und ihr unbezähmbares Gelächter – auf die langen Phasen zurückzuführen war, die sie allein in Höhlen zugebracht hatte. Wahnsinnig war sie aber nicht, ganz im Gegenteil. Ihre übertrieben komischen Gesten standen eher in einer langen und respektablen buddhistischen Tradition, die auch »verrückte Weisheit« genannt wird. Der Kagyü-Lama Chögyam Trungpa, einer der Ersten, die den tibetischen Buddhismus umfassend im Westen verbreiteten, beschreibt verrückte Weisheit als »einen unschuldigen Geisteszustand, der die Eigenschaften eines frühen Morgens aufweist – frisch, sprudelnd und hellwach«.[2]

Yakhaarzelte standen über das karge Weideland verstreut, und wenn wir anhielten, um Buttertee zuzubereiten, drängten sich verhärmt aussehende Nomadenkinder um uns. Ihr rötliches Haar wies auf Mangelernährung hin. Ani verteilte Brot an sie, bevor sie sich auf die Suche nach getrocknetem Yakdung machte, den wir als Brennmaterial benötigten. »Za ge? Sha? Isst du Fleisch?«, fragte Ani später ein Nomadenmädchen mit Glöckchen. Das Kind griff hungrig danach und sah dann Ani zu, wie sie in ihrer hölzernen Rührtrommel Buttertee zubereitete. Ani saß in der Hocke und tauchte den Stock im gewohnten Rhythmus ein, drehte ihn im Uhrzeigersinn und goss dann Tee in unsere Metallbecher – jeder von uns besaß einen. Wir hatten sie speziell für diese Reise angeschafft.

»Hahaha«, ließ Pemba erfreut verlauten und blies in seinen Tee. »Danke, *ma-chen nyonpa!*« Am vierten Tag fuhren wir durch Wüste, den in Stufen abfallenden Himalaja zu unserer Linken. Neben Sanddünen, die wie Skulpturen aussahen, machten wir Rast. Mein Mund war trocken wie Sandpapier, und ich war froh, dass ich aus dem

Auto steigen konnte, denn bei der Fahrt wurden uns alle Knochen im Leib durchgeschüttelt. Pemba und Ani flitzten oben auf die Düne, und von der Spitze winkte Ani wie ein tausendarmiger Chenresig. Ich folgte ihnen und jaulte angesichts der Weite und kargen Schönheit wie ein vom Tod kündender Geist.

»Was sind doch alle für Kindsköpfe«, johlte Pemba und machte sich Rad schlagend wieder auf den Weg hinunter.

In einer so atemberaubenden Landschaft war der Zeitpunkt genau richtig für einen grässlichen Becher Tütensuppe. Wenn ich mir unsere Essensvorräte ansah – *tsampa*, Porridge, Brot, irgendwelche dubiosen chinesischen Kekse und ein paar Beutel mit Äpfeln –, konnte ich nur seufzen: In Tibet Vegetarier zu sein ist niemals leicht. Nach dem Mittagessen wollten Ani und Pemba die Plastikbecher vergraben. Ich bestand darauf, sie mitzunehmen.

»Daraus wächst ein Suppenbecherbaum«, neckte Pemba mich.

»Nein. An einem so schönen Ort können wir keinen Müll zurücklassen. Ani, versteh das doch.«

Aber das tat sie nicht. Müll wegwerfen – außer in ein Feuer, was die Geister der Elemente verärgern konnte –, das verstieß gegen kein buddhistisches Gebot. Gegen meine Überzeugung ließ ich die Becher dort – so wie andere ihre Becher, Plastiktüten und Berge leerer Bierflaschen, die Tibet heute verschmutzen.

Da mein Tibetisch sich langsam verbesserte, konnten wir alle miteinander kommunizieren. Ich brachte Ani einige Worte Englisch bei, deren Aussprache ihr unheimlich schwerfiel. Da wurde *crazy* zu *kwasiii* oder *driver* zu *dwaivvar*. Pemba machte des Öfteren seinem Zorn über die Chinesen Luft, oder er gab unterhaltsame Anekdoten von seinen Reisen zum Besten. Ich erzählte ihm, dass ich eines Tages ein Buch über Tibet schreiben wollte. Das sorgte für eine heftige, unerwartete Reaktion. Er reckte die Faust in die Höhe und brüllte: »*Boepa Rangzen!* Free Tibet!«

14

Auf den Spuren eines Mystikers

Fünf Tage und knapp 1000 Kilometer später waren wir am Zugang zum Berg Kailash, den Gebetsfahnen in allen Farben vor kreideblauem Himmel schmückten. Der pyramidenförmige Gipfel mit seinen 6714 Metern war von weichen goldenen Wolken halb verdeckt. Pemba vollführte einen kleinen Freudentanz, Ani hatte die Augen im Gebet halb geschlossen, und ich jubelte.

»We've arrived – wir sind da«, rief ich.

»Vivv awwived«, wiederholte Ani und wandte sich an Pemba. »*Drolma nying jepo du. Inji pumo.* Sie ist sehr schön. Sie kommt aus England.«

Am Fuß des Berges liegt der See Manasarovar. Er schimmert in einem überirdischen Blau und wird von den Hindus als See der Götter verehrt. Ganz in der Nähe befindet sich auch der See der Dämonen – Rakshas Tal. Auf der verschneiten Südseite des Berges gibt es eine deutliche Schliere, die sogenannte Himmelsleiter. Der Legende nach soll sie vom Bön-Schamanen Naro Bonchung stammen, als er, nachdem er im Kampf dem buddhistischen Yogi Milarepa unterlegen war, vom Gipfel stürzte. Die Überlieferung besagt auch, dass er der erste und einzige Mensch gewesen ist, der je den Gipfel bestiegen hat – eigentlich gilt der Kailash als zu heilig, um vom Fuß eines Menschen betreten zu werden. (Milarepa soll hinaufgeflogen sein.)

Wir trafen bei Sonnenuntergang am Kloster Chiu ein, das auf einer Erhebung über dem Manasarovar steht. Der See schimmerte im Abendlicht. Ein freundlicher Mönch mit roter Nase begleitete uns ins nahe Gästehaus, und wir aßen alle zusammen Reis und Kohl –

das reinste Festmahl, nachdem wir tagelang nur *tsampa* und Tüten-suppe verzehrt hatten.

Am nächsten Morgen stellte sich uns ein Sadhu – ein frommer Hindu – mit schwarzem Bart, einem knappen Gewand aus safran-gelber Baumwolle, ockerfarbenem Schal und Flipflops höflich als Arun vor. Wir saßen gemütlich auf den mit Wolldecken bedeckten Sofas im Gemeinschaftsbereich, wo auch die Mahlzeiten einge-nommen wurden, als ich ihn fragte, was er beruflich machte.

»Ich bin ein Wahrheitssuchender«, erwiderte er in perfekt artiku-liertem Englisch. »Ich bin auf der Suche nach dem Unbekannten.«

Als ich diese Worte vernahm, erschauderte ich. Sie riefen mir je-nen Satz in Erinnerung, den ich drei Jahre zuvor in meiner Wohnung in Brixton gelesen hatte: »sich dem Unbekannten ergeben«. Seit damals hatte ich häufiger Situationen erlebt, in denen ich durch scheinbar unbekannte Gewässer segelte. Oft fragte ich mich, wa-rum ich immer wieder nach Tibet zurückkehrte, warum ich mich so sehr nach Antworten sehnte. Dass ich Arun kennenlernte, gab mir das Gefühl, auf dem richtigen Kurs zu sein. Bei zahllosen Tassen süßen Tees erzählte er mir von seiner lebenslangen Pilgerschaft und vier vorangegangenen Besuchen des Kailash.

»Als ich noch jünger war, bin ich in London gewesen und mit ei-nem Interrail-Ticket durch 16 europäische Länder gereist«, sagte er. »Dann entsagte ich meiner Familie und meinem Zuhause und weihte mein Leben der Erkundung dessen, was hinter dem Verstand liegt, im Reich des Geistes. Jetzt besitze ich eine größere Familie – die Welt.«

Er sah mir ins Gesicht, in seinen Augen standen Tränen. »Es gibt keine andere Wahrheit als die, die in unseren Herzen liegt«, schwärmte er. »Wahr ist nicht das, was ist. Vielmehr öffnet dir das Verständnis für das, was ist, das Tor zur Wahrheit. In Wirklichkeit brauchen wir keinen Berg zu besteigen und keinen See zu umrunden, sondern uns nur nach innen zu wenden. Die Wahrheit befindet sich nicht an irgendeinem fernen Ort, sondern besteht darin, sich selbst zu kennen.«

Das war wie ein Echo der Worte des Dalai Lama – wonach die Pilgerschaft an sich unnötig ist –, und das wirklich Wichtige an einer heiligen Reise war die innere Einkehr. Trotzdem, so überlegte ich mir, ist für die meisten von uns – wie auch für Scharen von Mystikern und wandernden Yogis, die es zum Kailash zieht oder zog – die äußerliche Reise unabdingbare Voraussetzung für einen inneren Wandel. Das tibetische Wort für Pilgerschaft, *neykhor*, bedeutet wörtlich: »einen heiligen Ort umrunden«. Peter Gold schreibt dazu: »Während man einen heiligen Berg umrundet, nimmt man Verbindung auf mit dessen seelisch-geistiger Energie und tritt durch die Kraft der Vorstellung in dessen ideales Universum ein.«[1] Diese Meditation während des Gehens beruhigt den Geist, erlaubt Pilgern, mit dem Geist des Ortes in Kontakt zu treten und das eigene stille Zentrum in sich selbst zu finden.

In der Morgendämmerung des nächsten Tages brachen wir zum heiligen Berg auf. Über Nacht war das Kühlwasser eingefroren, und nach wenigen Kilometern fiel der Motor wegen Überhitzung aus. Wir blieben bei einem Teehaus stehen, und Pemba machte sich daran, den Wagen zu reparieren. Draußen auf der nackten Erde war gerade ein Schaf geschlachtet worden. Sein Gedärm, die Galle und Kot lagen überall verstreut und verursachten mir eine leichte Übelkeit. Zu meinem Schrecken wollte Pemba ein Feuer unter der Motorhaube entzünden, um das Kühlwasser aufzutauen. Er versicherte mir, das sei die tibetische Methode. Ungeduldig lief ich auf und ab. Wundersamerweise taute der Kühler auf, ohne zu explodieren, und Pemba fuhr mit uns in hohem Tempo durchs holprige Gelände. Erschrockene *kiang* sprangen davon, und ein Fuchs nahm Reißaus, als wären wir gekommen, ihn zu jagen und sein Fell zu einer Wintermütze zu verarbeiten. Mit der aufgehenden Sonne verwandelte sich die Landschaft in einen Rausch aus Flieder, Lavendel, weichen Kupfer- und dunklen Brauntönen.

Eine *kora* um den Kailash soll von den Sünden eines ganzen Lebens reinigen, 108 sichern angeblich das Ticket ins Nirwana. Manche Tibeter schaffen die 55 Kilometer an einem einzigen Tag. Die meisten aus dem Westen benötigen drei. Der schwierige Weg führt über einen 5723 Meter hohen Pass, den Drolma La, dann hinunter in ein Flusstal und endet, wo er beginnt, bei der Stadt Darchen am Fuß des Berges. Dort war die Public Security als besonders scharf bekannt. Weil ich keine Reisegenehmigung hatte, schlug Pemba daher vor, Ani und mich westlich des Wegs abzusetzen und mit dem Auto in Darchen zu warten. Er wollte so lange mit anderen tibetischen Fahrern Mah-Jongg spielen.

Ich denke, Ani und ich gaben ein ziemlich buntes Paar ab. Ich hatte mich für einen grauen Wollschal entschieden, den ich, damit mir die Ohren nicht abfroren, wie Lawrence von Arabien um meinen Kopf schlang, dazu eine leuchtend orangefarbene Daunenjacke; über einer Schulter hatte ich außerdem eine Videokamera hängen. Ani trug ihre pflaumenblaue *chuba*, ein rosa Sweatshirt mit psychedelischem Muster und die safran-goldfarbene Nonnenbluse. Auf ihrem Kopf saß der kirschrote Sonnenhut. Als wir durchs dichte Gestrüpp liefen – Pemba hatte uns ein paar Kilometer vom Weg entfernt aussteigen lassen –, waren Anis lange Unterhosen in kürzester Zeit mit stacheligen Kletten übersät. Es würde Tage dauern, sie vorsichtig herauszuzupfen.

Schließlich erreichten wir den Anfangspunkt der *kora*: Tarboche, den großen Mast mit der Gebetsfahne. Jeden Mai wird beim Saga-Dawa-Fest, das den Beginn der Pilgersaison bedeutet, die Gebetsfahne aufgezogen. In der Nähe befanden sich die Ruinen von

13 steinernen Stupas, die zusammen mit vier von acht Klöstern rund um den Berg im Zuge der Kulturrevolution zerstört worden waren.

Es war ein idealer, fast wolkenloser Tag. Durch das Spiel von Licht und Schatten veränderte sich das Antlitz des Kailash von einer riesigen Brust in eine Pyramide und weiter in eine Kathedrale aus Fels und Eis. Sowohl Buddhisten als auch Hindus halten ihn für die *axis mundi*, die die Erde mit dem Universum verbindet, für die Entsprechung zum Berg Meru, dem physischen und metaphysischen Mittelpunkt des Weltensystems. Nach den Worten des Dalai Lama scheint ein solcher Kraftplatz »irgendwie gesegnet oder geladen, als umgebe ihn eine Art elektrische Energie. Pilger kommen, um diese mysteriösen Schwingungen zu spüren und etwas von den Visionen zu sehen, die strenggläubige Meister erblickt haben.«[2]

Ich fühlte mich als pflichtbewusste Pilgerin, mit meinem Stapel Fotokopien aus verschiedenen Reiseführern zur Mythologie des Berges – der Bedeutung jedes Felsens, der Legende zu jedem Wunder. Ich wollte offen sein für die geheimnisvolle Kraft dieser geschichtsträchtigen Landschaft, die in der Tradition der heiligen Geografie als der Wohnsitz von Demchok gilt, dem Buddha der großen Glückseligkeit. Darüber hinaus hoffte ich die *kora* aus Anis Perspektive zu erleben, hoffte, die Fußabdrücke des Meisters im Stein so zu berühren wie sie, in die Tiefe des Schweigens zu fallen, wie sie es tat.

Schnell erkannte ich, dass es nicht einfach werden würde. Nachdem wir in gut 4200 Metern Höhe gestartet waren, ermüdete ich rasch unter meiner schweren Last und bedauerte, dass ich meinen Rucksack mit so viel unnötigem Mist vollgestopft hatte. Irgendwie beneidete ich Ani, für die es selbstverständlich war, mit leichtem Gepäck zu reisen. Das schien mir eine passende Metapher für mein gesamtes Leben zu sein: nach wie vor niedergedrückt von unnötigem Wirrwarr, konkret und mental, sowie von überflüssigen Sorgen. Während Ani in gleichmäßigem Rhythmus blieb und *Om Mani Padme Hung* murmelte – die Schwingung dieses Mantras soll die des Universums widerspiegeln, und wer es wiederholt, soll in Einklang mit dem Herzschlag des Lebens kommen –, gab ich mir alle Mühe, mich auf den Berg zu konzentrieren und den ziehenden Schmerz in meinen Schultern zu ignorieren.

Wir machten einen Umweg zu einem winzigen Kloster, das auf einem Felsen ein paar hundert Meter über uns thronte. Dort begegneten wir einem alten Mönch, dessen rechtes Auge vor lauter Falten gar nicht mehr zu sehen war. Er lud uns in eine rußüberzogene Küche ein und bestand darauf, dass wir Tee tranken und *tsampa* aßen, während er uns laut aus religiösen Schriften vorlas. Mit seinen geschwärzten Füßen und Nägeln, so krumm wie Krallen, erinnerte er an eine zerrupfte Krähe. Ein anderer Mönch mit langen Haaren und ätherischem Auftreten öffnete uns den inneren Tempel. Darin befand sich die berühmte Choku-Statue, ein weißer Marmorbuddha mit einem schwachen Lächeln auf dem Gesicht, dem mehrere magische Fähigkeiten nachgesagt werden; unter anderem soll er auch sprechen können. Außerdem waren dort auch die Muschel des bedeutenden indischen Yogi Naropa und sein riesiger mit *dri*-Butter gefüllter Kessel. Ihn zu betrachten erlöst angeblich aus dem Zyklus der Wiedergeburt.

Als wir vom Choku Gompa auf den »göttlichen Fluss« Lha Chu hinunterschauten, der angeblich die Macht des Berges mit sich führt, sah er aus wie ein blauer Pinselstrich, die Pilger unten im Tal wirkten wie Strichmännchen. Nachdem wir einen steilen Weg hinuntergeklettert waren, setzten Ani und ich unsere *kora* am linken Flussufer fort. Die Westseite des Kailash mit ihren tief verschneiten Überhängen geriet aus unserem Blickfeld. Eine seltsame Stille umfing die ganze Gegend, durchbrochen nur von durchdringenden Schreien am Himmelsbestattungsplatz auf den Felsen über uns.

Geier kreisten am Himmel, und wilde Hunde versammelten sich zum Festmahl mit frischen Leichen: Zwei alte Männer waren auf der *kora* gestorben, was als günstiges Zeichen für ihre künftige Wiedergeburt gilt.

Ich entspannte mich, genoss das Gefühl der Erde unter meinen Füßen, während mein Körper in einen festen Rhythmus fand. Ich streckte meine Hand nach Anis aus, um sie fest zu drücken. Mich überkam eine ungeheure Dankbarkeit dafür, dass ich an einem so außerordentlichen Ort sein durfte. Ich war erfüllt von einer überwältigenden Zuneigung für diese Frau an meiner Seite. Ihr kindliches Entzücken brachte eine Saite der Freude in mir zum Schwingen. Während wir so dahinwanderten und oft über nichts Bestimmtes lachten, schienen unsere Herzen zu kommunizieren.

Plötzlich rief Ani laut: »Die Nordwand!« Spontan und noch im selben Augenblick fielen wir beide auf die Knie, als hätte uns jemand von hinten gestoßen. Gemeinsam senkten wir die Köpfe zur Erde. Es war eine authentische, befremdliche Geste der Ergebenheit, und sie überkam mich völlig unvorbereitet. Über uns ragte drohend die Nordseite des Kailash auf: ein Palast aus tiefschwarzem Fels, so steil, dass kaum Schnee darauf lag. Seine gräulichen Augen wirkten wie Türen, wie der Eingang zu einer anderen Welt – der Ausweg aus dem endlosen Kreislauf von Geburt und Tod in die Glückseligkeit.

Am späten Nachmittag, nachdem wir einen reißenden Fluss von Fels zu Fels springend überquert hatten und Ani wie eine flinke Ziege vorausgehüpft war und mich angetrieben hatte, wenn ich aus dem Gleichgewicht zu geraten drohte, kletterten wir müde auf die einladenden Lichter des Klosters Drirapuk zu. Glücklicherweise kannte Ani einen alten Mönch, der uns einlud, dort die Nacht zu verbringen, statt bis zum Pilgerrasthaus aus Beton weiterzulaufen. In der dämmrigen, verrauchten Küche schlürfte schon eine Pilgerschar *thukpa*. Nach einem Rundgang durch das kleine Kagyü-Gompa, das um eine

Höhle errichtet wurde, in der im 13. Jahrhundert der Yogi Gyalwa Gotsangpa meditiert hat, der Begründer der *kora* um den heiligen Berg Kailash, lud uns Tsewang, der fröhliche Khampa-Rinpoche, in seinen einfachen Meditationsraum mit spektakulärer Aussicht auf die Nordwand ein. Neben einem großen Holzbett lag ein Kissen mit vielen Wolldecken, wo er zu meditieren pflegte.

»Setzt euch.« Er lächelte, packte seine Schriften weg und schenkte jeder von uns ein gesegnetes rotes Band. Im Gegenzug gaben wir ihm eine weiße *khata*, ein paar von den Kräutern, die ich mitgebracht hatte und die vom 17. Karmapa – seinem Guru – gesegnet worden waren, sowie ein paar von den kostbaren Sandelholzperlen aus meiner *mala*, die ich an Pilger entlang des Wegs verteilte. Trotz eines Anflugs von Teenagerakne hatte der 31-jährige Rinpoche mit dem feingeschnittenen Gesicht und den langen, schmalen Fingern etwas seltsam Klares an sich.

»Woher kommst du?«, fragte er und musterte mich eingehend.

»Aus England«, antwortete ich auf Tibetisch, während ich verlegen auf meinem Platz herumrutschte.

»Und du magst Tibet? Ist es dir nicht zu kalt?«

»Nein. Ich habe eine ganz gute Konstitution. Meistens.«

Er griff nach meinem Handgelenk und fühlte mir den Puls. Dann sagte er: »Ich bin Arzt.« Er schloss kurz die Augen und lächelte. »Ja, gute Gesundheit und ein großes Herz.«

»Und was ist mit dir?«, fragte er Ani.

»Ich bin eine Nonne«, erwiderte Ani schüchtern.

»Eine Nonne ...« Er sah sie erstaunt an.

»Ja«, beeilte sie sich zu antworten und strich ihre *chuba* glatt. »Es war einfacher, in dieser Kleidung zu reisen.«

Er nickte verständnisvoll.

Nachdem er sich gemütlich in seinem Holzsessel zurechtgesetzt hatte, zeigte uns der Rinpoche Fotos früherer und gegenwärtiger

Kagyü-Lamas. Als er zu einem Bild des Karmapa kam, seufzte er schwer und berichtete von der Leere, die er empfand, seit der 15-Jährige Anfang des Jahres auf dramatische Weise über den Himalaja in die Freiheit geflohen war. »Wieder einmal ist die Sonne in Tibet von Wolken verdunkelt worden.«

Früher schon hatte ich bemerkt, wie Ani in Gegenwart tibetischer Lamas, älterer Mönche oder Menschen die, wie sie es ausdrückte, »von höherem Stand« waren, nervös wurde. Darin spiegelte sich wohl die schwierige Position der Nonnen in der tibetischen Gesellschaft wider. Während wir nun aber mit dem fröhlichen Rinpoche zusammensaßen, löste sich Anis Schüchternheit in Nichts auf.

Sie schaute ihn neugierig an und fragte: »Warum hast du solche Pickel?«

Jetzt war es an ihm, verlegen zu werden. Er murmelte etwas von kaltem Wetter.

Sie bemerkte seine Verlegenheit offensichtlich nicht. »Aber so viele Flecken. Hast du keine Medizin dagegen?«

Ich wechselte das Thema, indem ich fragte, ob er auch den Winter über im Kloster bleibe.

»Ja. Wir sind zwei Mönche, ein Koch und ich. Es gibt Schnee bis zur Hüfte hinauf, aber ich bleibe hier.« Er zeigte auf seine Meditationskiste. »Ich bin dann glücklich.«

Draußen ging der zunehmende Mond auf, und die Nordseite glitzerte silbrig weiß. Drinnen flackerten Butterlampen, und der süßlich holzige Duft von Weihrauch zog durch den Raum. Während der Rinpoche uns mit Geschichten erfreute, mit seinen eleganten Händen Bilder in die Luft zeichnete und die Stränge der Legenden über Yogis, die einst am Berg Kailash gelebt hatten, wie die Fäden eines lyrischen Wandteppichs verknüpfte, fühlte ich mich wie auf einer Zeitreise in die Vergangenheit. Er schilderte Milarepas Wandlung vom schwarzen Magier zum erleuchteten Mystiker und seine übernatürlichen Fähigkeiten im Kampf mit dem Bön-Meister Naro Bonchung, deren Zeugnisse man während der *kora* sehen kann. Er erzählte von Demchok, der Gottheit der höchsten Glückseligkeit, von der die Tibeter glauben, sie wohne auf dem Berg. Sie soll »blass wie der Mond und wie Shiva, der Gott der Hindu, sein und als Zeichen der Macht ein Tigerfell um die Hüften tragen«.

Während sie dem Rinpoche lauschte, der die Figuren dieses epischen Gemäldes aus dem Buddhismus zum Leben erweckte, saß Ani wie in Trance, aber mit fröhlichem Gesicht da und stieß einsilbige, zwitschernde Laute aus, die den Lama zum Weitererzählen anspornen sollten. Ich konnte nicht die Spur von Ungläubigkeit auf ihrem Gesicht erkennen. Das war ihre Realität, gegründet auf eine machtvolle Mischung aus Magie, Göttlichkeit und Mythos. Meine Weltsicht basierte dagegen auf den Felsen von Empirie und Logik, und mir kam der Gedanke, dass die lineare Betrachtung von Ursache und Wirkung das Mysterium des Lebens eher ausklammert, anstatt es zu erfassen.

Der Lama unterwies mich in einigen Mantras und schrieb mir die Worte in säuberlichen tibetischen Buchstaben auf. Dann wandte er sich Ani zu. »Du hast großes Mitgefühl«, sagte er freundlich. »Manchmal gerät dein Geist in Sorge und Trauer. Du solltest versuchen, ruhiger zu werden.« Ani nickte mit strahlenden Augen. Und dann, ganz plötzlich, war unsere Audienz zu Ende. Der junge Rinpoche sagte höflich, er müsse nun mit seiner abendlichen Meditation beginnen. Als Nachtlager bot er uns den Schreinraum gegenüber an. In einer Ecke des Raumes stand ein leerer Thron, eine Kerze flackerte im kühlen Luftzug. Nachdem ich mich hingelegt hatte, sang mich der Rinpoche mit seinem hypnotischen Summen der Gebete in den Schlaf.

Über Nacht hatte es geschneit. Wir erwachten in einem blendenden Wunderland, in dem selbst die Nordwand mit einer Schneeschicht überzuckert war. Trichterförmiges Morgenlicht erleuchtete

Dronglung, das Tal der wilden Yaks, und schickte rosafarbene Strahlen über die Gipfel. Bei Sonnenaufgang winkte uns der Rinpoche wie guten Freunden zum Abschied. Bei unserem Aufstieg zum Drolma La schlossen Ani und ich uns drei anderen Pilgern an, zwei jungen, wortkargen Bauern mit Pudelmützen und einem alten, zahnlosen Mann mit ledrigem Gesicht, das größtenteils hinter einer riesigen, viereckigen Sonnenbrille verschwand.

Der 79-jährige *po-la* – alte Mann – trug eine rote Trainingshose, leichte Turnschuhe, einen Strohhut und hatte heilige Bänder um den Hals geschlungen. Er erzählte uns, er habe die *kora* schon 500-mal hinter sich gebracht. Nach tibetischer Lehre hätte er demnach erleuchtet sein müssen. Ich musterte ihn und suchte nach Anzeichen dafür. Und als er meinen Blick spürte, wandte er sich zu mir um und fragte: »*Kyi-po dug-geh?* Bist du glücklich?«

Das war ich, in gewisser Weise zumindest. Abgesehen von den Schwindelanfällen und den erzwungenen Pausen alle paar Schritte, um Atem zu schöpfen. Ani ging voraus und wartete stets geduldig auf mich. Oft drehte sie sich nervös zu mir um und prüfte, ob sich auf meinem Gesicht schon Anzeichen der Höhenkrankheit zeigten. Wir waren bereits über 4800 Meter hoch und kletterten schnell höher. Unaufgefordert bot einer der jungen Bauern an, meinen Rucksack zu tragen. Dankbar gab ich ihn ihm.

Je höher wir kletterten, desto mehr gab es zu sehen, zu berühren und zu fühlen. Man kann die *kora* als symbolisches Nachstellen des eigenen Todes verstehen, bevor man am Drolma La – dem Pass von Tara, der Retterin oder »Jener, die übersetzt« – wiedergeboren wird. Tibetische Pilger lassen traditionell ein Kleidungsstück, einen Zahn oder eine Haarsträhne als Zeichen der Abkehr von ihrem alten Leben zurück. Als wir das Stück Wegs hinaufstiegen, das übersät war mit steifgefrorenen Kleidungsstücken, versuchte ich, ohne viel Erfolg, die Unbeständigkeit des Lebens zu erfassen.

Etwas später erwies sich der po-la als echter Bergführer und schnalzte zustimmend mit seinem zahnlosen rosa Zahnfleisch, während er zusah, wie wir uns alle durch den Sündertunnel, einen schmalen, etwa viereinhalb Meter langen Durchgang zwängten, der die Pilger zwingt, auf dem Bauch zu robben. Die Tibeter glauben, dass dies nur den Tugendhaften gelingt. Selbst fette Sünder sollen es schaffen, während die Dünnsten steckenbleiben können. Nachdem unsere ganze Gruppe durchgerobbt war, meinte er: »Ihr habt alle ein gutes Herz.«

Als wir an drei aufeinandergetürmten Felsbrocken vorbeikamen, die jeweils deutliche runde Einkerbungen aufwiesen, sagte der po-la, es seien Fußabdrücke von Milarepa und Naro Bonchung und sie hätten sie nach ihrem Wettstreit um die Herrschaft über den Berg hinterlassen. Ani nahm ehrfürchtig ihren Hut ab und verbeugte sich, um einen Segen zu empfangen, mich aber überkam eine plötzliche Welle der Skepsis. Trotz meiner besten Absichten zu glauben, zweifelte ich. Inmitten der erhebenden Landschaft machte ich eine Glaubenskrise durch. Sind Wunder nicht einfach eine Täuschung der Gläubigen? Ikonen und Rituale – fesseln sie Menschen nicht an eine dogmatische Religion, fordern sie nicht eher blinden Glauben denn eine individuelle Beziehung zum Göttlichen? Und wenn der Gläubige sich einem Lama anvertraut, bedeutet das nicht auch Entmachtung, weil er sich in die Hand von jemand anders begibt?

Konfrontiert mit einem Angriff negativer Meinungen, von Hohn und Zweifel – über meine Pilgerkameraden und Ani, die in der Lage waren zu glauben, was ich nicht konnte –, stürmte ich davon und stolperte allein den Weg entlang. Bald kam ich mir lächerlich vor. Aber meine eigenen Dämonen waren kampfbereit, und die Fragen stürmten nach wie vor auf mich ein. Wer bin ich? Was passiert, wenn ich sterbe? Was ist der Sinn hinter allem?

219

Ich zwang mich dazu, innezuhalten, einen Schritt zurückzutreten und meine Gedanken eher zu betrachten, als mich in ihren Sog hineinziehen zu lassen. So verschwand einiges an Negativität. Ich blieb verletzlich und ungeschützt zurück. Und ich wünschte mir, ich hätte Ani mein Verhalten erklären können. Ich wusste, dass eine Pilgerreise alte, verkrustete Muster und unausgesprochene Ängste, latente Gefühle und Neigungen aufbrechen lässt. Ich wusste, dass ich mich ihnen entschlossen stellen musste – und zwar ganz allein.

Als wir Drolma La erreichten, mit gut 5700 Meter der höchste Punkt der *kora*, wo die Pilger der Legende nach von einer Dimension in die nächste wechseln, um von der Göttin des Mitgefühls erlöst zu werden, da hämmerte es wegen des Sauerstoffmangels in meinem Kopf. Mein Geist war allerdings absolut klar. Es herrschte leichtes Schneetreiben. »*Lha Gyalo! Lha Gyalo!* – Sieg den Göttern!«, schrien die tibetischen Pilger zum Zeichen, dass sie es bis hierher geschafft hatten. Wohl weil ich mit dem Ringen nach Atem zu beschäftigt war – jeder keuchte in der dünnen Luft –, zerstreute sich meine Wut, und innehaltend sah ich mich um.

Dick vereiste Gebetsfahnen bedeckten zu Tausenden und in Spiralen von einem großen Fels herabflatternd den Pass. Die große Höhe ließ alles pulsieren, während der Schnee jedes Geräusch dämpfte. Ich stand in einer uralten jenseitigen Mondlandschaft aus Farben und glitzerndem Licht. Überall um mich herum waren Pilger. Ein Tibeter hatte ein winziges in einen Haufen Decken gewickeltes Baby auf seinen Rücken gebunden. Nomaden mit dicken Decken und zerlumpten Kleidern, die vor Freude schrien, hängten Gebetsfahnen auf.

Das Erlebnis fühlte sich an wie Hunderte von Jahren alt, wie aus einer vergessenen, fernen Zeit, als dem Menschen wenig anderes übrigblieb, als zu beten und sein Leben einem höheren Zweck zu weihen. Ich griff in meinen Beutel und verstreute meine letzten *love seeds.* In meiner Tasche spürte ich das Foto von Tara, meinen Talisman von vor drei Jahren. Jetzt, oben auf ihrem Pass und mit Ani an meiner Seite, musste ich mir einfach die Frage stellen, ob es nicht eine geheimnisvolle Verbindung zwischen beiden gab.

(Später sollte ich erfahren, dass Ani, wenn sie über die Grüne Tara – auf Tibetisch Drolma – meditiert, ein strahlendes grünes Licht auf allen fühlenden Wesen in allen Reichen sieht. Dann stellt Ani sich vor, jedes Wesen in ihr eigenes Herz und ihren eigenen Körper aufzunehmen. Während sie das tut, konzentriert sie sich auf das Bild der Grünen Tara vor ihrem geistigen Auge, und am Ende der Meditation ging Ani, wie sie mir erklärte, »in das Herz der Göttin«.)

Meine Momente stiller Kontemplation wurden durch aufgeregte Rufe unterbrochen. Ani hatte gegenüber einem der Pilger erwähnt, ich besäße eine vom Dalai Lama gesegnete *mala*. Innerhalb weniger Augenblicke war ich von einer Horde kriegerisch aussehender Khampa umringt, jeder von ihnen mit einem Messer in einer silbernen Scheide an der Hüfte.

»*Kuchi, kuchi*«, schrien sie mit gefalteten Händen, deren Daumen nach oben zeigten. »Bitte, bitte, gib mir eine Perle für meine Frau, mein Kind. Bitte, noch eine einzige.« Nachdem ich alle meine 108 Perlen verteilt hatte – der *po-la* bekam ein halbes Dutzend –, machten wir uns wieder auf den Weg. Wir begannen den Abstieg vom Pass über einen halsbrecherischen Pfad entlang einer zerklüfteten Moräne, die oberhalb eines kreisrunden Beckens aus silbrigem Jade verlief, das »Dakini-Schwimmbecken« genannt wird. Während ich Anis Spuren im Schnee folgte, weil meine Augen wegen eines Anflugs von Schneeblindheit schmerzten, beschleunigte ich meine Schritte unter dem Beil des Karma – eines unheimlich aussehenden Felsens, der so an einer Wand hing, als wollte er jeden Augenblick herabstürzen.

Nach einer kurzen Mittagsrast, bei der wir Brot und Butter, Salztee und Kekse mit unseren Pilgerkameraden geteilt hatten, senkte sich der Weg auf eine sanfte Flussebene. In den folgenden paar Stunden war der Kailash aus unserem Blickfeld verschwunden. Ich sah den ganzen Tag keinen einzigen Menschen aus dem Westen, nur Gruppen tibetischer Pilger, die Gebetsmühlen drehten und fremdländische Hüte sowie gekräuselte *chuba* trugen. Sie hätten auch in einen mittelalterlichen Festzug gepasst.

Zur Stunde des Nachmittagstees erreichten wir die »Höhle magischer Wundertaten« Milarepas, die sich in rötliche Felswände schmiegt. An der Decke sind Abdrücke zu sehen, und zwar an der Stelle, wo der Yogi sie angeblich mit seinem Kopf und seinen Schultern angehoben haben soll. Entschlossen, meine Skepsis draußen zu lassen, stellte ich mich in die Reihe, um einen Segen zu erhalten und in der düsteren Grotte eine Kerze anzuzünden. Der verantwortliche Mönch war ein *nakpa* – ein Tantra-yogi –, der sich seine Rastazöpfe um den Kopf gewickelt hatte. Ani unterhielt sich sofort angeregt mit ihm.

Der *po-la* bestand darauf, dass wir unseren Weg fortsetzten und die *kora* innerhalb von zwei Tagen beendeten (je härter die Pilgerreise, desto höher schlägt das auf dem karmischen Bankkonto des Gläubigen zu Buche). Mir tat es leid, schon aufzubrechen, denn ich hatte auf eine Nacht in der Wunderhöhle gehofft. Weil ich nicht in der Lage war, ihnen das zu erklären, und meine Mitpilger darauf beharrten, dass wir die *kora* gemeinsam beendeten, jagte ich ihnen also nach. Ein barfüßiger indischer Sadhu humpelte an mir vorbei. Er hatte Lumpen zwischen die Zehen gesteckt und verzog bei jedem Schritt das Gesicht.

Gegen Ende der *kora* kamen wir an einer Frau in lila Bluse und grauer *chuba* vorbei, die – mit Turnschuhen an den Händen zum Schutz – in Niederwerfungen den Berg umrundete. Dagegen verblassten all meine kleinen Errungenschaften und Zipperlein. Ani erläuterte mir, ihr Mann gebe ihr Essen und würde ihr nachts ein schützendes Lager bereiten, während der zwei Wochen, die eine solche *kora* dauert. Ihr Gatte saß geduldig weiter vorn am Weg und rauchte eine Zigarette. Es fiel schwer, von einem so starken Glauben und auch von den *mani*-Wänden – Felsen mit sorgsam eingemeißelten Gebeten, die über die ganze Gegend verstreut waren – nicht berührt zu sein. Ich konnte nachvollziehen, warum die Bönpos den Berg für einen riesigen Kristall halten, der Licht reflektiert und transformiert. Und warum die Tibeter ihn das siebte – und höchste – Chakra der Welt nennen.

Mit jedem Schritt versuchte ich, von meinen Zweifeln loszukommen, und stellte mir den Kailash als ein Symbol des Bewusstseins vor, als unabänderliche Realität unter dem Mahlstrom der eigenen Gefühle, Gedanken und Wünsche. In seiner rauen Macht, seiner Gestalt – einer Pyramide mit vier ausgeprägten Seiten – schien er den Diamanten der Erleuchtung widerzuspiegeln, von dem die Buddhisten glauben, er liege im Herzen. Auf unerklärliche Weise untermauerte alles, was mit dem Berg zu tun hatte, dass wir Geist sind und der Rest – der Körper, die Persönlichkeit – wie Kleidung ist, die wir uns als Verkörperung in dieser Runde erwählt haben und im Tod wieder ablegen.

Ich überlegte, dass Anis Lebenszweck seit mehr als zwei Jahrzehnten darin bestand, ihren eigenen Diamanten zu polieren, die Tiefen ihres eigenen Herzens auszuloten. Was ihr Ziel und ihre Vision anging, hatte sie etwas vom Flug eines Schwans, etwas von der Eigenschaft von Rosenblütenblättern und vom Duft frischer Orangen. Die guten Dinge des Lebens in einer Person gebündelt, die keine Ahnung davon hat, wie viel sie besitzt. Und aus genau diesem Grund ist es noch reizvoller, sie um sich zu haben.

Gegen Ende des Weges schmiegte Ani ihre Arme und Ellbogen in vier tiefe Kerben eines Felsens und winkte mir, es ihr gleichzutun. Angeblich sind dies die letzten Spuren einer Khampa-Frau, deren

Baby zu Beginn der Pilgerreise starb. Zur Buße machte die trauernde Mutter 13 *koras* und verließ bei der letzten ihren Körper, um eine *dakini* zu werden.

»*Toe, toe!* Schaut, schaut!«, rief der *po-la* und stach mit seinem Stock in den Himmel. Dort zwischen den Wolken leuchteten die Farben eines Regenbogens. Ich scherzte mit Ani, dass das eine Nachricht von den *dakini* sei. Sie ergriff meine Hand, und wir liefen zusammen den Weg entlang. In der Abenddämmerung erreichten wir Darchen, wo wir uns von unseren Freunden verabschiedeten, die die Nacht in einem Rasthaus verbringen würden. Am Stadtrand erspähte ich den vertrauten weißen Toyota. Pemba erwartete uns mit süßer, heißer Milch und gedämpften Teigbällchen.

Trotz der körperlichen Erschöpfung war ich befriedigt. Ani strahlte »glücklich und zufrieden«. Ich spürte, dass die gemeinsame Erfahrung der Pilgerreise mir bleiben würde. Da war ein unterschwelliger Strom des Verstehens zwischen uns, dort, wo Worte nicht hinreichten – und es auch gar nicht vermocht hätten. Doch erst später wurde mir deren Bedeutung klar. Die Intensität der Reise – Zeit zur Kontemplation über den eigenen Lebensantrieb – hatte zur Folge, dass ich nun eine Pause brauchte, um zu verinnerlichen, was ich gelernt hatte. Mein Visum lief ohnehin ab, und ich fühlte mich nun bereit zur Rückkehr in die Welt. Unsere Pilgerschaft war, zumindest vorläufig, zu einem Ende gekommen.

Als die Sonne unterging, verwandelte sich der Gipfel des Kailash in Gold. Uralt und majestätisch stach er von den anderen Bergen ab. Was hatte dieser Berg, so fragte ich mich, in seinen 50 Millionen Jahren schon mit angesehen? Im Vergleich dazu erschien die Lebenszeit eines Menschen mitleiderregend kurz. In der Stadt Darchen am Fuß des Berges gibt es Bordelle und Spielhöllen. Der Kailash jedoch bleibt unberührt und unbestiegen – ein Ort, an dem der menschliche Geist sich grenzenlos ausdehnen kann.

15

Treiben wie ein Wolkenwanderer

Seit unserem Pilgerabenteuer am Kailash waren sieben Monate vergangen, und ich war bereit für meine nächste Reise. Ich hatte eine neue Videokamera mitgebracht, denn ich arbeitete an einer Dokumentation über Tibet. Meinen Besuch in Lhasa plante ich so, dass er mit dem alljährlichen Saga-Dawa-Fest zusammenfiel. Dann werden Buddhas Geburt, Tod und Erleuchtung gefeiert, und viele Pilger kommen zu einem Monat der Gebete, Almosen und Zeremonien in die Hauptstadt. Über den Mönch Lobsang, mit dem ich in Kontakt geblieben war, hatte ich Anis Aufenthaltsort herausgefunden. Er schickte regelmäßig E-Mails an all seine inji-Freunde.

»Hi! Meine Liebe, wie geht es dir heutzutage [sic]?«, schrieb er beispielsweise. »Ich vermisse dich wirklich, also kannst du mir bitte, wenn du Zeit hast, schicken wie du. Mir geht es im Jokhang ganz gut.« Bald nach meiner Ankunft in Lhasa im Mai 2001 traf ich Lobsang, der in einem der Schreinräume seinen Dienst versah. Er wirkte nervös, seine Gesichtszüge waren angespannt. Bevor er mich anredete, schossen seine Augen ängstlich durch den Raum, um sich zu vergewissern, dass niemand uns belauschte. Später sagte er mir, dass es im Jokhang einen Mönch gebe, der spioniere, und flüsterte: »Das Leben ist jetzt sehr schwierig. Wir bekommen zwar Geld von der chinesischen Regierung, aber wir sind nicht glücklich. Ich glaube nicht, dass ich ein guter Mönch bin. Ich bin nicht so wie Anila.« Sein älterer Bruder, der nach wie vor in einem Restaurant in der Nähe arbeitete, beachtete mich fast nicht.

Zusammen mit Pema, Anis Freundin mit der kleinen Schule, Lobsang und meiner Freundin Jane, die fließend Tibetisch sprach, machte ich einen Tagesausflug, um Ani zu besuchen. Trotz gezielter Bemühungen, mein Tibetisch zu verbessern – ich hatte einige Monate in Kathmandu verbracht und regelmäßig Sprachunterricht genommen –, sprach ich immer noch ein gebrochenes »Tibenglisch«.

Ani lebte zu der Zeit in einer Höhle über dem Gompa Shugseb, etwa 80 Kilometer südlich der Hauptstadt. Ich war neugierig, wie ihr »Zuhause« von innen aussah. Manche Höhlen in der Nähe von Klöstern, die als Rückzug für begrenzte Zeit gedacht sind, werden auch Meditationshütten genannt. *Ritods* oder entlegene Höhlen befinden sich immer hoch oben auf der windabgewandten Seite eines Bergs, mit Blick auf einen See oder Fluss. Wie Alexandra David-Néel berichtet, die erste Europäerin, die 1924 Lhasa besuchte und eine Zeitlang unter Einsiedlern lebte, gab es sogar Höhlen, die wie kleine Festungen ausgebaut waren – geräumig und mit Quartieren für die Bediensteten versehen. »Nach zehn oder 20 Jahren oder mehr in der Wildnis sind die Eremiten alles andere als verrückt«, schreibt sie. »Daran ist nichts Außergewöhnliches ... ihre Tage sind ausgefüllt mit methodischen Übungen in spiritueller Schulung.«[1]

Seit dem 12. Jahrhundert ist das Frauenkloster Shugseb ein Rückzugsort der Nyingma, das man vor allem mit der berühmten Meisterin und *chod*-Praktizierenden Machig Labdron verbindet. Es liegt am Hang des Gangri Thokar, der auch »weißer Totenkopfberg« genannt wird. Dieser Bergrücken wird in der Tradition der tantrischen heiligen Schriften mit Vajrayogini gleichgesetzt – der tantrischen Göttin von Pemako und Anis persönlicher *yidam* (Meditationsgottheit). Die sich über den Gebirgskamm verteilenden Höhlen symbolisieren Vajrayoginis Chakren oder Energiezentren und sind im Laufe der Geschichte vielfach geweiht worden, etwa von dem großen Nyingma-Meister des 14. Jahrhunderts Longchen Rabjampa, der die Dzogchen-Meditation praktizierte.

Aus Anlass des Saga-Dawa-Festes feierten die Nonnen von Shugseb ein besonderes Zeremoniell zu Ehren von Tara. Als wir eintrafen, trug der leichte Wind honigsüße Gesänge zu uns her. Vom geschmückten Tempel war es noch eine einstündige Klettertour hinauf zu der Ansammlung von Höhlen, die sich in den sandigen Berghang schmiegten. Manche hatten hübsche Holztore, andere waren nur durch ein schweres Stück Stoff notdürftig geschützt. Alle boten einen weiten Blick über die Gerstenfelder und den Fluss, der sich dazwischen hindurchschlängelte. Anis Höhle war verschlossen, aber wir riefen ihren Namen, und schon bald sprang eine vertraute Gestalt auf uns zu. Ihr widerspenstiges schwarzes Haar flatterte hinter ihr her.

Wir umarmten uns kurz, setzten uns zum Buttertee zusammen und zeigten ihr unsere Geschenke, darunter ein Miss-Kitty-Schönheitsset mit Kamm und Bürste.

Während sie Tee in winzige Becher goss, die wir herumgehen ließen, sagte Ani zu mir, wie Jane übersetzte: »Ich wusste, dass du kommen würdest. Ich habe dreimal von dir geträumt. Einmal in Amerika, dann dass du mich in einem modernen chinesischen Gebäude filmst und dann kürzlich in Lhasa.«

Ich strahlte innerlich.

»Ich war oben in einer Höhle, um einem alten Lama zu helfen«, fuhr sie fort. »Er lehrt mich eine Praxis namens *trulkhor*. Ansonsten mache ich *ngondro* – fasten und meditieren.«

Das klang nach der typisch strapaziösen Übung mit nur einer Mahlzeit am Tag und drei Stunden Schlaf in der Nacht. Unter ihren Augen waren dunkle Ringe, und wie der rote Sonnenhut von unserer Reise zum Kailash im Jahr zuvor schien ihr natürliches Strahlen verblasst. Ihre *chuba* war schmutzig, bedeckt von Ruß und Fett, ihre Schnürschuhe waren durchgelaufen.

»Hoffentlich haben wir dich nicht gestört«, meinte Jane besorgt.

»Keine Sorge«, erwiderte Ani. »Ich freue mich, euch alle zu sehen.«

Ihr 59-jähriger Lehrer war ein fetter Lama mit einer Bärengestalt, frischer Gesichtsfarbe und rasiertem Kopf. Er war von »einem großen wundertätigen Yogi« aus Kham in *trulkhor* unterwiesen worden. Das sei »eine Art spirituelle Kagyü-Übung für gute Gesundheit, indem man seinen Atem kontrolliert«. (Die 38 *trulkhor* – was auf Tibetisch »magisches Rad« heißt – sind eine tantrische Übung, die ihren Ursprung in den Sechs Yogas von Naropa hat. Es handelt sich um anstrengende Übungen im Yogastil, von einfach bis schwierig, die mit Atemkontrolle verbunden werden. Indem man innere Hitze erzeugt, beleben die *trulkhor* die Energiekanäle des Körpers neu, was die Verbindung zwischen Geist und Körper stärkt.)

»Der Lama war einmal sehr gut darin«, sagte Ani und rollte die Augen. »Er kennt die besondere Atemtechnik, aber er kann nicht fliegen. Ich lerne zusammen mit einem anderen Mönch, und wenn der Lama ermüdet und sein Atem schnell geht, sieht er sehr komisch aus.« Sie lachte glockenhell und machte sein dickes Gesicht mit den hervorquellenden Augen nach. »Wenn wir lachen, wird er böse.«

»Also kann er sich doch in die Luft erheben?«, fragte ich.

»Nein, und ich weiß nicht, ob es daran liegt, dass sein Körper zu schwer ist oder daran, dass er zu viel *chang* getrunken hat, aber er kann überhaupt nicht fliegen. Sein Unterricht ist nicht besonders gut. Ich habe versucht zu fliegen, aber es ist mir nicht gelungen.«

»Er trinkt *chang*?«

»Ja.« Sie verzog ihren Mund. »Ich habe Angst vor ihm. Manchmal kommt er nachts und klopft an die Tür. Macht schmutzige Witze. Dann fürchte ich mich und verziehe mich in eine andere Höhle oder ins Kloster.«

»Ani, das ist nicht in Ordnung«, sagte ich und hatte das Bedürfnis, sie zu beschützen. Ich wollte mehr erfahren. War das schon oft passiert? Tranken viele Lamas *chang*?

Sie zuckte schwach mit den Achseln und ging nicht weiter darauf ein. Stattdessen stand sie auf, stieß das Tor zur Höhle auf und winkte mich herein. Drinnen war ein Raum von etwa drei Metern auf 1,80 Meter, gerade so hoch, dass eine kleine Person darin stehen konnte. Es roch modrig, nach feuchter Erde und Holzfeuer, die unebenen Wände strahlten eisige Kälte aus. In einer Ecke befand sich ein flacher Felsvorsprung, der ihr als Bett diente. Darauf ein Stück Plastikfolie, ein dünner Teppich und eine bunte chinesische Decke. Am Eingang ein geschwärzter Kessel, eine *tsampa*-Schüssel, eine Kerze und ein Plastikbehälter mit Teeblättern. Stücke von schwarzen Plastikmülltonnen standen an einer Wand, um die Feuchtigkeit aufzufangen. Es war nicht gerade wie im Mutterschoß. Jegliche romantischen Vorstellungen, die ich vom Leben eines Eremiten in natürlichen Hobbit-Höhlen und kuscheligen Grotten gehegt hatte, waren passé, als ich mir vorzustellen versuchte, wie man hier monatelang bei Temperaturen unter dem Gefrierpunkt überleben konnte.

»Ani-la«, rief ich aus. »Du hast ja gar nichts Warmes. Nicht einmal eine Matratze.«

Mit einem tapferen Lächeln gab sie zu, dass es in den ersten Monaten sehr kalt gewesen wäre. »Jetzt geht's mir gut, weil das Wetter besser ist. Ich trage zwei *chuba*, zwei Blusen. Mir gefällt es hier.« Sie schwieg für einen Moment. »Am glücklichsten bin ich allein, beim Meditieren.«

In dem Versuch, ihr meine Welt nahezubringen, hatte ich ein paar Fotos von Australien mitgenommen – das azurblaue Meer bei Byron Bay –, wo ich vor kurzem gewesen war. Mir wurde klar, dass Ani mich nie nach meinem persönlichen Hintergrund gefragt hatte – ein typischer Zug der Tibeter, die über Smalltalk hinaus weder neugierig sind noch weiterfragen. Vielleicht spiegeln sich darin ihre inselähnliche Vergangenheit und ihr nach innen gewandtes Wesen wider.

Hingegen lauschen Tibeter gebannt und tratschen gern, wenn man sie mit Informationen versorgt. Ihre ansonsten reservierte Art kommt am besten beim Teeritual zum Ausdruck. Für einen Gast gilt es als höflich, angebotenen Tee dreimal abzulehnen, bevor er ihn annimmt, und auch dann nur mit viel Kopfnicken und wiederholtem: »Nein, nein. Für mich nicht. Das ist zu freundlich.« Ani gestand mir einmal, es sei Teil ihrer Religionsausübung, »niemanden kränken zu wollen«. Nun betrachtete sie fasziniert das Foto vom Meer.

»Man muss in ein Flugzeug steigen, um hinzukommen. Von Tibet aus dauert es 24 Stunden.«

Sie blickte verständnislos drein.

Jane erklärte: »Mit einem Pferd würde es ein Jahr dauern.«

»Ah leh.« Ani riss die Augen auf. »Das ist sehr weit weg.«

Wir kamen auf unsere Pilgerschaft zu sprechen, und sie dankte mir noch einmal für die »aufregende, wunderschöne« Reise zum Kailash und all die Mühe, die ich mir mit ihrem Permit gemacht hatte. Sie verzog den Mund wie ein Pferd, das Heu frisst, als sie die englischen Wörter wiederholte, die ich ihr ein Jahr zuvor beigebracht hatte.

»Dog. Dwivverrr. Sun. Mooooon.« Und dann imitierte sie mich perfekt, indem sie in die Hände klatschte und ausrief: »Okaaaay! Lessss go!«

»Werrry goooood«, meinte Pema kichernd.

Ihrer Freundin zählte Ani haargenau die Kosten unserer Pilgerreise auf – für die Gasthäuser, den Fahrer, das Essen –, was mir sehr peinlich war. Es überraschte mich immer wieder, wie jemand, der selbst kein Geld besitzt (vielleicht gerade deshalb), sich solche Sorgen darum macht, wie viel andere ausgeben. So weigerte Ani sich denn auch, etwas von mir anzunehmen.

»Ich kann betteln«, sagte sie. »Du bist mit einem Flugzeug gekommen, was bestimmt sehr teuer ist. Du brauchst es.«

Nach ein paar Stunden stiegen wir wieder zum Kloster hinunter. Da Ani sich gerade in Klausur befand, konnte sie uns nicht nach Lhasa begleiten, und so versprach ich, sie noch einmal zu besuchen, bevor ich aus Tibet abreiste. Auf der Rückfahrt kam mir in den Sinn, dass ich, wie kurz unsere Zusammenkünfte auch sein mochten, jedes Mal, wenn ich Ani sah, reich belohnt wurde. Anders als die meisten Menschen, die sich darüber definieren, was sie leisten, wie sie sich kleiden, welches Auto sie fahren oder wie viel Geld sie verdienen, gibt nichts davon Auskunft darüber, wer Ani ist. Sie hat keinerlei Verpflichtungen, keine Angehörigen, keinen Besitz. Keinerlei Pläne oder irdische Ziele. Trotzdem strahlt sie eine robuste Festigkeit aus, als ob sie sich vollkommen aus sich selbst heraus trägt. Woher das kommt, kann ich nicht mit Sicherheit sagen. Ich hatte den Eindruck, dass sie in ihrer Einsamkeit ein tieferes Geheimnis entdeckt hat, mit dem ich noch nicht in Berührung gekommen war, was mir vielleicht auch nie gelingen würde.

Ich erinnerte mich an John Crooks Schilderung der Yogis, die er in Ladakh getroffen hatte. Sie kamen an die besonderen Eigenschaften, die Ani besaß, nahe heran. »Der auffallendste Wesenszug der *yogins* war Gleichmut. Augenscheinlich residierten sie in einer Aura des inneren Friedens und der absoluten Gewissheit ... Sie besaßen eine Art gesichertes Glück, das in der Abwesenheit von Bindungen besteht, wie die Welt sie kennt: Grundbesitz, Reichtum, Ehe.« Gemäß der Tradition japanischer Zenmönche, fährt Crook fort, waren diese Yogis zu »Wolkenwanderern geworden ... die sich von Kloster zu Kloster treiben lassen, ohne vorgefasste Pläne«.[2]

Wieder in Lhasa, traf ich mich mit Tenzin, bevor er die Stadt verließ und Touristen zum Berg Kailash begleitete. Wir schlossen uns den Pilgern an, die zum Potala strömten. Diesmal war er vorsichtig, was das offene Reden mit mir anging. Seine Freundin, eine Polizistin, hatte ihn gewarnt, dass viele Frauen in *chuba* Geheimdienstspitzel waren, die sich unter die Leute mischten, um Gespräche zu belauschen. Wenn Tibeter dabei erwischt wurden, wie sie Unpatriotisches von sich gaben, dann, so meinte er, »werden sie schnell einkassiert«.

Tenzin hatte die mürrische Apathie des letzten Jahres abgeschüttelt. Sein Haar war wieder lang und dick gewachsen, und damit war auch seine unbändige Aufsässigkeit zurückgekehrt. Sein Lachen, nach dem die Leute sich umdrehten, unterbrach immer wieder sein Reden. Tenzin erzählte mir, er sei entschlossen, sich einen chinesischen Pass zu besorgen – keine leichte Sache, die Unmengen Papierkram und nicht unerhebliche Schmiergelder verlangte –, um legal aus Tibet ausreisen zu können.

»Mann, das Leben ist so hart hier. Keine Chance, gutes Geld zu verdienen. Vor Kurzem erst wurden viele Tourguides aus Indien gefeuert. 300 neue kommen aus China. Alles ist unsicher.«

Nachdem wir die ramponierten Gebetsmühlen gedreht hatten, die die Straßen parallel zum Potala säumen, nahmen Tenzin und ich hinter dem Palast eine Abkürzung durch den beliebten Park zum See. Wir wollten den winzigen Tempel Lukhang besuchen. Einst nutzten die Dalai Lamas ihn zur Kontemplation, heute ist er ein stiller, heiliger und kaum von Touristen frequentierter Ort.

»Die Zahl chinesischer Touristen in Tibet ist enorm gestiegen«, sagte er. »Obwohl sie den Geruch von Yakbutter nicht mögen ...« Er unterbrach sich, und ich erwartete eigentlich eine Tirade.

»Weißt du, Schwester Drolma-la, manchmal mag ich die Chinesen sogar lieber als die Tibeter. Tibeter kümmern sich nur um sich selbst. Schau dir nur all die Bettlerinnen aus Shigatse an.« Er zeigte auf eine Reihe zerlumpter Frauen, rotzverschmierte Babys an der Brust, die Hände zum Himmel erhoben, die um eine milde Gabe baten. »Sie kommen nach Lhasa und wollen Geld verdienen. Tibeter sind immer noch sehr ortsverbunden, Drolma. Loyalität empfinden sie nur ihrer Heimatregion gegenüber.« Er schüttelte den Kopf. »Ein Nationalbewusstsein existiert nicht.«

Tenzin und ich fanden ein stilles Plätzchen hinter dem Tempel, und während wir die Fische und Enten mit Brot fütterten, brachte er mich auf den neuesten Stand, was den Alltag in Tibet anging.

»Auf der Straße zum Kailash sind mehr Kontrollstellen«, begann er und tauchte eine Kruste ins Wasser. »Du hast Glück gehabt, dass du letztes Jahr ohne Schwierigkeiten hingekommen bist. Jetzt wäre es unmöglich. Die Eisenbahn von Golmud nach Lhasa wird definitiv gebaut.« (Die Lhasa-Bahn wurde am 1.7.2006 eröffnet und ist mit 960 Kilometern – von insgesamt 1956 Kilometern – in einer Höhe von über 4000 Metern die höchstgelegene Eisenbahn der Welt).

Tenzin streckte seine Beine aus.

»Gute Nachrichten von Tashi. Er kommt demnächst frei. Sein Schwager ist Polizist, und sein *guanxi* hat ihm zu einer vorzeitigen Entlassung verholfen.

»Das ist toll. Wie geht es ihm?«

»Gut«, antwortete er einsilbig und gab mir damit zu verstehen, was für eine dumme Frage ich gestellt hatte. »Im Gefängnis hat er als Koch gearbeitet. Ich habe gehört, dass es da zugeht wie bei der Mafia, viel Gewalt. Jedes Mal, wenn ein neuer Gefangener kam, musste Tashi ihn zusammenschlagen – so wie man es mit ihm gemacht hat. Das ist Scheiße, Mann.« Er starrte auf den See. »Meine Heimat ist vor die Hunde gegangen, seit die rote Fahne über Tibet weht. Alles ist verboten, aber alles ist möglich.«

Lhasa sah aus wie eine Baustelle. Man verlegte neue Abwasserrohre, und die Straße zwischen dem Barkhor und dem Potala-Palast wurde verbreitert. Ein PSB-Gebäude, mehrere Stockwerke hoch, befand sich im Bau, man sprach von weiteren Überwachungskameras. Böen, die stinkenden Staub vor sich her trieben, pfiffen durch die Straßen und verschlimmerten meinen kratzenden Husten. Von meinem Hotelfenster aus konnte ich beobachten, wie ein gelber Bulldozer um Haaresbreite eine alte Frau geköpft hätte. Chinesen mit Bauhelmen schnauzten in die Menge, die Leute sollten zurücktreten. Niemand kümmerte sich im Geringsten darum, am wenigsten die Kinder, die in ihrer neuen, von Abwasserrohren gesäumten Lehmgrube spielten.

Nach ein paar Tagen mit einem grippalen Infekt und Nächten mit lebhaften Albträumen – von tibetischen Frauen mit Folterwerkzeugen und von Polizeiübergriffen – machte ich mich gemeinsam mit Sonam auf, Ani zu besuchen. Ich hatte den gut gelaunten Führer unserer Pemako-Expedition seit damals kaum wiedergesehen. Als ich ihn traf, berichtete er mir, kurz nach Ian Bakers letzter Expedition nach Pemako, die von der National Geographic Society finanziert worden war, sei die Region für Ausländer vollständig abgeriegelt worden.

(Im November 1998 machten Baker und Ken Storm weltweit Schlagzeilen, als sie den »Verborgenen Wasserfall Dorje Pagmos« erreichten, fotografierten und filmten. Sie stellten eine Höhe von 32 bis 35 Metern fest; die National Geographic Society kürte Baker dafür später zu einem der sieben »Entdecker des Jahrtausends«. Die Behauptung, Baker sei als Erster dort gewesen, wurde von anderen Amerikanern in Frage gestellt, darunter auch Gil Gillenwater, und natürlich von den Chinesen, die etwa zur selben Zeit ein Expeditionsteam in die Täler geschickt hatten. Im Januar 2000 machte die *China Daily* in einem Artikel – »Chinesische Forscher als Erste am Wasserfall« –, darauf aufmerksam, dass 1987 von einem Armeehubschrauber aus die ersten Fotos vom Wasserfall gemacht worden seien. Zur gleichen Zeit meldeten chinesische Zeitungen auch, dass es Überlegungen gab, in der großen Schleife des Tsangpo ein gigantisches Wasserkraftwerk zu bauen – das ein Paradies auf Erden überfluten würde.)[3]

Sonam bevorzugte nun Schreibtischjobs: »Leute herumzuführen ist langweilig – ich war schon in ganz Tibet.« Er lachte. »Jetzt versuche ich, nach Amerika zu kommen.«

Wir mieteten ein Auto und fuhren zum Kloster Shugseb. Im Innenhof klang der Gesang der Nonnen gedämpfter, erschöpft von den tagelangen Zeremonien. Mit den Lebensmitteln und meiner Campingmatratze aus Schaumstoff, die ich Ani überlassen wollte, kletterten wir zu ihrer Höhle, wo wir ein Picknick veranstalteten. Sonam war entsetzt über die ärmlichen Lebensbedingungen: »Das ist, als würde man ins 18. Jahrhundert zurückversetzt.« Als er sie damit aufzog, sie wäre eine »modebewusste Nonne«, und auf die mit buddhistischen Symbolen versehenen Armreifen und Ringe zeigte, warf Ani den Kopf zurück und lachte laut und schallend.

»Andere Mönche und Nonnen haben Probleme mit der Polizei, nur ich nicht, weil ich wie eine *agi* – eine Laiin – aussehe«, war ihre Antwort. (Später erfuhr ich, dass es für Tantrapraktizierende üblich ist, wie Ani einen Ring mit eingravierter Glocke an der linken Hand zu tragen, der das Weibliche symbolisiert, und an der rechten einen Ring mit *vajra* für das Maskuline. Zusammen stehen sie für »die Integration der äußerlichen und innerlichen Energie des Männlichen und Weiblichen«.)[4]

Ich hatte unzählige Fragen, die ich Ani stellen wollte, beschied mich aber mit einer Hand voll. Sonam übersetzte. Warum geht sie auf Pilgerschaft? Es macht sie glücklich. Wohin als Nächstes? Sie zuckte mit den Schultern. Würde sie in der Stadt bleiben? Ein nachdrückliches Nein. »Ich mag die Gerüche nicht. Ich komme von meinem Weg ab«, erklärte sie. »Es gibt in Lhasa zu viel zu sehen und anzuschauen. Es ist nicht mehr wie früher.«

Ani hatte die Hauptstadt erstmals mit 21 besucht, im Jahr 1982, als die politischen Verhältnisse sich lockerten und die Tibeter vorsichtig wieder ihre Religion ausüben konnten. Damals war die Stadt noch sehr klein, bestand aus wenigen Gebäuden, »man konnte sich gar nicht verlaufen«. Abends gab es keine Straßenbeleuchtung, und die Leute molken ihre *dri* (weiblichen Yaks) vor dem Jokhang. Sie kam auf Pilgerschaft dorthin, erzählte sie und drehte die Perlen ihrer *mala*. »Zum ersten Mal nach der Kulturrevolution durften wir unsere heiligen Tempel aufsuchen. Ich erinnere mich daran, dass ich sehr aufgeregt war.«

»Waren damals viele Chinesen dort?«

»Nein. Nur zwei oder drei Jeeps aus Peking. Hauptsächlich Beamte in blauen Mao-Uniformen und Soldaten, die immer rauchten. Morgens riefen die Soldaten Parolen und joggten gegen den Uhrzeigersinn auf dem *lingkhor* – dem äußeren Umrundungsweg der Pilger – um Lhasa herum. Die Tibeter gingen im Uhrzeigersinn, in ihren besten Wollanzügen«, erinnerte sie sich lächelnd. »Es gehörte sich damals für uns, die neuesten Kleider zu tragen, wenn man Klöster besuchte. Viele Pilger kamen mit Pferd und Wagen aus den Dörfern. Da es keine Unterkünfte gab, übernachteten sie in großen weißen Zelten am Stadtrand. Damals habe ich nie von Dieben oder Bettlern gehört oder welche gesehen. Nicht wie heute.«

Ich wusste, dass Anis Großeltern in den 1960er-Jahren enteignet und verfolgt worden waren, aber Einzelheiten aus ihrer Kindheit kannte ich so gut wie nicht, und ich hoffte, sie würde mir mehr davon erzählen. Es war ein sicherer Ort zum Reden, und weil ich wusste, dass sie Sonam gegenüber keine Vorbehalte hatte, schnitt ich das Thema an.

Wie jede andere Familie mussten auch Anis Eltern ihre buddhistischen Ikonen, Schriften und den Altar in der Kulturrevolution zerstören. Als sie ein Kind war, fanden täglich revolutionäre Versammlungen statt unter der Führung pflichteifriger tibetischer Rotgardisten und später unter der Aufsicht chinesischer Beamter. Das war eine Zeit, erinnerte sie sich, als es »falsch war aufzustehen und falsch, sich zu setzen. Die Leute wussten nie, wofür sie als Nächstes bestraft werden würden; jeder hatte Angst, auch nur laut zu sprechen – schon der Klang von irgendjemandes Stimme konnte Schwierigkeiten mit sich bringen.« Auf den Versammlungen mussten sie die alte Regierung und Religion beschimpfen und den Kommunismus preisen. Das beliebte buddhistische Gebet *Om Mani Padme Hung* wurde durch *Mao Tse-tung wan sui* ersetzt.

Als reiche Nomaden, die Land und Vieh besaßen – über 100 Yaks, Ziegen und Schafe –, gehörten Anis Großeltern zu jenen, deren Grundbesitz konfisziert wurde. Die Tiere nahmen ihnen die Behörden weg und teilten sie unter ärmeren Familien auf. Ihre Mutter Lhamo wurde gezwungen, mit anzusehen, wie ihre Eltern bei einem öffentlichen *thamzing* (wörtlich: »Bitterkeitsversammlung«) vorgeführt, verspottet und gedemütigt wurden, bevor man sie verschleppte und folterte. Ani sagte, sie sei damals noch sehr jung gewesen und erinnere sich nicht – oder wolle sich nicht erinnern. Ein Bericht von 1967 aus einem ländlichen Bezirk, den der tibetische Historiker Tsering Shakya zitiert, vermittelt eine Vorstellung von einer typischen Kampagne gegen »die mit Armut geschlagenen Bauern und Arbeiter, die als Dämonen und Monster gebrandmarkt wurden. Abgesehen von Faustschlägen, Tritten, Haare-Ausreißen und Ohrenziehen wurden auch andere Formen der Bestrafung und Folter angewandt, zum Beispiel wurden die Menschen in Handschellen und Fesseln gelegt, Kopf und Rumpf wurden versengt, sie mussten menschliche Exkremente essen ... Die Foltermethoden sind zu zahlreich, um einzeln aufgeführt zu werden.«[5]

Nach ihrer Entlassung zwang man Anis Großeltern, für mageren Lohn harte Arbeit zu verrichten und so ihre »Verbrechen« als reiche

Nomaden zu büßen. Die Familie durfte ihr Zelt aus Yakhaar behalten, dazu zwei schmale Streifen Land und einige Tiere. Noch Jahrzehnte später waren sie als »schwarze« Kapitalisten abgestempelt. In der Dorfschule, die Ani zwei oder drei Monate im Jahr besuchte, wurde sie vom Lehrer regelmäßig gedemütigt: »Du bist ein schwarzes Hirn, du solltest ein weißes Hirn sein. Du darfst nicht auf deine Großeltern hören, du musst eine gute Kommunistin werden.« Sie schwieg und fingerte an ihrem Stoffhut herum.

»Damals lebten wir in großer Angst und Unsicherheit. Menschenrechte, Gerechtigkeit, so etwas existierte nicht. Die Behörden waren übermächtig, und wir wussten nie, wann sie uns zum Sündenbock machen, wann sie uns grundlos einsperren oder die Todesstrafe über uns verhängen würden.«

Ani erzählte von dieser Zeit ohne eine Spur der Verbitterung und ohne Schuldzuweisungen. »Es war traumatisch, es schmerzt noch immer«, gab sie zu. »Nicht nur mich, sondern alle Tibeter, besonders die, die keinen Lama hatten. Bei ihnen wird dieser Schmerz nie vergehen. Die Zeit, als Tibet der Buddhismus vorenthalten wurde, war wie ein Körper ohne Herz. Das hinterlässt eine große innere Leere.« Sie blickte zu Boden und sagte dann: »Aber die Tibeter haben die Hoffnung nicht aufgegeben, wir glauben fest daran, dass die Sonne scheinen wird, dass die dunklen Wolken fortziehen werden.«

»Als du noch jünger warst«, fragte ich, »warst du da jemals wütend auf die Chinesen wegen allem, was sie deinen Eltern und Großeltern angetan haben?«

»Mein Lama sagte mir, ›kein Mitgefühl, keine Erleuchtung‹. Du musst deinen Feind als deinen Lehrer betrachten, der dich veranlasst, Mitgefühl aufzubringen. Also ohne Feind auch kein Mitgefühl. Wenn ich Wut auf das, was passiert ist, oder schlechte Gedanken habe, dann bitte ich um Versöhnlichkeit. Ich rufe den Buddha an.«

Als wir den Hügel hinuntergingen, Hand in Hand und wie von selbst im gleichen Rhythmus, da wusste ich, dass es Jahre dauern würde, bis ich nach Tibet zurückkäme. Als ich Ani das erklärte, wurde unser Gang schleppend. Tränen rannen ihr übers Gesicht und tropften auf meines. Weiter unten schaute ich zurück. Sie stand auf der Spitze des Hügels, und ich fand es bewundernswert, dass sie unter einem so repressiven Regime, das auf seine Fahnen geschrieben hatte, die Ideale auszulöschen, nach denen Ani lebte, innere Freiheit ausstrahlte. Sie verkörperte etwas von den Worten, die Nelson Mandela zugeschrieben werden: »Wenn wir unser eigenes Licht leuchten lassen, geben wir unbewusst anderen Menschen ein Zeichen, das Gleiche zu tun. Wenn wir uns von unserer eigenen Angst befreit haben, befreit unsere Anwesenheit automatisch auch andere.«[6] Als ich allein den Berg hinunterschritt, spürte ich, wie ihr Blick mir folgte, und in meinem Kopf hörte ich ihre Stimme wie ein Windglockenspiel in einem Lufthauch: Sie flüsterte Gebete für meine weitere Reise und meine eigene Befreiung.

16

Eine vergehende Kultur

Wie ich es erwartet hatte, nahm mein Leben eine neue Wendung. Ich wechselte zwischen der nördlichen und südlichen Hemisphäre hin und her, bevor ich meine Zelte in Australien aufschlug. Nachdem ich mich vier Jahre lang auf Tibet konzentriert hatte, stand das Land nun nicht mehr im Mittelpunkt meines Lebens, sondern war eher zu einer Art Hintergrundraunen geworden. Oder zumindest fast. An einem Ehrenplatz in meiner Küche hatte ich ein Foto von Ani und mir, auf dem wir uns am Beginn der Wanderung zum Kailash an den Händen hielten. Gelegentlich nahm ich es zur Hand, putzte das Glas und nahm jedes Detail der denkwürdigen Szene in mich auf.

Hinter uns sieht man die Steinpyramiden der Pilger und wehende Gebetsfahnen. Mein Gesichtsausdruck ist ekstatisch, und ich strecke die Arme aus wie eine Ballerina. Ani blickt ernster drein, ihre Lippen umspielt ein rätselhaftes Lächeln, den kirschroten Sonnenhut und ihre *mala* aus Plastik hält sie fest umklammert. Mir war nie aufgefallen, dass wir praktisch gleich groß sind, und auch die Ähnlichkeit unserer Züge war mir entgangen – wir haben beide rundliche Wangen, Lachfältchen um den Mund und ein ausgeprägtes Kinn. Ihre Nase ist spitzer, meine stumpf, ihr Haar schwarz, meines brünett. Trotzdem wiesen Freunde mich oft darauf hin, dass wir Schwestern sein könnten.

Seit unserer Reise zum Kailash hatten die für Ani so entscheidende unerschütterliche Selbstgenügsamkeit und ihr Glaube es mir ermöglicht, nach und nach mehr auf die Fülle des Lebens zu vertrauen und mich dem Unbekannten zu stellen. Mein spirituelles Leben nahm langsam seinen eigenen ruhigen, geheimnisvollen Gang.

Um mich herum waren überall heimliche Zeichen von Anmut und Wunder, wenn ich mir nur die Zeit nahm, genau hinzusehen: eine Drossel, die in der Abenddämmerung sang, ein Schmetterling, der auf meinem Fensterbrett landete, ein Sonnenstrahl, der auf das Gesicht meines schlafenden Liebsten fiel – ich musste nur von mir selbst und meinen Gewohnheiten Abstand nehmen, um das zu bemerken. Mir gefiel die Vorstellung, dass ich eine Pilgerin im Geiste war, wenn auch mit ein paar Verlockungen modernen Komforts mehr als Ani. Ich konnte es weder mit ihrer körperlichen Belastbarkeit noch mit ihrer eisernen Konstitution aufnehmen, die sich mit dreimal *tsampa* pro Tag begnügte.

Im Laufe der Zeit begann ich sie stärker zu vermissen. Ich träumte davon, einfach ein paar Sachen in meinen Rucksack zu werfen und loszuziehen, wild und frei, durchs tibetische Hinterland. Alle Wege führten den gewundenen Pfad zur rostroten Tür von Anis Einsiedelei hinauf. Aus dem gelegentlichen Wunsch und schnell entworfenen Reisefantasien wurde mit der Zeit ein dumpfer Schmerz. 2004, am ersten Tag von Losar, dem tibetischen Neujahrsfest, gab ich mir selbst das Versprechen, zurückzukehren und sie zu finden. Damals lebte ich in Byron Bay und war mit einem weisen tibetischen Künstler namens Karma Phuntsok befreundet, der mit seiner Frau im nördlichen New South Wales im Busch lebte. Als ich ihn anrief, um ihm für Losar *tashi delek* zu wünschen, und ihm erzählte, dass ich wieder nach Tibet reisen wolle, bestärkte er mich darin.

»Du solltest zurückkehren. Dich und Ani verbindet ein besonderes Karma, das kann ich an euren Fotos erkennen. Ihr seht euch ähnlich. Sie ist für dich wichtiger als andere Beziehungen, und du solltest von ihr lernen. Vielleicht habt ihr euch in einem früheren Leben nahegestanden, vielleicht warst du sogar eine Nonne in Tibet.«

In den folgenden Monaten glich mein Entschluss einer Wetterfahne im wechselnden Wind: Geld, berufliche und familiäre Verpflichtungen – lauter Ausreden, um nicht aufzubrechen. Und dann sah ich einen Film: *The Yogis of Tibet*. In dieser einzigartigen Dokumentation werden 20 Yogis der Drigung-Kagyü-Linie im Exil interviewt, die wohl zum ersten Mal offen über einige ihrer geheimen Praktiken sprechen, »um ihre im Verschwinden begriffene Kultur der Nachwelt zu erhalten«. Der Film machte mir klar, dass meiner eigenen Pilgerschaft noch eine letzte Runde fehlte, und weil Ani auch bei allen vorherigen Stadien dabei gewesen war, erschien es mir undenkbar, dass sie nun nicht auch beteiligt sein sollte.

Im Film wurde eindringlich darauf hingewiesen, dass »das gesamte gesellschaftliche Umfeld, das diese Meister des Geistes in der Vergangenheit hervorgebracht hat, nicht mehr existiert. Ohne die ununterbrochene Weitergabe vom Lehrer an den Schüler, ohne den völligen Rückzug von weltlichen Ablenkungen, ohne die Unterstützung durch die tibetische Gesellschaft wird die Tradition der Yogis bald aussterben.«

Ein Yogi wurde bei einer höheren *trulkhor*-Übung gefilmt – die Art, die Ani von dem betrunkenen, lüsternen Lama zu lernen versucht hatte. In dem Film sieht man, wie sich der Yogi ein ganzes Stück in die Luft erhebt, bevor er die Beine zum Lotussitz verschränkt und sie bei der Landung wieder löst. Mit Konchok Khadro wurde nur eine einzige *yogini* interviewt. Alle anderen waren Mönche, manche kahlköpfig, andere mit langem wuscheligem Haar, das zu einem Knoten oben auf dem Kopf gebunden war. Unter ihnen befand sich auch ein eindrucksvoller 85-Jähriger, Drubwang Konchok Norbu Rinpoche, der eine prächtige Kuppel grauer Dreadlocks trug. Auf seiner Handfläche saß ein kleiner Vogel. Konchok Norbu Rinpoche hatte zwölf Jahre in Klausur gelebt und bereitete sich auf den Tod vor, als der Dalai Lama ihn bat, noch ein wenig länger zu leben. Konchok Norbu Rinpoche willigte ein, 100 zu werden, um den Menschen zu helfen und sie zu unterrichten.

Lange nachdem ich das Kino verlassen hatte, ging mir immer wieder durch den Kopf, dass die Yogis »die Letzten einer langen Generationenfolge« sind. Mir war nicht bewusst gewesen, wie unmittelbar diese Tradition vor dem Aussterben steht, sowohl in Tibet als auch im Exil, ebenso wenig wie die Tatsache, dass es Frauen wie Ani nur äußerst selten gibt.

Im September 2004 organisierte ich für eine kleine Gruppe eine Reise zum Kailash, und zwar mit einem Reisebüro, dessen Inhaber von Ani wusste und der mir versprach, ihr rechtzeitig Bescheid zu geben, so dass sie uns begleiten konnte. Ich stand auch in Verbindung mit Tenzin und dem Mönch Lobsang, die es beide auf sich nehmen wollten, Ani in ihrem Kloster zu benachrichtigen. Als das Datum der Abreise näherrückte und ich noch immer kein Wort von ihr gehört hatte, versuchte ich sogar – zu meiner eigenen Überraschung –, ihr meine bevorstehende Ankunft mittels Telepathie zu übermitteln.

In all den Vorbereitungen verfolgte mich plötzlich der Gedanke, dass es sich um eine unerwiderte Freundschaft handeln könnte. Auf Tibetisch ist Ani die allgemeine Bezeichnung für Nonne. Ich kannte sie immer als Ani und nicht unter ihrem spirituellen Namen (nach langem Überlegen bat sie mich, diesen nicht zu benutzen, um ihre Anonymität zu wahren). Im Laufe der Jahre war Ani in meiner Vorstellung zu allem geworden, was ich von ihr erwartet hatte – meine Lehrmeisterin, meine Seelenverwandte, meine Schwester im Geiste, mein *cho-drok* oder Pilgerkameradin –, nichts weniger als meine Heldin. Als die Wochen vergingen und ich nichts von ihr hörte, sagte ich meinen Freunden: Was, wenn sich das alles nur in meinem Kopf abspielt? Was, wenn wir uns nur ganz zufällig auf Fotos ähneln? Was, wenn sie in Wirklichkeit überhaupt nicht an mich denkt und meine Freundschaft zu ihr nur in meiner Fantasie existiert?

Die Tibetreise 2004 war von Beginn an eine Kette Missgeschicke. Ich leitete eine Gruppe, die aus einem einzigen Touristen bestand: Jürgen aus Deutschland hoffte, seinen 60. Geburtstag auf dem Kailash feiern zu können. Außerdem begleitete uns meine Freundin und Dolmetscherin Jane.

In Lhasa angekommen, rief Jane im Kloster an, nur um zu erfahren, dass Ani sich in Tsari, im Süden Tibets, auf Pilgerreise befände. Wir statteten dem Kloster trotzdem einen Besuch ab. Ich hinterließ für sie eine Tasche mit Geld, Kleidern und Toilettenartikeln sowie die Nachricht, wie lange ich in Tibet bleiben würde. Die Nonnen sagten mir, vielleicht wäre sie in wenigen Wochen zurück, und während ich zum zweiten Mal den Kailash umrundete, hoffte ich die ganze Zeit, wir würden uns in Lhasa treffen, selbst wenn es nur für ein paar Stunden wäre.

Nach kaum drei Tagen musste Jürgen höhenkrank in die Hauptstadt zurückkehren. Jane und ich fuhren mit einem Lastwagen weiter und absolvierten eine *kora* um den Berg. Es war wundervoll, wieder dort zu sein, aber körperlich viel strapaziöser, als ich es in Erinnerung gehabt hatte. Mit Ani hatte ich die *kora* in zwei Tagen beendet; ohne sie an meiner Seite kämpfte ich, um es in dreien zu schaffen. Mir wurde klar, wie viel – sichtbare und unsichtbare – Unterstützung sie mir hatte zukommen lassen. Ohne sie fühlte ich mich wie Treibholz.

Zurück in Lhasa, rief ich wieder im Kloster an. Als ich die kurze Antwort – »*Ani mindu*, Ani ist nicht hier« – vernahm, war ich am Boden zerstört. Ich spürte die gleiche Traurigkeit, die ich empfand, wenn ich meine Mutter auf der anderen Seite der Erdkugel zurückließ – jemanden, der in meinem Herzen, der ein Teil von mir ist. Im Hinterkopf hatte ich jedoch die verbliebenen Zweifel: dass unsere Freundschaft eine einseitige Sache wäre, dass die »besondere« Verbindung zwischen uns eine Ausgeburt meiner Fantasie war. Eine weinerliche Stimme in mir triumphierte: »Siehst du, das Ganze existiert nur in deinem Kopf! Du hast gedacht, du hättest telepathische Fähigkeiten, was? Na, das wird dich wohl eines Besseren belehren.«

Mein letzter Besuch in Lhasa lag nun schon drei Jahre zurück, und die alten Lieblingsorte hatten die Kraft verloren, mich in Begeisterung zu versetzen. Ich begriff, dass ich nicht Tibet hatte wiedersehen wollen, sondern Ani. Tenzin hatte, wie ich hörte, einen chinesischen Pass erhalten und war nicht mehr in Tibet – momentaner Aufenthaltsort unbekannt. Ein Bekannter berichtete mir von Tashi, dessen Leben glücklicherweise wieder in geordneten Bahnen verlief. Er hatte sich irgendwo im Osten Tibets niedergelassen, und seine Frau erwartete ihr erstes Kind. Die Lebensgeschichten meiner Freunde nahmen wie die von Lhasa ihren unerwarteten, unaufhaltsamen Lauf.

Die Stadt wuchs stärker denn je, die Eisenbahn Golmud-Lhasa stand kurz vor der Fertigstellung. Ich ging zum Jokhang und fand die alten Tore verschlossen vor. Wer das Heiligtum besichtigen wollte, musste 70 Renminbi Eintritt bezahlen. Im Restaurant gegenüber, wo Lobsang und ich uns getroffen hatten, saß sein älterer Bruder allein an einem Tisch. In seinem Gesicht las ich, dass etwas Schreckliches passiert sein musste. Zwei Wochen vorher war Lobsang nach Indien geflohen. Ich erfuhr nur das Nötigste. Später erzählte mir Lobsang, der im Westen Asyl suchte, den Rest.

Ein Brief, den er einem ausländischen Freund geschrieben hatte, war zurückgeschickt und von den Sicherheitsbeamten des Jokhang geöffnet worden. Ein anderer Mönch, Mitglied der Sicherheitsabteilung, hatte Lobsang und seinen besten Freund vor der drohenden Verhaftung gewarnt. Angesichts der wenig beneidenswerten Wahl, vor der Tausende Tibeter stehen – Gefängnis oder Exil –, »verließ er

Tibet mit Tränen in den Augen« und erreichte nach der gefährlichen Überquerung der höchsten Berge der Welt Nepal.

Angesichts von mehr als einer Woche in der Hauptstadt, bevor mein Rückflug ging, und mit wenig Interesse an den Sehenswürdigkeiten, die ich alle schon mehrfach besucht hatte, beschloss ich, für einen Zeitungsartikel die blühende Sexindustrie Lhasas genauer unter die Lupe zu nehmen. Ich hatte Berichte gehört, wonach Aids eine immer größere Bedrohung wurde, nachdem die Epidemie bereits im benachbarten Yunnan, Xinjiang und Nepal Fuß gefasst hatte. Das war eine Seite Lhasas, die sich fundamental von der unterschied, die ich durch Ani kennengelernt hatte. Mich bestürzte die steigende Zahl tibetischer Prostituierter, die auf der Suche nach Arbeit aus den ländlichen Regionen in die Stadt strömten.

Die Rotlichtbezirke erstreckten sich über ganze Viertel. Wegen der kaum vorhandenen offiziellen Überwachung und der großen Fluktuation, verursacht durch Zuwanderinnen aus dem inneren China, konnte ich keine genauen Angaben über die Zahl der Sexarbeiterinnen, ob tibetischer oder chinesischer Herkunft, ermitteln. Ich fand jedoch einen Tibeter, der bereit war, das Risiko auf sich zu nehmen und mich auf meinen »nächtlichen Streifzügen« zu begleiten. Am ersten Abend starteten wir im Adam's (nach Adam und Eva benannt), einem hochklassigen Nachtclub im neonhell erleuchteten Chinesenviertel von Thieves Island. Goldene Statuen nackter Frauen standen zu beiden Seiten der Tür. Drinnen stießen wir auf ein Gewirr aus Karaoke-Räumen, Bars und Separées, die von einer Tanzfläche abzweigten. Gleichzeitig mit mir traf auch ein »girl« ein, das von einer *mummy* gerufen wurde. Bei Letzteren handelt es sich oft um ehemalige Prostituierte, die die Sexarbeiterinnen dann »managen«.

»Im Adam's gibt es mindestens 20 Mummys mit jeweils 30 Girls auf Abruf«, sagte mein Übersetzer. »Es kostet 100 Renminbi, sich mit ihnen zu unterhalten, etwa 400 für ›mehr‹ und bis zu 1 000 Renminbi pro Nacht in einem Zimmer außer Haus. Die Mummy erhält den Löwenanteil.«

In solche Clubs bringt etwa ein Geschäftsmann, mit dem ich sprach, Funktionsträger aus der Armee oder von der Polizei, um sein *guanxi* zu verbessern. »Ich hasse das«, sagte der Tibeter mittleren Alters. »Ich bin Familienvater, aber mir bleibt keine andere Wahl, wenn ich meinen Job behalten will. Die Beamten erwarten ein Festessen und anschließend den Besuch in einem teuren Bordell.

»Gehen Sie dann auch selbst mit einer Prostituierten mit?«, fragte ich.

»Nein. Manchmal muss ich mir eine aussuchen, damit die Beamten mich nicht verachten. Aber ich unterhalte mich nur und scherze mit ihnen. Die tibetischen Beamten bevorzugen Chinesinnen, weil sie sauber und professionell sind. Tibetische Mädchen sind schüchtern, trinken immer und reden nichts.«

Nach dem Besuch von ein paar Nachtclubs streifte ich durch Straßen, die von Bars gesäumt waren. Gelangweilt dreinblickende Han-Chinesinnen strickten und spielten Mah-Jongg in zahllosen Läden, die eine Mischung aus Friseursalon und Bordell darstellten. Nach Herkunft getrennt, arbeiteten die Chinesinnen auf der einen Straßenseite, die Tibeterinnen auf der anderen. Es gab Sexshops, die riesige Dildos, falsche Brüste, originelle Kondome und Zaubertränke zur Steigerung des sexuellen Verlangens verkauften. Davor boten chinesische Sexarbeiterinnen ihre Dienste an, betrunkene Tibeter lungerten herum. Einer Studie zufolge bevorzugen tibetische Kunden, meist verheiratete Männer, Chinesinnen, weil sie »wilder sind« und »mehr machen«.[1]

Eine 26-jährige verheiratete Sexarbeiterin aus Sichuan erklärte dem Dolmetscher und mir, dass sie daheim in einer Fabrik 300 Renminbi im Monat verdient hätte. In Lhasa kann sie ihr Einkommen verdoppeln und schafft an einem guten Tag sogar bis zu 800 Renminbi. »Ich bin des Geldes wegen hier und gehe dann nach Hause zurück«, sagte sie pragmatisch. »Ich benutze immer ein Kondom und schlafe nicht mit einem Mann, der keins hat, auch wenn er mir dafür das Doppelte bietet.«

Die Tibeterinnen, die ich in einem rosa beleuchteten Unterschichtenpuff antraf, wo die Fenster mit Zeitungspapier zugeklebt waren, gaben sich weniger professionell, kicherten und versteckten sich vor Verlegenheit eine hinter der anderen. In einer Bar lud uns eine Mummy, die sichtlich nervös wurde, als sie draußen eine Polizeisirene hörte, zu ein paar Drinks im oberen Stockwerk ein. Über einem Einzelbett hing ein Poster des Vorsitzenden Mao, umgeben von Blumen. Eine schüchterne 17-jährige, von zu Hause ausgerissen, war erst vor ein paar Tagen hier gelandet. Ihre 18-jährige Freundin beharrte wie andere tibetische Mädchen, mit denen ich gesprochen hatte, darauf, sie wäre eine Hostess und tränke nur Bier mit ihren Kunden. (»Sie schlafen mit den Männern, aber sie genieren sich, es zuzugeben«, sagte der Dolmetscher mir später.)

Nicht alle Tibeterinnen waren so schüchtern. In der Animierbar nebenan lernte ich die intelligente 21-jährige Drolma aus Osttibet kennen. Sie trug eine glänzend schwarze Hose, eine feuerrote Jacke und Rouge auf den Wangen ihres Puppengesichts. Ihre Welt bestand aus einem winzigen Zimmer, nur durch papierdünne Trennwände von drei anderen getrennt, mit einem Einzelbett und einem glitzernden Stereorecorder. Als Nomadin auf den Weiden von Kham aufgewachsen, hatte sie kaum drei Jahre lang ein ärmliche Schule besucht – »ohne Stühle, ohne Tafel« – und war wie eine Motte von den Lichtern Lhasas angelockt worden.

Sie erzählte, sie verlange 200 Renminbi pro Nacht, und öffnete, nachdem der Dolmetscher das Zimmer verlassen hatte, ihre Tasche, um mir stolz vier Kondome zu zeigen. Die benutze sie »meistens«, um eine Schwangerschaft zu verhüten. Sie hatte schon von Aids gehört, konnte sich aber nichts darunter vorstellen.

»Sexuell übertragbare Krankheiten sind weit verbreitet«, sagte mir eine Angestellte im tibetischen Gesundheitswesen, nachdem ich ihr Anonymität zugesichert hatte. »Vor allem tibetische Mädchen haben keine Ahnung. Einer 16-Jährigen aus Osttibet hatte jemand einen Job in einem Restaurant in Lhasa versprochen, dann endete sie in einem Bordell. Sie hatte die ganze Vagina voller Genitalwarzen. Der Arzt warnte sie vor jeglichem Geschlechtsverkehr, solange die Behandlung nicht abgeschlossen war. Drei Tage später schlief sie mit einem Studenten.«

Als ich die Geschichten von diesen verletzlichen Frauen hörte, kam mir das Dilemma der jüngeren Generation in Tibet zu Bewusstsein. Die jungen Frauen lehnen die unbarmherzige Plackerei des Landlebens ab, aber zugleich fehlen ihnen die Fähigkeiten, die sie brauchen, wenn sie in der Stadt nicht untergehen wollen. Magnetisch angezogen von den Verlockungen des modernen, konsumorientierten Lhasa – Kleider, Make-up, Handys –, werden ihre Körper zu ihrer einzigen verfügbaren Währung. Manche der Dorfmädchen, die ich kennenlernte, hofften nach Hause zurückzukehren. Eines Tages. Im Moment waren sie gefangen, ihre Flügel gestutzt. Kurz bevor ich aus Lhasa abreiste, erfuhr ich, dass tibetische Prostituierte ihre Dienste neuerdings auch entlang des Barkhor feilboten, des traditionellen Umrundungswegs der Pilger. Da fragte ich mich, ob die »verbotene Stadt« Gefahr lief, ihr spirituelles Herz zu verlieren.

17

Ani gefunden!

Meine Hoffnungen, zusammen mit Ani meine eigene Pilgerschaft zu einem guten Ende zu bringen, schwanden dahin, aber ich dachte immer noch, ich könnte nach Tibet reisen und Ani wiedersehen. Dann erfuhr ich, dass sie Hüterin eines Klosters in Tsari geworden war und, angesichts heftiger winterlicher Schneefälle, von ihr erwartet wurde, unbegrenzt lange zu bleiben. Damit war völlig ungewiss, wann mein Wunsch wahr werden würde. Ende 2004 – ich war wieder in Australien – erhielt ich eine unerwartete E-Mail.

»Ani gefunden!«, schrieb Dorje, Tashis Freund. »Gute Neuigkeiten! Habe Ani heute Morgen in Lhasa getroffen und folgende Verabredung für dich ausgemacht. Losar fällt nächstes Jahr auf den 9. Februar. Also habe ich sie gebeten, dann in Lhasa zu sein, so kannst du zusammen mit ihr auf Sightseeing-Tour gehen.«

Dieses Mal, das wusste ich, würde ich nicht enttäuscht werden.

Das Flugzeug, das von Chengdu aus startete, war bis auf den letzten Platz voll mit Tibetern, die zu Losar nach Hause reisten. Vorfreude hing in der Luft. Unter uns breitete sich ein Meer schneebedeckter Gipfel und messerscharfer schwarzer Grate aus. Als ich in Lhasa das nagelneue Terminal für Inlandsflüge betrat, spürte ich sofort die vertraute Atemlosigkeit und ein leichtes Pochen in meinen Schläfen. Draußen wartete ich ungeduldig auf Dorje. Seit ich seine Mail mit »Ani gefunden!« erhalten hatte, waren wir regelmäßig in Kontakt gewesen, und er hatte angeboten, mich vom Flughafen abzuholen. Lange 45 Minuten später hielt neben mir ein Auto, und heraus purzelte Ani.

»Awoooh, Drolma«, schrie sie.

Einen Augenblick lang standen wir uns einfach nur gegenüber, bis sie meine Stirn zum tibetischen Begrüßungsritual sanft an ihre führte. Ich streichelte ihre Wange mit dem Handrücken. Sie schien mir kleiner, als ich sie von vor vier Jahren in Erinnerung hatte. Mit ihrem zu einem Pferdeschwanz gebundenen Haar und ihrer dick wattierten weinroten *chuba* erinnerte sie mich an eine kompakte, sehr kleine russische Puppe.

Ani nahm sich Zeit für eine eingehende Untersuchung – Handgelenke, Gesicht, Hände – und bohrte ihren Blick in meine Augen.

»Du siehst besser aus als beim letzten Mal.«

»Welcher Teil von mir denn?«, fragte ich.

»Alle.«

Nachdem wir uns auf den Rücksitzen des Autos niedergelassen hatten, setzte sie ihre spitze Stoffkrone wieder auf. Dorje fuhr los und erklärte mir: »Sie wollte den Hut nicht tragen – es hätte Probleme mit der Polizei am Flughafen geben können.«

»Ist sie immer noch ängstlich, was die Polizei betrifft?«, fragte ich und streckte mich, um ihre Hand zu drücken.

Dorje berichtete mir, dass er Ani zufällig im letzten November am Barkhor getroffen hatte. Sie war nach ihrer Pilgerreise nach Tsari auf dem Heimweg gewesen. »Sie sah abgemagert und krank aus«, sagte er. »Ich hoffe, du bist einverstanden, aber ich habe ihr 800 Renminbi in deinem Namen gegeben, damit sie sich etwas zu essen und Kleidung kaufen konnte.«

»Natürlich«, erwiderte ich. »Danke.«

Als er anhielt, um einen Anruf zu erledigen, beugte sich Ani zu mir und sagte, wie leid es ihr täte, dass ich im letzten Jahr die weite Reise nach Tibet unternommen und sie nicht gesehen hatte, schimpfte mich aber auch aus: »Jetzt kommst du, wo das Wetter kalt ist.« Dann lehnte sie sich zurück: »Wir sprechen mit den Augen.

Dein Ring, der Ring, den du mir gegeben hast.« Sie zeigte darauf. »Schau, ich habe ihn noch.«

Es war der Ring mit dem Regenbogenmondstein, den ich ihr vor fünf Jahren bei unserer Pilgerreise am Kailash geschenkt hatte.

»Von Drolma«, fügte sie leise, wie zu sich selbst, hinzu.

Mir fiel auf, dass ihre Hände gealtert waren: Die Handflächen waren knittrig wie altes Pergament, die Fingergelenke geschwollen. Sie zog an dem Ring mit dem Mondstein. Er rührte sich nicht und steckte fest auf ihrem Mittelfinger. Ein Anflug von Trauer überkam mich. Sie musste jetzt 44 Jahre alt sein. Nicht alt für einen Menschen im Westen, aber schon weit im späten mittleren Alter für eine Tibeterin. Von ihrer anderen Hand zog sie einen ramponierten Kupferring. In seiner Mitte war das tibetische Wort für *phurbu* – den rituellen Dolch – in ein Herz eingraviert. Sie schloss meine Finger darum und sagte: »Für dich.«

Der Ring war zu weit, also hängte ich ihn an meine silberne Kette. Sie nickte.

Ich drehte mich zum Autofenster, betrachtete die silbernen Wellen des Tsangpo und die strenge Schönheit der schiefergrauen Berge, eingeätzt in den klaren blauen Himmel. Ich hatte mir diesen Augenblick so viele Male vorgestellt. Jetzt war er da, und glücklicherweise gab es nichts zu sagen.

Ungewöhnlicherweise fielen 2005 das tibetische und das chinesische Neujahrsfest auf ein und denselben Tag. Die ganze Nacht hindurch explodierten ohrenbetäubende Feuerwerkskörper, die die Fensterscheiben erzittern ließen und die Luft mit beißendem Rauch erfüllten. Ani und ich teilten uns ein Hotelzimmer, und während ich wach lag, hörte ich sie leise schnarchen, das Gesicht im Ärmel ihrer *chuba* vergraben. »Ich schlafe wahnsinnig gern«, hatte sie mir gestanden. »Das ist eine meiner Schwächen. Selbst wenn ich hungrig bin, schlafe ich ein.«

252

Traditionell dauert Losar 15 Tage und ist wie unser Weihnachten ein großes Fest, bei dem man mit Freunden und Verwandten isst und trinkt. Am ersten Tag schlossen Ani und ich uns den Bewohnern Lhasas an, die im Festtagsgewand – die Männer mit Fuchspelzmützen und die Frauen in kunstvoll bestickten seidenen *chuba* in Apricot, Olive oder Lavendel – rund um den Barkhor spazierten. Die Luft war erfüllt von Wacholderrauch. Gläubige, beladen mit Opfergaben, standen am Jokhang-Tempel Schlange. Darunter viele Nomaden, die wegen der strengen Winter im Osten Tibets jedes Jahr zu Losar mehrere Wochen in Lhasa verbrachten.

Der Rest der Stadt war verwaist, alle Restaurants hatten geschlossen. Nur wenige westliche Touristen waren zu sehen. Auch die Chinesen waren größtenteils zum Feiern nach Hause gereist – in die Vertrautheit von Papierdrachen, schaukelnden roten Laternen und Festbanketten mit 1000 Gerichten. Ani nahm mich mit zum Besuch bei ihrer Freundin Pema. Sie war aus ihrer baufälligen alten Wohnung in eine größere gezogen, die sich durch eine mönchische Einrichtung auszeichnete – massive Säulen aus Holz und dicke Mauern, rubinrot gestrichen.

Auf den ersten Blick erschien das Wohnzimmer unverändert, mit Sofas, die zugleich als Betten dienten, nur dass nun ein neuer Kühlschrank in einer Ecke brummte. In einer anderen standen ein Fernseher mit Großbildschirm und ein DVD-Player. Auch Pema hatte zugelegt und war zu einer stattlichen, drallen Frau geworden. Ihr Sohn war gewachsen und spielte mit einem Spielzeuggewehr, das er zu Losar bekommen hatte. Der alte Pasang sah unverändert aus. In dunkelbraune Gewänder gehüllt, saß er in seiner Ecke, schnupfte Schnupftabak und nippte am Buttertee in seiner geschnitzten Holzschale.

Als wir ankamen, redeten alle auf einmal. Pema wollte uns ihr neues Klassenzimmer zeigen, in dem jetzt fast 100 Kinder Unterricht in Tibetisch, Chinesisch und auch ein wenig Englisch erhielten. Pasang bot mir Tee an und kapse – eine Losar-Spezialität aus frittiertem Teig mit Puderzucker. Ani wuselte herum, forderte mich auf, mich zu entspannen, und bestand darauf, dass ich mir eine DVD mit traditionellen Tänzen in Amdo ansah. Bilder von wogenden Weiden und Schafen, die wie flaumige Wölkchen aussahen, zogen über den Bildschirm, gefolgt von tibetischen Tänzern in chubas aus Leopardenfell und mit wehenden roten Schärpen.

Ani saß wie ein Kind davor – reglos, vollkommen gefesselt, mit leicht geöffnetem Mund. Hin und wieder stand sie auf und schwang ihre Arme von einer Seite zur anderen, um es den Tänzern gleichzutun. Sie war sichtlich hingerissen und sagte mir: »Ich möchte dieses Jahr eine Pilgerreise nach Amdo unternehmen.«

»Gehst du allein?«

»Ja. Ich habe niemanden, der mitkommt«, antwortete sie. Unbewusst nahm ihr Gesicht ganz kurz einen traurigen Ausdruck an. Dann verließ sie den Raum und kam mit der Geweihstange eines Hirschs zurück.

»Das Geschenk für dich. Ich habe es von meinen Verwandten, die als Nomaden in den Bergen leben.«

Die beige-graue und leicht gezahnte Stange war etwa 30 cm lang und wog so viel wie ein Knochen. Ich strich mit den Fingern über die drei Spitzen, die auf der einen Seite glatt, auf der anderen rau waren. Dann überfiel mich das durchdringende Aroma von Holzfeuer und Erde, Bergen und Melancholie.

»Danke, danke«, sagte ich lächelnd und tief bewegt.

»Hirsche sind heilige Tiere«, sagte sie. »Sie haben tiefes Mitgefühl.« (Dieser Glaube geht auf Buddhas Lebensgeschichte zurück. Der Legende nach soll in Sarnath, nahe dem indischen Varanasi, ein Hirschrudel Buddhas erster Predigt gelauscht haben, die er im Hirschpark hielt.)

Wieder im Hotel, blätterte Ani im Fotoalbum von unseren früheren Reisen, das ich mitgebracht hatte. 1997 nach unserer Pilgerreise durch Pemako vor dem Potala: sie mit unter den ramponierten Strohhut gestopften Dreadlocks, ich mit runder Brille; in der schwarzen *chuba* sah ich aus wie eine 15-Jährige. Zwei Jahre später zwischen den glatten Felsen am Platz der Himmelsbestattungen; unter einem kreideblauen Himmel vor unserer *kora* um den Kailash; in ihrer eisigen Höhle bei Shugseb. Dann sah sie sich den Waschbeutel genau an, den ich ihr mitgebracht hatte – er enthielt Seifen, Shampoo, ein Paar Socken, Zahnpasta –, und begann mit dem rituellen Auskämmen ihrer Haare.

»Du solltest deine auch bürsten, Drolma. Sie sind verstrubbelt.«

»Das ist jetzt Mode«, erwiderte ich.

Sie schaute noch einmal die Fotos durch.

»Deine Haare waren damals länger – das sah besser aus.«

Sie begann sich auszuziehen und schälte sich aus einer Lage nach der anderen. Unter ihrer unauffälligen *chuba* kam eine ganze Garderobe zum Vorschein – eigentlich sogar noch mehr als das: Jedes Stück repräsentierte einen anderen Aspekt ihrer Persönlichkeit. Da gab es einen robusten, praktischen Wollrock; eine golden-safranfarbene Bluse wies sie als Nonne aus. Um den Hals trug sie ein dickes Bündel gesegneter roter Bänder und zahlreiche andere Glücksbringer von ihren Pilgerreisen und Unterrichtungen. Anstelle von Schnürschuhen war sie zu den traditionellen kniehohen tibetischen Mönchsstiefeln zurückgekehrt. Die bestehen aus grober roter Wolle und Sohlen aus gegerbtem Yakleder. Am überraschendsten war jedoch ihr geblümter Unterrock in knalligem Gelb, Orange und Grün mit echtem Hippie-Chic – ein Tribut an Anis überschäumendes Teenagertemperament.

»Wo kommt das denn her?«, rief ich.

»Chinesisch«, quiekte sie und ließ ihn hin und her flattern.

Sie legte ihren weltlichen Besitz neben das Kissen – Schlüssel, eine zerlumpte Geldbörse aus Stoff und ein *melong* (eine tibetische astrologische Scheibe) – und ihre Unterwäsche auf die Bettdecke, dann nahm sie eine Dusche. Als sie sich anschließend auf das Bett plumpsen ließ, seufzte sie: »Jetzt bin ich glücklich.«

Sie weigerte sich, unter der Decke zu schlafen, und meinte: »Es ist sehr heiß hier drin, ich bin es viel kälter gewohnt.« Ich trug dagegen fast die gesamte Kleidung, die ich mitgebracht hatte, kuschelte mich in einen Outdoor-Schlafsack, packte mir noch ein Federbett obendrauf und setzte eine Wollmütze auf.

Nachdem ich mich in der Höhe akklimatisiert hatte, planten wir einen kurzen Ausflug in die Umgebung von Lhasa mit »Onkel Norbu«, dem ich vor fünf Jahren begegnet war. Da er aber erst in ein paar Tagen eintreffen würde – er feierte Losar mit seiner Familie –, erklärte sich ein anderer Freund, Phuntsok, bereit, für uns zu dolmetschen. Der umgängliche, kunterbunt gekleidete Mann erschien eines Morgens früh im Hotel, ein Marmeladenglas voll lauwarmem grünem Tee in der Hand. Er hatte Ani viele Jahre zuvor kennengelernt, auf ihrer ersten Reise mit Ian Baker. Ich fragte ihn, ob sie sich seit damals sehr verändert hätte.

»Damals war sie ruhiger und zurückhaltender und sah jünger aus, wie ein Mädchen. Heute lacht und redet sie mehr. Ich denke, sie ist jetzt auch den Umgang mit Ausländern gewöhnt. Ich erinnere mich, dass sie auf der Reise damals allen gegenüber sehr, sehr hilfsbereit war, obwohl wir ihr sagten, dass sie das nicht müsste.« Er nahm einen Schluck von seinem Tee.

»Ich erinnere mich, dass wir einmal campten und sie draußen auf dem Sand schlief. Es regnete, und mein Schlafsack war von Wasser durchtränkt. Also kroch ich unter den Unterstand. Aber alle Plätze waren belegt. Ani sagte: ›Warum legst du dich nicht zu mir?‹ Und deckte uns beide mit einer Wolldecke zu.«

»Ist das für eine Nonne nicht ungewöhnlich?«, fragte ich.

»Mir war es peinlich, und ich war verlegen, aber ihr machte es wohl nichts aus. Wir redeten noch etwa eine Stunde lang in der Dunkelheit, lachten, erzählten uns Geschichten, bis wir schließlich einschliefen.« Er schwieg nachdenklich.

»Weißt du, Drolma, sie ist keine gewöhnliche Frau. Die meisten Menschen sind verschlossen, aber sie ist offenherzig. Es war ihr nicht peinlich, meine Hand zu halten, wenn es kalt war, oder mir zu helfen, wenn ich Unterstützung brauchte. Einmal traf ich eine *khandro*, eine erleuchtete Lehrmeisterin, von der es hieß, sie sei eine Wiedergeburt von Yeshe Tsogyal. Sie besaß die gleichen überragenden seelisch-geistigen Fähigkeiten – sehr sensibel, nicht schüchtern, mit dieser gesteigerten Präsenz –, genau wie Ani.«

Als Ani zu uns stieß, fragte sie Phuntsok, ob er etwas Neues von Sonam wüsste, unserem Führer bei der Pemako-Expedition (die beiden kannten einander über den Job), und von seiner Frau.

»Sonam ist jetzt in Amerika«, antwortete Phuntsok. »Er hat sich vor etwa zwei Jahren von seiner Frau scheiden lassen.«

Sie keuchte. »Ist es so leicht, zusammenzukommen und einander wieder zu verlassen? Das kommt mir vor wie ein Spiel.«

Phuntsok und ich blickten uns an.

»Ja«, erwiderte er unverblümt. »So läuft das in der Stadt.«

»Ist es da nicht leichter, allein zu sein?«, fragte ich Ani.

»Das ist auch hart.« Sie schwieg kurz und fügte dann wehmütig und ganz unschuldig hinzu: »Wenn ich keine Nonne wäre, würde ich auch einen Mann suchen und das ganze Leben mit ihm verbringen.«

»Hättest du dann auch gern Kinder?«, fragte ich überrascht.

»Ja.«

»Ani, darf ich dir eine persönliche Frage stellen?« Ich zögerte. »Spürst du manchmal ein sexuelles Verlangen?«

Sie kniff die Augen ein wenig zusammen und warf mir einen leicht tadelnden Blick zu. »Manchmal. Das ist normal für Mönche und Nonnen, aber wir wissen, wie schwer unser Gelübde wiegt und dass unsere Familien ihr Ansehen verlieren würden, wenn wir es brechen. Wenn wir also solch ein Verlangen spüren, wenn wir wissen, dass wir Gefahr laufen, unsere Gelübde zu verletzen, dann praktizieren die meisten Mönche und Nonnen eine besondere tantrische Visualisierung.« Sie machte eine Pause und fügte dann noch hinzu: »Mehr kann ich dazu nicht sagen, weil es eine geheime Methode ist. Es ist nicht gut, darüber mit Laien zu sprechen.«

An einem Morgen schlenderten Ani, Phuntsok und ich über den äußeren Pilgerumrundungsweg der Stadt, wobei wir den von Menschen hinterlassenen Scheißhaufen ausweichen mussten. »Die Bewohner von Lhasa benutzen inzwischen Toiletten«, meinte Phuntsok achselzuckend, »Leute aus den Dörfern, die in die Stadt kommen, aber nicht.« Die Feiertagsatmosphäre verstärkte den Eindruck, dass sich die Lage in der Hauptstadt entspannt hatte. Trotzdem war ich wachsam, wenn ich mich im Hotel aufhielt, und deshalb unterhielten wir uns lieber, während wir die breiten, leeren Straßen entlangspazierten. Als wir zum »Platz der Tausend Buddhas« kamen, musterte Ani betroffen den dort verstreuten Müll und fuhr mit ihren Fingern über die verblassten Wandgemälde.

»Die Leute kümmern sich nur um sich selbst, nicht um ihre heiligen Orte«, sagte sie und bückte sich nach einer achtlos weggeworfenen Gebetsfahne. »Die Naturkatastrophen werden immer mehr. Seltsame Dinge passieren – wie die große Flut, der Tsunami. Ich habe das in Pemas Fernseher gesehen. Ich habe in meinem Leben schon viel gesehen, aber es wird schlechter. Ich glaube, die Zukunft sieht nicht gut aus.«

»Meinst du, dass die Probleme auf der Erde mehr werden, weil die Menschen ihren Glauben verlieren?«

»Ja. Die Leute in Tibet und anderen Ländern kümmert es nur, ob sie ein Auto, ein hübsches Haus, schöne Kleider haben«, fuhr sie in einer Weise fort, die ich nicht erwartet hatte. »Diese Dinge hindern den Menschen aber daran, spirituell reich zu werden.«

»Ihr seid wie zwei Nonnen.« Phuntsok lachte und wandte sich an mich. »Kannst du nicht herkommen, ein paar Jahre in Tibet verbringen und mit Ani herumreisen?«

»Davon träume ich«, antwortete ich. »Aber ich könnte die körperlichen Strapazen nicht aushalten.«

Der Ausdruck von Schmerz flackerte über Anis Gesicht. Es war nicht das erste Mal. Sie gab widerwillig zu, dass sie Probleme mit ihren Augen und dass sie Magenschmerzen hatte.

»Vielleicht brauchst du eine Brille«, schlug ich vor. »Wie gut kannst du sehen?«

»Nicht ganz scharf.« Sie zwinkerte. »Am Abend fällt es mir schwer, Schriften zu lesen.«

»Wir lassen deine Augen untersuchen, und jetzt gehen wir in eine Apotheke.«

Nach einer Unterhaltung auf Chinesisch, Tibetisch und Englisch mit einem jungen chinesischen Apotheker, der Ani durch die dicken Schichten ihrer *chuba* abgetastet hatte, kauften wir einige Antibiotika. Der Schmerz sei ein paar Wochen zuvor erstmals aufgetreten, sagte sie. Und dass sie Blut gespuckt habe. Ich erinnerte mich daran, dass ihr Vater im Alter von 50 Jahren an Magen- und Nierenproblemen gestorben war, und ich machte mir Sorgen, dass es etwas Erbliches sein könnte. Nach außen hin unbeeinträchtigt von ihrem Gesundheitszustand, stimmte Ani zu, dass wir ins Volkskrankenhaus von Lhasa gehen würden, falls die Medikamente nicht anschlügen.

»Jetzt, wo ich älter werde, fühle ich mich schwerer.« Sie verzog schmollend den Mund. »Ich habe auch mehr Falten. Meine Sehfähigkeit und mein Gedächtnis lassen nach. Mein Körper kann mit den Sehnsüchten meines Geistes nicht mehr mithalten. Wenigstens werde ich mit dem Alter gefühlsmäßig ruhiger.«

»Hast du Angst vor dem Sterben?«

»Nein. Ich mache mir nur Sorgen, dass ich nicht genug praktiziert habe. Ich habe die astrologische Vorhersage eines Bonpo-Lama bekommen, der mir sagte, ich würde nur 50 Jahre alt werden. Aber manchmal machen sie Fehler, und dann lebt man länger. Ich glaube nicht, dass das bei mir so sein wird, weil ich ja schon krank bin.«

Als ich sie so vom Sterben reden hörte, fühlte ich einen Abschiedsschmerz in mir aufsteigen. Ich wusste, dass es zu ihrer religiösen Praxis gehörte, die Angst vor dem Tod zu überwinden. Der vierte Grundsatz für Yogis aus dem Text *Die vier Juwelen der Kadampas* lautet: »Keine Angst davor haben, allein in einer Höhle zu meditieren und dort zu sterben, ohne dass auch nur jemand deinen Namen kennt.«

»Wirst du eine Himmelsbestattung bekommen?«

»Ja, wenn ich zu Hause sterbe. Wenn nicht, wer weiß? Das hängt davon ab, wer meine Leiche findet.«

Am nächsten Tag trafen Ani und ich Onkel Norbu in einem Restaurant mit kräftig orangefarbenen Wänden, niedrigen Tischen und am Boden verteilten Sitzkissen. Es gehörte einem französischen Arzt und einer Tibeterin, und die Speisekarte war wie ein Spiegel ihrer Ehe – Yak auf Burgunderart, Crème caramelle. Während des Mittagessens herrschte Schweigen, weil wir alle mit Essen beschäftigt waren. Ani und Norbu aßen Yakcurry, ich hatte mich für Ratatouille entschieden.

Ich war erfreut, dass Norbu, der im Englischen ungemein belesen war, sich uns für ein paar Tage anschließen konnte. Er reiste kreuz und quer durch ganz Tibet, arbeitete als Übersetzer für diverse Agenturen und war selten in Lhasa. Mit seiner schäbigen Lederjacke, der ausgeblichenen Jeans und dem kurzen, lockigen pechschwarzen Haar hatte er etwas von einem Bücherwurm, und sein Stakkatolachen kam immer völlig überraschend. In seiner hinteren Hosentasche steckte ein englischer Roman, in seinem Rucksack ein halbfertiger Artikel. Er war ein Mensch der Sorte, die versucht, jedem zu helfen, was ihm unter Freunden und Kollegen großes Ansehen eingebracht hatte. Nur manchmal durchbrachen explosionsartige Wutanfälle die ruhige Oberfläche. Üblicherweise ausgelöst durch die tiefe Verelendung der Tibeter, die er auf seinen Reisen sah.

Nachdem meine großen Erwartungen, Ani zu finden, ein Jahr zuvor so kläglich gescheitert waren, hatte ich mir jetzt vorgenommen, unsere kostbare gemeinsame Zeit bestmöglich zu nutzen. Ich hoffte, das Nomadendorf kennenzulernen, in dem sie aufgewachsen war. Ani brachte eine Ausrede nach der anderen vor – das Wetter wäre zu kalt, wir würden mehrere Stunden brauchen, um einen verschneiten Pass zu überqueren –, und ich bemerkte, dass sie oft unruhig wurde und ihre Gedanken abschweiften, wenn sie überlegte, wie viel sie mir erzählen sollte.

Mir fiel auch auf, dass Anis Antwort auf eine Frage von Ort und Zeit sowie der fragenden Person abhing. Wenn wir uns in einem Kloster befanden, fiel die Antwort anders aus als im Auto. Ich nahm an, dass sich darin widerspiegelte, ob die Atmosphäre die Weitergabe persönlicher oder religiöser Informationen erlaubte, und vielleicht auch, ob sie glaubte, ich wäre bereit, diese zu empfangen. Ein solches Verhalten kannte ich auch von den australischen Aborigines. Ich frage mich, ob es damit zusammenhängt, dass beide indigene Kulturen überliefertes Wissen verehren und es für ein kostbares Gut halten, das nur mit Integrität und Weisheit sowie zum richtigen Zeitpunkt weitergegeben wird.

Es war auch auffallend, dass Details, die für mich dazugehörten – Daten, Gefühle, chronologische Reihenfolge von Ereignissen –, für sie irrelevant waren. Das erinnerte mich an die Worte von Drubwang Konchok Norbu Rinpoche, dem Meister mit den Rastazöpfen aus dem Film *The Yogis of Tibet*, der sagte: »Mein Geisteszustand ist anders, nicht auf das Weltliche ausgerichtet.« Der kulturelle Unterschied zwischen Ani und mir kam am deutlichsten darin zum Ausdruck, wie wir beide mit Informationen umgingen. Im Westen neigt man dazu, zu zerlegen und zu rationalisieren; ein Gedanke wird mit einem anderen verbunden oder setzt ihn in Gang, wie bei dem Spiel, wo man Punkte verbindet und so ein Bild entsteht.

Bei Ani hatte ich hingegen den Eindruck, dass sie konzentrisch denkt und, wie bei einem Kiesel, der in einen Teich fällt, sich Kreise von der Mitte aus ausbreiten. Ihre Gedanken sind vielschichtig und ganzheitlich, erfassen das Unsichtbare, das Uneingeschränkte und Unbekannte. Als ich sie nach dem Wahrheitsgehalt der Reinkarnation fragte, mäanderte das Gespräch wie die Nebenflüsse des Tsangpo, bis sie unvermittelt die Hände zu einem ohrenbetäubenden Knallen zusammenschlug und ausrief: »Drolma, wenn jemand die Reinkarnation nicht als gegeben akzeptiert, kann er kein Buddhist sein. Es gibt keinen Beweis für die Wiedergeburt. Aber allein die Tatsache, dass man etwas nicht sehen kann, bedeutet nicht, dass es nicht existiert.«

Als sich herausstellte, dass Ani bis nach Losar keinen Arzt zu Gesicht bekommen würde, entschied ich, dass wir erst einmal unseren Ausflug in die Umgebung von Lhasa unternehmen sollten. Mit einem Mietauto samt Fahrer (man darf nicht selbst fahren) fuhren wir am Stadtrand an den letzten Baustellen der Lhasa-Bahn vorbei. Beim Anblick der riesigen Reklametafel, die einen Hochgeschwindigkeitszug zeigte, und nach Kilometern halbfertiger Nebengleise, wo es von Bauarbeitern wimmelte, die Schubkarren schoben und

Spitzhacken schwangen, entfuhr dem Fahrer ein leises Stöhnen. Unter den Tibetern war die Furcht verbreitet, dass die Eisenbahn zu »mehr Dieben, mehr Chinesen und dem Abtransport von noch mehr Rohstoffen aus Tibet« führen würde.

Mit Norbus Hilfe fragte ich Ani, ob sie Hass gegenüber den Chinesen empfand, nach allem, was sie Tibet angetan hatten.

»Das ist das schlechte tibetische Karma – meines eingeschlossen – aus früheren Leben, das zur gegenwärtigen Situation geführt hat«, antwortete sie philosophisch.

»Aber wie kommst du mit deinen negativen Gefühlen zurecht?«

»Am schwersten ist es, mit dem eigenen Geist zurechtzukommen«, gab sie schließlich zu. »Wenn es mir schwerfällt, bete ich zu meiner *yidam*, damit sie mich leitet. Du brauchst Zeit, deine Gefühle zu kontrollieren, insbesondere die drei Gifte – Verlangen, Hass und Verblendung. Für mich ist Hass das schlimmste.«

»Wem gegenüber empfindest du Hass?« Ich war erstaunt.

»Leute sagen schlechte Dinge hinter meinem Rücken.«

»Wer zum Beispiel?«

»Wenn ich auf Pilgerschaft bin, werde ich manchmal übel beschimpft. Ich bitte bei einem fremden Haus um Hilfe, und wenn sie wissen, dass ich eine Bettlerin bin, dann schicken die Erwachsenen ihre Kinder hinaus, um mir zu sagen, es sei niemand daheim.«

»Für mich ist das Schlimmste die Wut«, sagte ich. »Auf mich selbst, auf andere.«

»Du musst überlegen, woher deine Wut kommt«, meinte Ani freundlich. »Du musst deinen Geist auf das lenken, was die Lehren Buddhas sagen. Wenn ich traurig oder wütend bin, versuche ich die Ursache herauszufinden und zu verstehen, was meine Gefühle ausgelöst hat. Auf diese Weise entlasse ich das Gefühl, sodass es nicht in meinem Geist bleibt.« Sie machte eine Pause, damit Norbu übersetzen konnte, bevor sie fortfuhr.

263

»Wenn jemand dich zornig macht, Drolma, zeig Mitgefühl. Du musst daran denken, dass jedes fühlende Wesen Glück braucht, keines möchte leiden. Versuche, nicht einmal ein Insekt zu töten oder irgendjemanden zu verletzen, selbst wenn er schlecht von dir spricht. Sei tolerant.«

Als ich ihr zuhörte, wusste ich, dass das stimmte, auch wenn es schwer umzusetzen war. Ich erinnerte mich, dass ich knapp zehn Jahre zuvor die Bedeutung des Wortes Mitgefühl im Lexikon nachgeschlagen hatte. Wie viel sich seit damals geändert hatte! Ani hatte mir die Heiligkeit allen Lebens eingeschärft – egal wie klein oder scheinbar unbedeutend es auch sein mochte. Und sie hatte mich ermutigt, meine eigenen gewohnten Reaktionen in Frage zu stellen und neu zu bewerten.

Seit meinem letzten Besuch in Anis Kloster vor fünf Jahren hatte sich der Zustand der Straße, die damals aus lauter Schlaglöchern bestanden hatte, ungeheuer verbessert. Als wir uns einer Ansammlung kleiner, düsterer Wohnhäuser jenseits des Flusses näherten, forderte Ani den Fahrer auf, anzuhalten. Wir stiegen aus, und Ani erklärte Norbu und mir: »Die Häuser hat die Regierung für die Nomaden gebaut. Man sagte uns, wir sollten nicht in so hohen Lagen bleiben, weil wir dort nicht reich werden könnten. Ich habe eine ältere Schwester, die hier wohnt, aber meinen anderen Verwandten gefällt es nicht, und sie leben noch oben in den Bergen.«

Hinter den Häusern erstreckten sich tiefe Täler, und dort stießen wir auch auf den Pfad zu Anis Heimatdorf, das nur zu Fuß und über einen hohen Pass erreichbar war. Nach langem Überlegen schätzte sie, dass sie es bis zum Mittagessen schaffen könnte hinzukommen, wenn sie früh aufbräche. Die raue, felsige Landschaft in einheitlichem Dunkelbraun, nur von einer dünnen Schneeschicht bedeckt, wirkte sehr abweisend – baumlos, öde, wie eine andere Welt.

In ihrem Dorf lebten zwei Tanten und ein kranker Onkel, die Ani als Ersatzeltern betrachtete, sowie drei ihrer Brüder, die alle mit derselben Frau verheiratet waren – Polyandrie ist unter den tibetischen Nomaden nach wie vor verbreitet, um die Aufteilung von Land und Vermögen zu verhindern. Den Rest ihrer Familie bildeten zwei Brüder und zwei Schwestern, die anderswo lebten und allesamt verheiratet waren. Ein jüngerer Bruder war Mönch im Kloster vor Ort.

»Können wir dein Dorf besuchen?«, fragte Norbu.

»Es ist ein sehr unwirtlicher Ort«, sagte Ani errötend. »Wenn ihr mitkommt, denkt meine Familie, dass Drolma mich wegbringen will – nach Indien oder in ein anderes fremdes Land. Sie würden sich Sorgen machen und mich nicht fortlassen.« Sie schwieg und dachte nach. »Ich müsste vorausgehen und sie warnen, sonst könnten sie Streit mit Drolma oder mir beginnen.«

Ich hatte den Eindruck, dass hinter ihren Ausreden ein anderer, wichtigerer Grund steckte.

Inzwischen waren wir auf einer Höhe mit einer schmalen Brücke über den Fluss. Ani zeigte darauf und sagte: »Hier ist meine Mutter gestorben. Sie lag einen Monat im Krankhaus. Mit Durchfall, weil sie etwas Verdorbenes gegessen hatte.« Sie runzelte die Stirn, als würde sie das alles noch einmal durchleben. »Nachdem es ihr im Krankenhaus nicht besserging, wollten mein Bruder und ich sie mit einem Traktor nach Hause bringen. Aber sie starb unterwegs. Mit 61 Jahren. Das war furchtbar, einer der traurigsten Augenblicke in meinem Leben.« Sie senkte den Blick.

»Wir suchten im astrologischen Kalender nach einem günstigen Tag, und meine Mutter erhielt eine Himmelsbestattung. Nach ihrem Tod war ich verwirrt und orientierungslos. Ich machte mich auf den Weg und vergaß dann, wohin ich gewollt hatte. Ich ließ den Kopf hängen. Monate vergingen, und mein Zustand wurde nicht besser. Erst ein Jahr später begann ich mich selbst wieder zu spüren.

Danach betete ich darum, dass kein anderes fühlendes Wesen das gleiche Schicksal erleiden müsste wie meine Mutter.« Als sei es ihr nachträglich eingefallen, fügte sie noch hinzu: »Jetzt tut es mir leid, wie ich manchmal gehandelt habe, dass ich immer gestritten und nicht akzeptiert habe, was Ama mir sagte.«

Ich legte meine Hand auf ihren Arm, gerührt von Anis Aufrichtigkeit. Wir standen schweigend da, schauten über den rasch dahinfließenden Fluss. Ein einsamer Adler kreiste oben am Himmel.

Sie wandte sich an Norbu und sagte: »Drolma ist einer meiner liebsten Menschen. Sie ist wie meine Eltern. Ich denke genauso an sie.«

»Ich danke dir.« Mein Herz machte einen Sprung.

»Sie ist sehr lieb«, fuhr sie in sachlichem Ton fort. »Ich bin glücklich, dass ich ihre Freundin sein darf. Ich bin nur eine wandernde Bettlerin, und sie kümmert sich mitfühlend um mich.«

Und dann, etwas strenger, erklärte sie: »Aber es wäre ein Problem, wenn du in mein Dorf kämst. Man sagt viel Negatives über die Leute aus dem Westen, besonders über Amerikaner, und die Regierung rät uns, keinen zu engen Kontakt zu Ausländern zu pflegen. Wenn man mich also mit dir sähe, würde meine Familie nicht gut über mich denken. Ich könnte sie in Verruf bringen und ihnen Schwierigkeiten mit den Behörden bereiten.«

Während ihre Worte auf mich wirkten, hielt sie meinen Blick mit ihrem fest. In all den Jahren, die ich Ani schon kannte, hatte ich sie unzählige Male gefragt, ob das Zusammensein mit mir sie nicht in Gefahr bringen könnte, und sie hatte es nicht ein einziges Mal zugegeben.

»Bedeutet das nicht auch Probleme für dich, wenn du mit mir gesehen wirst?«, fragte ich stirnrunzelnd.

»Wir können uns nicht an alle Gesetze halten, die sie erlassen«, antwortete sie mit leichtem Schulterzucken.

Als wir wieder ins Auto stiegen, überlegte ich mir, dass Anis Offenheit ein Hinweis auf eine neue Stufe des Vertrauens zwischen uns war und zeigte, wie weit wir auf unserer Pilgerreise schon gekommen waren – gemeinsam und jede für sich. Alle Zweifel, die ich je gehabt hatte, waren verschwunden. Ich erinnerte mich an die Worte von John O'Donohue, der den keltischen Ausdruck *anam cara* oder Seelenfreund benutzt, um eine Freundschaft zu beschreiben, die durch Trennung oder Entfernung nicht verletzt oder eingeschränkt wird. Eine solche Freundschaft kann selbst dann lebendig bleiben, wenn die Freunde weit voneinander entfernt leben ... Selbst auf die Entfernung können zwei Freunde aufeinander eingestimmt bleiben und spüren, wie das Leben des jeweils anderen fließt. Mit deinem *anam cara* erweckst du das Ewige.[1]

Als wir beim Kloster eintrafen, ging Ani uns voraus in den Hof vor dem Tempel. Innerhalb weniger Augenblicke verschwand sie in einem Meer aus Burgunderrot, denn die Nonnen umschwärmten sie wie Küken die Mutterhenne. Sie drückten ihre Wangen, streichelten ihre Haare, drängelten, um ihr möglichst nahe zu sein, und das alles in einem Chor hellen Gelächters. Ani schien unter ihnen an Statur zu gewinnen, was das Ausmaß des Respekts und der Verehrung zeigt, die sie innerhalb ihrer Gemeinschaft genießt.

Am nächsten Morgen kletterten Norbu, Ani und ich vorbei an den 20 weiß getünchten Einsiedeleien den Hügel hinauf zu Anis Haus. Der Fluss war zugefroren, Müll war ins Eis gebettet – leere Nudelbehälter, Klopapier –, und als ich darüber die Augen verdrehte, sagte Ani lächelnd: »Ja, ich weiß, Drolma. Eine Sache, die ich von dir gelernt habe, ist es, meinen Müll aufzuheben.«

Sie öffnete das Reisigtor in ihren Garten und winkte uns in das winzige Häuschen. Als meine Augen sich an die Dunkelheit gewöhnt hatten, erschauderte ich. Innerhalb von zehn Minuten waren meine Zehen taub. Nachdem sie eine Weile nach dem Schalter getastet hatte, knipste Ani eine einzelne schwache Glühbirne an – die Stromleitung war zwei Jahre zuvor installiert worden. »Es wird nie richtig warm«, sagte Ani fröhlich. »Es ist nicht gut gebaut, mit vielen Rissen und Löchern.«

Aus einem der Schränke zog Ani den blauen Waschbeutel hervor, den ich ihr im letzten Jahr mitgebracht hatte. »Die Zahnpasta schmeckt komisch«, sagte sie und hielt mir eine Tube Lippenbalsam hin. »Fast wie Butter.«

Norbu und ich brüllten vor Lachen, während er ihr erklärte, was das wirklich war. Ani fiel mit ein, und ihre Schultern schüttelten sich vor Ausgelassenheit.

Wir setzten uns auf ein paar Steine draußen im Garten. Eine befreundete Nonne stieß zu uns – so schüchtern, dass sie sich nicht traute, mir in die Augen zu sehen, und ihren Mund mit dem Handrücken zuhielt. Bevor Ani sich bei uns niederließ, musste sie ihre morgendlichen Waschungen vornehmen. Ihre Freundin brachte ihr Wasser in einem Eimer und schöpfte mit einer klobigen Messingkelle etwas für Ani heraus, damit sie sich Hände und Gesicht waschen konnte. Sie schrubbte sich kräftig mit Seife und putzte sich lautstark die Nase. Dann setzte sie sich auf ihre Türschwelle in die Sonne und holte ihren treuen schwarzen Kamm hervor. Ich staune immer darüber, wie sie jedes ihrer Besitztümer hütet und wie nachlässig ich bin. Sie fuhr durch ihr langes Haar, das immer noch keine Spur von Grau zeigte.

Sie zauberte eine Schüssel mit getrocknetem Yakfleisch und getrockneter Blutwurst hervor und bot Norbu etwas davon an. »Sei nicht schüchtern und iss. Nicht so wie die Leute in Lhasa.«

So verging der Tag, und Tee floss in Mengen. Als die Dämmerung einfiel, hatten Ani und ihre Freundin den Großteil der Blutwurst verputzt. Wir teilten uns Orangen und Pistazien. Fächerschwänze holten sich die Reste aus meiner Schüssel, und von Zeit zu Zeit erschien auf dem Dach des Nachbarhauses ein zottiger Hund und lauerte auf Abfälle.

Dort in dem sandigen Gärtchen hinter ihrem Haus erschien es uns sicher zu reden. Wegen Norbu war unsere Unterhaltung ein ziemliches Durcheinander, durchsetzt von Schweigen, das nur der Schwarm Lämmergeier über uns brach. In den letzten vier Jahren hatte Ani, wie sie es gewohnt war, ihre Zeit zwischen ihrer steinernen Einsiedelei und der Pilgerschaft geteilt. Ich hatte ihr zweimal über ein paar Freunde Geld geschickt, und sie neckte mich, ich würde all das gute Karma ihrer frommen Reisen einheimsen.

Drei Jahre zuvor hatte sie sich 500 anderen Mönchen und Nonnen angeschlossen, die zur Unterrichtung und Ermächtigung (die es ermöglicht, über bestimmte Gottheiten zu lesen und zu meditieren) in Mindroling, dem wichtigsten Nyingma-Kloster, in Zentraltibet zusammengekommen waren. 2004 wurde als günstiger Zeitpunkt für eine Pilgerreise nach Tsari erachtet, wo Ani vier Monate verbrachte. Dieses 320 Kilometer südöstlich von Lhasa gelegene Kloster, »ein Ort der Prüfung für Yogis ... ein Ort von atemberaubender Schönheit«,[2] gilt ebenso wie der Berg Kailash als Wohnsitz von Demchok, dem Buddha der höchsten Glückseligkeit.

Als Ani das Geld ausging, wurde sie Hüterin und Putzfrau eines kleinen Klosters am Ufer des heiligen Sees Tsari Tsokar, den sie als milchfarben beschrieb, umgeben von Gletschern und dichten Wäldern mit »bunten Blumen und kristallklaren Flüssen«. Sie absolvierte 117 *koras* um den See – manchmal ganze sechs pro Tag –, war aber im Gompa so beschäftigt damit, Pilgern dessen Geschichte und Bedeutung zu erläutern, dass sie kaum Zeit zum Essen fand. Ani wäre länger in Tsari geblieben. Ihre Lebensmittelvorräte gingen aber zur Neige, und so trampte sie zurück nach Lhasa, wo sie zufällig Dorje im Barkhor traf.

In ihrem eigenen Kloster hatte sich die Situation verbessert. »Die Beamten halten nach wie vor Versammlungen zur ›politischen Erziehung‹ ab. Aber im Moment kann ich bleiben.«

Ob sie noch davon träume, nach Indien zu gehen? »Ja«, gestand sie. »Wenn ich das Geld und ein Permit hätte, aber ich glaube, es ist nicht mein Schicksal, dass ich Indien sehe.«

Ich wollte ihr erzählen, wie bewegt ich von dem Film *The Yogis of Tibet* gewesen war und dass die Yogis, die einem Interview zugestimmt hatten, es in dem Glauben taten, ihre Lebensweise sei im Begriff, für immer zu verschwinden. Ich wusste nicht, wie ich das formulieren sollte, und von einer Welle der Emotionen überwältigt, fing ich zu meinem eigenen Erstaunen an zu weinen und rief: »Ani, du bist die Letzte einer Generation. Darum möchte ich etwas über dich schreiben, damit die Menschen etwas über dein Leben erfahren, über deine Ziele und die Mühen, die du auf dich genommen hast, um dem treu zu bleiben, woran du glaubst.«

Sie reichte mir ein Taschentuch, ihr Gesicht war ernst geworden. Norbu blickte traurig weg. Ich nahm mich zusammen, holte tief Luft, sah sie an und sagte einfach: »Du bist kostbar, Ani. Es sind nicht mehr viele Frauen wie du übrig.«

»Das stimmt, meine Art zu leben stirbt aus. Es stimmt, dass die Linien während der Kulturrevolution unterbrochen wurden«, sagte sie und ließ ihre Hand auf meinem Arm ruhen. »Ich hoffe, dass es Mönche und Nonnen wie mich geben wird, solange Schriften erhalten bleiben. Ich bin traurig und verwirrt. Am Schlimmsten sind der Mangel an Freiheit und die politische Situation. Das macht es schwer, frei umherzuwandern.«

»Wirst du andere Nonnen unterrichten?«

»Ich muss warten, bis mein Lama sagt, dass ich eine andere Nonne unterrichten kann. Ich kann das nicht von mir aus tun. Mein Lama wird es mir eines Tages auftragen, da bin ich mir sicher.«

»Wirst du ihn danach fragen?«

»Nein, er wird es mir sagen. Er kennt meinen Geist, meinen Zustand. Wenn ich bei ihm bin, ist es, als würde ich in einen Spiegel blicken. Er ist ein heiliger Lama, sehr anerkannt.«

Eine Glocke schrillte und durchschnitt mit ihrem Klang die dünne Luft. Das kam von nebenan, wo eine alte Nonne ihre religiösen Pflichten erfüllte.

»Was möchtest du jetzt mit deinem Leben machen?«

»Ich möchte sehen, welches Verhältnis die Menschen in anderen Ländern zu ihrer Kultur haben. Ich möchte andere Religionen kennenlernen«, sagte sie, »vielleicht auf Pilgerreise nach China gehen. Ich habe gehört, es soll dort viele heilige Orte geben, aber ich kann kein Chinesisch, das wäre ein Problem.« Sie nahm ein Stück Wurst, presste die Mischung aus getrocknetem Blut und *tsampa* auf ihre Handfläche und schob sie sich dann in den Mund.

»Wenn du in den Westen reisen könntest, wohin würdest du fahren?«

»Zuerst nach Indien und dann in dein Land, England oder Australien.«

»Hättest du Angst, ins Ausland zu reisen?«

»Nein. Ich glaube nicht. Ich hätte keine Angst. Ich glaube, ich würde es sehr genießen.« Ein breites Lächeln erschien auf ihrem Gesicht. »Mein größter Traum ist, Pilgerreisen an viele Orte, in viele Länder zu unternehmen, meine Gebete und Praktiken und was ich gelernt habe zu nutzen, um meine Erfahrungen mit dem Buddhismus weiterzugeben.«

18

Das Volkskrankenhaus

Zurück in Lhasa, suchten Ani und ich das Volkskrankenhaus auf, da die Antibiotika nicht gewirkt hatten. Es handelte sich um einen verzweigten Komplex mitten in der Stadt, ein Labyrinth schmutzig grüner Flure; drinnen war es voll und chaotisch. Ich hielt mir einen Schal vor die Nase. Denn der Gestank – nach Schweiß, Exkrementen und Desinfektionsmitteln – war durchdringend. Ein junger Mann mit blutverschmiertem T-Shirt und einem Muster aus Wunden und Pflastern im Gesicht humpelte ins Wartezimmer. Eine ältere Frau, in deren Augen schon der glasige Blick des Todes aufschien, wurde zu einem Stuhl geführt.

Ein tibetischer Arzt und Freund von Norbu hatte seine Hilfe versprochen, so dass Ani sofort untersucht werden konnte – vorbei an langen Warteschlangen und der Krankenhausbürokratie. Der hilfsbereite junge Tibeter führte uns in einen Raum, wo ein chinesischer Arzt, der eine Zigarette rauchte, hinter einem wackeligen Tisch saß. Schuppen fielen wie ein Schneesturm aus seinen Haaren, als er Ani bedeutete, Platz zu nehmen.

Er fragte nach ihren Beschwerden und kam zu dem Schluss, dass eine Endoskopie erforderlich war. Als der tibetische Arzt Ani schilderte, was das bedeutete – einen dünnen Schlauch in den Hals stecken, um den Magen zu untersuchen –, erblasste sie.

»Wie denkt Drolma darüber?«

Ich erkundigte mich nach anderen Möglichkeiten der Diagnose und Behandlung, danach, wie sauber die Instrumente waren, wie die erste Diagnose eigentlich lautete. Der tibetische Arzt versicherte mir, alle Instrumente seien steril und es sei eine ganz normale Vorgehensweise bei Anis Symptomen, »einer Wunde in der Magenschleimhaut«. Andere Patienten spazierten rein und raus, blieben stehen, gafften und lauschten.

Ani griff nach meiner Hand und fragte erneut: »Was meinst du?«

»Ich denke, dass es das Richtige ist, aber du musst entscheiden.«

»Werde ich sterben?«, fragte sie mit kleinlauter, ängstlicher Stimme.

Der tibetische Arzt lachte laut auf. Ani rutschte auf ihrem Stuhl herum.

»Nein, nein. Es schadet dir nicht«, besänftigte und tröstete ich sie.

Ich empfand Erleichterung darüber, dass Ani trotz all ihrer spirituellen Errungenschaften noch immer so menschlich fühlte, dass sie sich vor dem Tod fürchtete.

Sie musste ein Fläschchen mit einer Flüssigkeit trinken, um ihren Mund zu betäuben, und wurde in das Behandlungszimmer geführt. Zwei tibetische Assistenten mit Mundschutz und Operationshandschuhen reinigten Plastikschläuche, die auf Metalltabletts lagen. Ein chinesischer Arzt saß vor einem Computer. Ani sollte sich auf ein Bett legen.

Im Westen erhält der Patient üblicherweise eine leichte Narkose, bevor das mit einer kleinen Kamera ausgerüstete Endoskop in den Rachen eingeführt wird. In Tibet hielt man sich mit solchen Nettigkeiten nicht auf, der Schlauch wurde sofort hinuntergeschoben. Ani tränten die Augen, und sie würgte heftig. Ich biss die Zähne zusammen, um mich nicht selbst zu übergeben. Beim ersten Mal gelang es nicht, und der tibetische Arzt, der Ani auftrug, sich zu entspannen, versuchte es erneut.

Ich verfolgte am Computer, wie die Kamera am Ende der Sonde in einer rosafarbenen, schwammigen Masse aus Falten – dem Magen – verschwand, bevor flüchtige Bilder von den Gedärmen zu sehen waren. Während der Arzt mit der Kamera hin und her fuhr, stöhnte Ani leise. Die Kamera beleuchtete Flecken an der Magenwand. Als ich Ani schließlich wieder vom Bett herunterhalf, fiel sie mir schwankend in die Arme. Wir umarmten uns, dann führte ich sie hinaus.

Unser freundlicher tibetischer Arzt erklärte, dass eine Anzahl »Wunden« oder Narbengewebe in ihrem Magen die Schmerzen und das Blutspucken verursachten. Die Gründe dafür seien schlechte Ernährung und frühere Infektionen. Danach wurde sie zum Ultraschall ihrer inneren Organe gebracht. Alle Ergebnisse waren normal. Der chinesische Arzt stellte ein Rezept aus und empfahl Ani, kein Chili, kein getrocknetes Yakfleisch und keinen Joghurt zu essen, danach wurden wir mit einem Wink entlassen.

Der tibetische Arzt sagte, er wolle die Behandlung, Endoskopie sowie Ultraschall, nicht in Rechnung stellen; die Medikamente – eine Kombination aus Säurehemmern und aus Japan importierten Antibiotika – kosteten jedoch über 400 Renminbi. Ich war froh, dass ich da war und bezahlen konnte. Keine Ahnung, wie Ani das allein hätte machen sollen. Bevor wir gingen, gab der Arzt Ani noch einen Packen nicht verschreibungspflichtiger Medikamente – gegen Husten, Kopfschmerzen und Durchfall –, die sie in ihr Kloster mitnehmen sollte. Ani stopfte sie in die ausgebeulte vordere Tasche ihrer *chuba*.

Sie lächelte, sah aber blass und mitgenommen aus – wie ich auch. Zurück im Hotel, döste sie mit einer Wärmflasche, zusammengekauert wie ein Embryo.

Ich wandte mich an eine australische Krankenschwester in Lhasa, die mir erklärte, bei den »Wunden« könne es sich nur um Magengeschwüre handeln, und mir empfahl, einen französischen Arzt namens Philippe aufzusuchen. Es dauerte einige Tage, bis ich ihn ausfindig gemacht hatte, was mir schließlich, eine Stunde bevor er aus Lhasa fortflog, gelang. Er saß in einem Restaurant vor einer

Tasse Kaffee, einem Teller mit Apfelkuchen und einem klebrigen Stück Schokoladentorte. Er sah aus wie jemand, der nicht gestört werden wollte. Mich entschuldigend beschrieb ich Anis Zustand und meine Sorge, weil ihr Vater mit 50 an den gleichen Symptomen gestorben war. Er erzählte mir, dass Magengeschwüre, durch eine bakterielle Infektion – konkret: unzureichende Ernährung und verschmutztes Wasser – ausgelöst, in Tibet ziemlich verbreitet waren.

»Wer is diese Aniii?«, fragte er in gebrochenem Englisch.

»Sie ist eine wandernde Ani mit langem Haar, die ihre meiste Zeit in Klausur verbringt.«

Er nahm sich noch eine Gabel voll Kuchen, aber sein Interesse schien geweckt.

»Ah, was Besonderes. Nicht viele wie sie. Männer ja. Frauen nicht. Ist sie Ihre Freundin?«

»Ja, wie meine Schwester.« Ich schwieg für einen Moment. »Sie geht bald auf Pilgerreise nach Amdo, vielleicht für ein Jahr, vielleicht länger. Ich möchte, wenn ich Tibet verlasse, sicher sein, dass sie guter Gesundheit ist und alle nötigen Medikamente hat.«

»*Mais oui*. Die Medikamente, die Sie haben, sind richtig, aber Sie müssen ihr mehr Antibiotika besorgen, und sie muss die Kur zu Ende führen. Das is säääähr wischtig.« Er blickte über den Rand seiner runden Brille. »Wenn nicht, *grand problème*. Wenn sie sich in einer entlegenen Höhle aufhält und ein Blutgefäß platzt, kann sie innerlich verbluten.«

19

Mit neuen Augen sehen

Nachdem die Tage zunächst träge dahingeflossen waren, überschlug sich die Zeit, als meine Abreise näherrückte. Die Medikamente schienen zu wirken, und Ani sah gesünder aus, ihre Augen hatten ihr Glitzern wieder, ihre Stimmung war heiter. Wir verabredeten uns mit Norbu in einem Café im zweiten Stock eines Hauses in der Innenstadt. Als sie in den Lift trat, sah Ani erstaunt drein. Eine Glocke erklang, wir fuhren hinauf und kamen mit einem Ruck zum Stehen. Als die Tür sich öffnete, hellte ihr Gesicht sich auf.

»Awwooo«, machte sie. »Das ist Zauberei.«

Das Café wimmelte von tibetischen Männern, die Karten spielten, grünen Tee tranken und Zigaretten rauchten. Sie drehten sich um und starrten die Nonne mit ihrer Stoffkrone und mich an. Wir ließen uns am Fenster in große Korbstühle mit Blick auf das geschäftige Treiben auf der Straße sinken.

Wie ein Vogel neigte Ani den Kopf von einer Seite zur anderen, dann sah sie Norbu und mich an. »Das liegt an einem früheren Karma, dass wir alle hier sitzen. Eine Ausländerin aus England, die jetzt in Australien lebt, einer aus dem Westen Tibets und ich«, sagte sie. »Wir wissen nicht, wohin unser Schicksal uns führen wird, dass ich dich aber kennengelernt habe, Drolma, hat mit unserem guten Karma in der Vergangenheit zu tun.«

Jetzt war es an mir, verlegen wegzusehen.

»Den hat Drolma mir geschenkt.« Sie zeigte Norbu den Ring mit dem Regenbogenmondstein. »Ich crinnere mich an sie, wenn ich Ausländer sehe. Manchmal denke ich an sie und vermisse sie.«

»Ich vermisse dich auch«, flüsterte ich.

Bevor es zu sentimental wurde, versprachen wir uns, bei jedem Vollmond aneinander zu denken und uns liebevolle Gedanken zu schicken. Das erschien uns als pragmatischer – wenn auch irgendwie sentimentaler – Weg, um in Verbindung zu bleiben, denn schließlich konnte es Jahre dauern, bis wir uns wiedersehen würden.

Wir schlenderten den Yutok Lam hinunter, der zum Jokhang führt, vorbei an einer Reihe neuer Elektrogeschäfte. Wir waren auf der Suche nach einem Brillengeschäft, wo Ani einen Sehtest machen könnte. Als wir durch die Glastür eintraten, staunte ich über das hypermoderne Erscheinungsbild des Optikerladens. Regalweise Brillengestelle – in Schildpatt, lila mit Flügeln, mit getönten Gläsern – säumten die Wände, und ein Haufen Angestellte in weißen Kitteln stand bereit, die Kunden zu bedienen. Sie wirkten etwas verblüfft, als wir sagten, die Brille sei für Ani, die ihnen wohl wie eine rustikale Gestalt aus einer anderen Epoche erschien. Während Ani ihren Kopf auf das Gerät zur Untersuchung ihrer Augen stützte, erklärte ich dem sehr professionellen chinesischen Optiker, dass sie eine bifokale Brille brauchte, »für beides, zur Fernsicht und zum Lesen, denn sie bekommt Kopfschmerzen, wenn sie ihre Schriften studiert«.

Ein tibetischer Assistent gab ihr eine Brille im Stil von John Lennon mit Goldrahmen zum Probieren. Sie drehte sich zu mir um, um zu sehen, wie ich reagierte. Sie sah toll damit aus.

»Probier noch ein paar auf«, drängte ich sie. »Nur zum Vergleich.«

Das tat sie auch, aber die einstimmige Entscheidung – inzwischen hatte sich der halbe Laden eingeschaltet – fiel für die runde Brille, die ihr ein so gelehrtes Aussehen verlieh.

»In Ihrem rechten Auge ist ein beginnender grauer Star zu erkennen«, sagte der Assistent. »Wenn Sie diese Brille tragen, hilft das auch gegen die Kopfschmerzen.«

Zehn Minuten später wurde die Brille ausgehändigt. Zögernd setzte Ani sie auf. Verwirrung legte sich wie feiner Staub auf ihre Züge.

»Ist das dieselbe Brille, die ich gerade probiert habe?«, fragte sie.

»Ja«, versicherte ihr der Verkäufer. »Genau die.«

»*Ah le.*«

Als wir ein Stück weit die Straße hinuntergegangen waren, überfiel sie die Verwirrung wie eine Flutwelle. Ununterbrochen setzte sie die Brille auf und nahm sie wieder ab, dabei hielt sie sich wie ein junges Mädchen eine Hand vor den Mund.

»Ist schon okay«, sagte Norbu. »Du siehst gut damit aus.«

Schließlich schob sie die Bügel hinter die Ohren und blickte sich um.

»Meine alten Augen sind weg«, rief sie voller Erstaunen aus. »Ich habe neue Augen.«

Später am selben Nachmittag, immer noch mit der Brille auf der Nase, machten Ani und ich eine *kora* um den Jokhang. Jedes Mal, wenn ich sie anblickte, freute ich mich – weil es so offensichtlich war, dass ihre Welt sich verwandelt hatte. Einmal war sie so beschäftigt damit, nach vorn zu schauen, dass sie die Bordsteinkante übersah, vom Pflaster ins Leere trat und mit einem Schlag aufkam. Da krümmte sie sich vor Lachen.

Aus einer Laune heraus schlug ich vor, ins Innere des Tempels zu gehen. Seit das für Touristen 70 Renminbi kostete, war ich kaum noch dort gewesen. Ich erinnerte mich an meine erste Tibetreise, als ich unentwegt Mantras gemurmelt und die Perlen meiner *mala* gedreht hatte, während ich die Wiederholungen zählte. Inzwischen trug ich sie nicht mehr als Zeichen meines Glaubens, und ich suchte auch nicht mehr nach göttlichen Erscheinungen, in denen die Welt wie in brillantem Technicolor nachgezeichnet erscheint. Inzwischen war ich zufriedener damit, das Heilige Augenblick für Augen-

278

blick, Atemzug für Atemzug zu entdecken – im Alltag, in Kleinigkeiten. Und so war es auch mit Ani: Ich wollte nicht, dass wir irgendetwas Bedeutsames unternahmen oder irgendwohin fuhren, einfach nur zusammen zu sein, das genügte.

Im Vorhof des Jokhang wartete eine Schlange nomadischer Großfamilien, ein Mann hatte sich seine alte Mutter auf den Rücken gebunden, eine Tochter ihren verkrüppelten Vater. Die Polizei achtete darauf, dass jeder in der Reihe blieb. Der Klang anschwellender Gebete, der Geruch ungewaschener Körper und das Saccharinaroma der Butterlampen vereinigten sich zu einer rauschhaften Atmosphäre. Nach etwa einer Stunde wurden Ani und ich durch den schmalen Eingang geschoben und bahnten uns den Weg zwischen den massiven Säulen. Vorbei an Schreinräumen in Richtung der Hauptstatue von Jowo Shakyamuni, der heiligsten Buddhastatue in ganz Tibet. Die Menge fiel in den rhythmischen Gesang der aufgereiht sitzenden Mönche ein, manche verdrehten die Augen in Trance, andere wirkten gelangweilt oder ruhelos. Ich erkannte unter den Mönchen viele Gesichter und hatte das eigenartige Gefühl, nach Hause zu kommen.

Vor dem Jowo-Schrein schrien die Mönche der wogenden, drängelnden Menge zu: »Yar pheb, yar pheb, willkommen, willkommen.« Die fettigen Metallstufen zum Fuß der Statue hinaufrutschend, beugten Ani und ich nebeneinander die Köpfe, um einen Segen zu empfangen.

Als sie vor dem Buddha angelangt war, schloss Ani sich dem Gewühl sich niederwerfender Pilger an. Sie stand dort, nahm die Brille ab, blinzelte, hielt sich ein Auge zu, um den Jowo genau zu betrachten, und setzte dann die Brille wieder auf. Langsam, sehr langsam drehte sie sich zu mir um – ihr Gesicht wie verzaubert. An ihrem Ausdruck konnte ich ablesen, dass sie ihn sah, als wäre es das erste Mal.

Die honigsüßen Songs von Whitney Houston klangen durch unser tangerinefarbenes Lieblingsrestaurant. Norbu, Ani und ich setzten uns in eine stille Ecke. Mir war klar geworden, dass ich, nachdem Meditation das Wichtigste in Anis Leben war, versuchen sollte, ein wenig besser zu verstehen, was das eigentlich hieß. Sie hatte gesagt, sie folge der Dzogchen-Meditation, die ein Weg ist, die Welt unmittelbar zu betrachten, völlig urteilsfrei und ohne jegliche mentale Aufbereitung.

Um das zu schaffen, hat sie eine höchst anspruchsvolle Wahrnehmung der Beziehung zwischen der Bewegung des Geistes und konzeptionellem Denken entwickelt. Gemäß der Nyingma-Tradition befindet sich der Geist entweder im Ruhezustand oder in Bewegung. Indem er sich des Unterschieds zwischen beidem bewusst wird, erlaubt der Übende den Bewegungen des Geistes, zur Ruhe zu kommen und der Ruhe Raum zu geben.

Als die englische Nonne Tenzin Palmo, die zwölf Jahre in Klausur in einer Höhle in Indien verbracht hatte, nach der Glückseligkeit gefragt wurde, sagte sie: »Glückseligkeit ist der Brennstoff der Klausur ... niemand kann ohne innere Freude auf Dauer ernsthaft praktizieren.« Aber auch die Glückseligkeit allein sei nutzlos, fuhr sie fort. »Sie ist nur sinnvoll, wenn sie als Geisteszustand zum Verständnis der ›Leere‹ dient – wenn der glückselige Geist in der Lage ist, seine eigene Natur zu betrachten.«

»Sag mir«, bat ich Ani mit Norbus Hilfe, »hast du Glückseligkeit erfahren?«

Nach einer wohlüberlegten Pause erwiderte sie: »Ja, das habe ich. Ich kann meinen Geist sehr friedlich werden lassen. All meine Energie konzentriert sich dann auf einen Punkt, als würde sie strahlen, so wird sie ganz ruhig. Sobald du gelernt hast, deinen Geist zu kontrollieren, bringst du ihn dazu, sich auf einen Punkt zu konzentrieren«, fuhr sie fort. »Meditieren ist, als ob du neben einer Straße auf ein kleines Kind aufpasst, du musst es stets beobachten. Wenn es, wie der Geist, größer wird, dann geht das leichter.« Sie sah uns beide an und sagte dann: »Wenn ihr wollt, bringe ich euch bei, wie man meditiert.«

Norbu und ich richteten uns erwartungsvoll auf.

»Es gibt sieben Regeln. Als Erstes müsst ihr das linke Bein auf das rechte legen, in die sogenannte Thunderbolt-Position. Das ist die traditionelle Sitzposition – im Lotus –, aber da das sehr anstrengend sein kann, ist auch der normale Schneidersitz möglich. Dann legt ihr den Handrücken der rechten Hand in die Handfläche der linken; die Daumen zeigen zueinander, berühren sich aber nicht.«

Sie zählte an ihren Fingern ab. »Dritte Regel: Die Schultern so gerade halten wie die Schwingen eines Adlers, nicht zusammen-sinken.« Wir nahmen beide synchron unsere Schultern zurück. So aufgerichtet, schien Ani gleich ein paar Zentimeter zu wachsen. »Die Wirbelsäule muss ganz gerade sein, der Nacken darf nicht nach hinten oder vorn geneigt sein, nur ganz leicht gebeugt. Ja, ge-nau. So ist es gut, Drolma-la.« Sie schnalzte mit der Zunge wie eine zufriedene Lehrerin.

»Sechstens soll die Zunge sanft den Gaumen oberhalb der Zähne berühren. Und als Letztes dürfen die Augen nicht aufgerissen sein« – sie übertrieb und riss ihre zu doppelter Größe auf –, »aber auch nicht geschlossen. Sie sollen auf natürliche Weise sanft geradeaus schauen.«

Während sie die Worte sprach, schlossen sich ihre Augen auto-matisch halb, ihr Mund und ihre Wangen entspannten sich, ihre Mundwinkel sanken herab. Innerhalb von Sekunden nahm sie das Aussehen einer Marmorskulptur an, umhüllt von tiefer Weisheit. Norbu und ich saßen bewegungslos da, warteten und konnten be-obachten, wie ihr Blick sich nach innen wandte, als ob sie einen aus-getretenen Pfad zur erhabenen Erleuchtung hinabsteigen würde.

Ani hatte einen komplett anderen Ausdruck angenommen, den ich noch nie zuvor an ihr gesehen hatte. Über die äußerlichen Veränderungen hinaus strahlte sie warme Gefühle aus – das Herz öffnend, strömten sie wie flüssiger Honig durch meine Adern. Nach ein paar Augenblicken öffnete Ani die Augen wieder ganz, und als habe sie einen Schalter umgelegt, war sie wieder anwesend.

»Da haben wir die drei großen Meditierenden«, scherzte sie und fuhr mit ihren Unterweisungen fort, indem sie uns erklärte, wie man die drei tibetischen Symbole – *Om, Ah, Hung* – visualisiert und auf welche Weise man den Atem kontrolliert.

»Ein Sprichwort sagt, das Ausatmen eines Yogis ist seltener als Gold. Wenn man den Atem anhält, wird der Körper sehr leicht, und wenn man sehr erfahren darin ist, wird der Körper so leicht, dass man fliegen kann.«

»Demnach ist der tantrische Weg also der schnellste zur Erleuchtung?«, fragte ich.

»Ja. So als ob du ein Flugzeug nehmen würdest.«

»Glaubst du, dass du in einem Leben dorthin gelangen wirst?«

»Unwahrscheinlich, denn es ist viel schwerer als zu Milarepas Lebzeiten. Wir nähern uns dem Ende der Kali Yuga, und die Menschen brauchen länger, um Erleuchtung zu erlangen.«

(Die Kali Yuga bezeichnet die gegenwärtige degenerierte Ära. In etwa 300 Jahren wird ein neues goldenes Zeitalter wie Phönix aus der Asche steigen.)

Im Jahr zuvor war Ani auf Pilgerreise zu Milarepas berühmtem neunstöckigem Turm, Sekhar Guthok in Lhodrak, nahe der Grenze zu Bhutan, gegangen. Im elften Jahrhundert baute und zerstörte Milarepa unter größten körperlichen Anstrengungen mindestens drei Türme. Und zwar auf Geheiß seines unberechenbaren, schwierigen Gurus Marpa, der seinen Schüler bewusst an die Grenzen des Erträglichen brachte, bis er ihn als würdig erachtete, Unterricht zu

erhalten. Ani war zu dem Turm gepilgert, sagte sie, weil er Milarepas »Mut, Engagement und Treue« symbolisierte und sie hoffte,
dort »Segen, Meriten und Inspiration« zu erlangen.

»Würdest du so etwas für deinen Lama tun, wenn es bedeutete,
Erleuchtung zu erreichen?«, fragte ich.

»Sicher, ganz bestimmt«, antwortete sie. »Wenn es so einfach
wäre.«

Nach Losar erwachte die Stadt mit sanftem Gähnen. Norbu verabschiedete sich. Die Chinesen kamen aus ihren Neujahrsferien, und
die tibetischen Geschäfte öffneten wieder. Auf dieser Reise war ich
mir der politischen Unterströmungen und der zwielichtigen Informanten, die ich bis dato mit Lhasa assoziiert hatte, kaum bewusst
gewesen. Aber ich wusste genug, um mich nicht täuschen zu lassen.
Es bedurfte nur einer politischen Kursänderung in Peking, und
schon würden die Ketten um Tibet über Nacht wieder fester ge-
spannt. Trotzdem fragte ich mich, ob nackte Gewalt in der heutigen
Zeit überhaupt noch nötig ist.

Die Welle des Konsumdenkens hatte die Gestade erreicht und
brachte eine Flut neuer Geschäfte und Supermärkte sowie riesige
Reklametafeln mit David Beckham oder chinesischen Nymphen,
die für Oil of Olaz warben. In ihren Sog geraten waren die an den
Rand der Gesellschaft gedrängten und besitzlosen Tibeter – die
Bettler, Prostituierten, Arbeitslosen –, das Treibgut einer geteilten
Gesellschaft.

Der Druck, unter dem die Tibeter standen, war zweifellos größer,
als manche ertragen konnten. Das sah ich an der Kluft zwischen den
Generationen: zwischen einer Großmutter, die sich noch an die ersten Wellen kommunistischer Soldaten erinnerte, einer Mutter, die
während der Kulturrevolution aufgewachsen war, und deren Teen-
agertochter, die Chinesisch als ihre Muttersprache betrachtete, sich

die Augenbrauen bleistiftdünn zupfte und sich nach der neuesten Chengdu-Mode kleidete. Unter dem generationenübergreifenden Trauma vermutete ich eine tief sitzende Trauer, die zu der Kombination aus Apathie und Wut, Widerstandsfähigkeit und Benommenheit noch dazukam.

Die Eisenbahnlinie nach Lhasa kennzeichnete die unaufhaltsame Einbeziehung Tibets nicht nur in China, sondern auch in den Rest der Welt. Nach jahrhundertelanger Isolation wurde Tibet in nur gut 50 Jahren zur globalen Partizipation und Erreichbarkeit gezwungen.

An meinem letzten Nachmittag in Lhasa fragte ich Ani, ob wir noch einmal zusammen meditieren könnten. Ja, natürlich, antwortete sie. In meinem Hotelzimmer setzten wir uns einander gegenüber. Mein Geist flackerte wie eine Kerze im Wind, ich konnte einfach nicht aufhören, aufzublicken, um Anis Gesichtsausdruck zu betrachten. Es war wie beim ersten Mal im Restaurant: ein Bild tiefsten Friedens und das Gefühl, in eine tintenschwarze Sternennacht zu blicken, ewig und riesig. Ich schloss die Augen. Ich wandte meine Aufmerksamkeit nach innen. Eine seltsame Stille, greifbar, aber doch undefinierbar, breitete sich in mir und im ganzen Zimmer aus.

In jenem Augenblick begriff ich endlich, was Ani aufrechterhält, wenn alles andere wegfällt. Denn in jenem Schweigen liegt die Fülle des Daseins – unser größtes Potenzial, unser Geschenk nicht nur an uns selbst, sondern an die Welt. Denn dieser Raum, nicht leer, nein – voll und ungeheuer reich –, ist ein Quell der Freude.

Und genau diesem Zustand haben die Mystiker überall auf der Welt ihr Leben gewidmet, und vielleicht kam ich, wenn ich mit Ani zusammen war, seiner Erfahrung in mir selbst einen Hauch näher. Die Worte des Dalai Lama kamen mir wieder in den Sinn: dass man nirgendwo hinzugehen braucht. Letztlich beginnt und endet eine Pilgerschaft im eigenen Herzen. Ich wusste, dass meine Pilgerreise beendet war.

Als ich an jenem Abend für meine Abreise früh am nächsten Morgen packte, schlief Ani auf ihrer Decke und hatte ihr Haar wie einen Fächer um sich herum auf dem Kissen liegen. Als ich schließlich auch ins Bett kroch und das Licht löschte, wachte sie auf, drehte sich zu mir und lachte. Das war meine letzte Erinnerung, bevor ich einschlief.

Früh am nächsten Tag brachte Dorje uns zum Flughafen.

Ani präsentierte ihm ihre Brille und erzählte: »Es ist, als würde ein Licht eingeschaltet. Alles ist so klar. Ich fühle mich schlecht ohne sie.« Sie schwieg und runzelte die Stirn. »Aber ich habe Angst, sie zu oft zu tragen. Ich könnte sie verlieren oder zerbrechen.«

»Ani-la«, brummte Dorje freundlich, »du musst sie tragen. Sie wird schon halten. Das ist gut für deine Gesundheit.«

»Danke«, sagte sie noch einmal, an mich gewandt. »Für die Brille und die Medikamente.«

Während wir in der Dunkelheit aus Lhasa hinausfuhren, wiederholte ich stumm die Worte »glückliche Reise, glückliche Wiederkehr«, wie ich es immer tat. Diesmal war ich nicht traurig abzureisen, ich war dazu bereit. Der fast volle Mond schwebte wie eine weiße Sonne am Himmel.

»*Tse-pa cho-nga reh-reh.* Bei jedem Vollmond werden wir an einander denken.«

»*Re, re.* Ja, ja«, sagte Ani und legte die Hände wie zum Gebet aneinander. »Du hast mir so viel gegeben, und ich habe dir nichts gegeben.«

»Deine Freundschaft ist mehr, als ein Mensch verlangen kann. Geld und materielle Dinge kommen und gehen«, sagte ich. »Was du mir gegeben hast, wird mich mein Leben lang begleiten.«

»Menschen wie du sind selten.« Sie schwieg einen Moment lang. »In der Freundschaft herrscht immer Frieden. Da gibt es keine Eifersucht, keine Einsamkeit, nur Nähe und Liebe.«

Während wir weiterfuhren, berührten die Strahlen der Morgensonne die Berghänge. Ein weicher Nebel schwebte über den milchig grünlichen Wassern des Yarlung Tsangpo. Wir passierten Häuser, die wie Festungen gebaut waren, in der Farbe cremiger Buttermilch, mit Klümpchen aus Gebetsfahnen – Hinweisen für die Götter – auf den Dächern. Tibeter trotteten auf zähen Ponys vorbei, ihre rechteckigen Sättel aus roter und sonnengelber Wolle waren blitzende Lebenszeichen in der winterlichen Landschaft. Ich seufzte im Stillen über die Schönheit dieses Landes, eines Orts von so eindringlicher Melancholie und zugleich so intensiver Leuchtkraft.

Am Flughafen wimmelte es von tibetischen Studenten, die am Ende der Neujahrsferien nach China zurückkehrten. Eltern und Großeltern winkten ihren Kindern zum Abschied. Eine elegant gekleidete Mutter putzte ihrem Teenagersohn die Nase, ein alter Mann weinte stumm, als er sich von seiner Enkeltochter verabschiedete. Dorje reichte mir eine *khata*. Ani tat es ihm auf der Stelle gleich.

Ich senkte den Kopf, während sie den langen Seidenschal um meinen Hals legte, dann zog sie mich zu einer festen Umarmung westlichen Stils an sich. Ohne lange zu überlegen, neigte ich meine Brauen zum traditionellen tibetischen Gruß in Richtung der ihren, unsere Stirnen trafen sich, und einen Moment lang standen wir vereint, bevor der Druck der Menschenmenge uns auseinanderriss.

Anmerkungen

Kapitel 1

Der Pass der spitzen Steine

1 Frank Kingdon Ward, *Riddle of the Tsangpo Gorges,* London 1926. Zitiert nach: Kenneth Cox (Hg.), *Frank Kingdon Ward's Riddle of the Tsangpo Gorges,* Suffolk 2001, S. 147.

Kapitel 2

Die Suche nach der roten Lilie

1 Eric Hansen, *Orchid Fever,* London 2001, S. 36. (Dt.: *Orchideenfieber,* Stuttgart 2002.)

2 Harold R. Fletcher, *A Quest of Flowers,* Edinburgh 1975.

3 Keith Dowman, *The Sacred Life of Tibet,* London 1997, S. 50. (Dt.: *Geheimes heiliges Tibet,* Bergisch-Gladbach 2001.)

4 Frank Kingdon Ward, *A Plant Hunter in Tibet,* London 1934, S. 137.

Kapitel 3

Monsun in Kathmandu

1 *Tibet 2000: Environment and Development Issues,* New Delhi: Environmental and Development Desk, DIIR 2000, S. IV.

Kapitel 5

In den versteckten Tälern

1 Norma Levine, *Blessing Flowers of the Buddhas: Sacred Objects, Secret Lands,* Dorset 1993, S. 109.

287

2   Span Hanna, Vast as the Sky: The Terma Tradition in Modern Tibet, in: G. Samuel (Hg.), *Tantra and Popular Religion in Tibet,* New Delhi 1994, S. 1–13.

3   ebd.

4   Levine, a.a.O., S. 106.

5   Tsering Shakya, *The Dragon in the Land of Snows,* London 1999, S. 209.

6   Frank Kingdon Ward, *Riddle of the Tsangpo Gorges,* London 1926.

7   Frank Kingdon Ward, *Riddle of the Tsangpo Gorges,* London 1926. Zitiert nach: Cox, a.a.O., S. 146 f.

8   Dowman, a.a.O., S. 220.

9   Tsultrim Allione, *Women of Wisdom,* New York 2000.

10 Ian Baker, *Das Herz der Welt. Eine Reise zum letzten verborgenen Ort,* München, Zürich 2006, S. 423 f.

Kapitel 6
Das Wesen der Blumen

1   Kurtis R. Schaeffer, *Himalayan Hermitess: The Life of a Tibetan Buddhist Nun,* New York 2004, S. 25.

2   Zitiert nach: Phil Cousineau, *The Art of Pilgrimage: The Seeker's Guide to Making Travel Sacred,* Dorset 1999.

3   Toni Huber, Putting the Gnas Back into Gnas-skor: Rethinking Tibetan Pilgrimage Practice, in: Huber (Hg.), *Sacred Spaces and Powerful Places in Tibetan Culture,* Dharmasala 1999, S. 79–81.

4   Carroll Dunham, Ian Baker + Thomas Kelly, *Tibet: Reflections from the Wheel of Life,* New York 1993.

Kapitel 8

Liebe in Lhasa

1   Steve Lehman, *The Tibetans: A Struggle to Survive,* London
    1998, S. 11. (Dt.: Die Tibeter: ein Kampf ums Überleben,
    Kempen 1999.)

2   *When the Sky Fell to Earth: The New Crackdown on Buddhism
    in Tibet.* A Report by the International Campaign for Tibet,
    Washington: ICT 2004, S. 49.

Kapitel 9

Leben im Exil

1   Allione, a.a.O.

2   Janice Willis (Hg.), *Feminine Ground: Essays on Women and
    Tibet,* New York 1995, S. 104. Die Angaben stammen aus:
    T. W. D. Shakabpa, *Tibet: A Political History,* New Haven 1967.
    Willis vermutet, dass beide Zahlen wesentlich höher liegen,
    als heute angenommen wird.

3   Nancy Falk, *The Case of Vanishing Nuns.* Zitiert nach Willis.
    a.a.O., S. 160.

4   Schaeffer, a.a.O., S. 53 f.

5   ebd., S. 84–86.

6   Mick Brown, *The Spiritual Tourist: A Personal Odyssey through
    the Outer Reaches of Belief,* London 1998.

7   Lehman, a.a.O., S. 48.

8   Tight Security in Tibet to mark 40th anniversary of Lhasa upri-
    sing, news update by Tibet Information Network, 10.3.1999.

9   Jennifer Westwood, *Sacred Journeys: Paths for the New Pilgrim,*
    London 1997, S. 77.

Kapitel 10

Aufstand in Lhasa

1   Steve D. Marshall, *Rukhag 3: The Nuns of Drapchi Prison,*
    London 2000.

2   Tight Security in Tibet to mark 40th anniversary of Lhasa
    uprising, a.a.O.

Kapitel 12

Auf dem Weg zum Nonnenkloster

1   Dunham et al., a.a.O.

2   Matthieu Ricard (Übers.), *The Life of Shabkar: The Autobio-
    graphy of a Tibetan Yogin,* New York 2003.

Kapitel 13

Reise zum heiligen Berg

1   In den Worten von Nyangral Nyima Ozer, dem Autor der
    Hagiografie Padmasambhavas, in: Schaeffer, a.a.O., S. 94.

2   Chögyan Trungpa, *Crazy Wisdom,* Boston 1991.

Kapitel 14

Auf den Spuren eines Mystikers

1   Peter Gold, *Navajo and Tibetan Sacred Wisdom: The Circle of
    the Spirit,* Toronto 1994, S. 30. (Dt.: *Wind des Lebens, Licht
    des Geistes: Das heilige Wissen der Navajo und der Tibeter,*
    München 1997.)

2   Huber, a.a.O., S. 86.

Kapitel 15

Treiben wie ein Wolkenwanderer

1   Alexandra David-Neel, *Magier und Heilige in Tibet* (1929),
    München 2005.

2   John Crook + James Low, *The Yogins of Ladakh: A Pilgrimage Among the Hermits of the Buddhist Himalayas,* Delhi 1997.

3   Baker, a.a.O., S. 612–617.

4   Allione, a.a.O.

5   Shakya, a.a.O., S. 322.

6   Oft Nelson Mandela zugeschrieben, fand ich die eigentliche Quelle für dieses Zitat bei: Marianne Williamson, *A Return to Love: Reflections on the Principles of A Course in Miracles,* London 1996, S. 191 f. (Dt.: *Rückkehr zur Liebe : Harmonie, Lebenssinn und Glück durch »Ein Kurs in Wundern«,* München 1993.)

Kapitel 16
Eine vergehende Kultur

1   *Social Evils: Prostitution and Pornography in Lhasa,* London, Tibet Information Network, Briefing Paper 31 (Juli 1999).

Kapitel 17
Ani gefunden!

1   John O'Donohue, *Anam Cara: Spiritual Wisdom from the Celtic World,* London 1997, S. 31 f. (Dt.: *Anam Cara: das Buch der keltischen Weisheit,* München 1997.)

2   Dowman, a.a.O., S. 177.

Weiterführende Literatur

Allen, Charles, *A Mountain in Tibet*, London 1982.

Bailey, Frederik M., *No Passport to Tibet*, London 1957.

Bancroft, Anne, *Women in Search of the Sacred*, London 1996.

Bass, Catronia, *Gebetsfahnen im Wind: Begegnung mit Tibet*, München 2001.

Baumann, Bruno, *Der diamantene Weg: Wege zu den heiligen Stätten Tibets*, München 2001.

Bhagavad-Gita, *Das hohe Lied der Tat*, Hammelburg 2005.

Bishop, Peter, *The Myth of Shangri-La: Tibet, Travel Writing and the Western Creation of Sacred Landscape*, London 1989.

Bunyan, John, *Pilgerreise*, Lahr 2003.

Campbell, Joseph, *Der Heros in tausend Gestalten*, Frankfurt/M. 1999.

Castle, Leila (Hg.), *Earthwalking Sky Dancers: Women's Pilgrimages to Sacred Places*, Berkeley 1996.

Cortens, Theolyn, *Discovering Angels: Journeys through Archetypal Landscapes*, Oxford 1996.

Craig, Mary, *Tränen über Tibet*, Bern 1993.

Crook, John +James Low, *The Yogins of Ladakh: A Pilgrimage Among the Hermits of the Buddhist Himalayas*, Delhi 1997.

Dalai Lama, *Das Buch der Freiheit. Die Autobiografie des Friedensnobelpreisträgers*, Bergisch-Gladbach 1994.

Dalai Lama, *Mit weitem Herzen: Mitgefühl leben*, hg. von Nicholas Vreeland, Berlin 2002.

Dante Alighieri, *Die göttliche Komödie*, Zürich 2004.

Dawkins, Peter, *Zoënce: die Wiederentdeckung der Tempelwissenschaft,* München 1996.

Dhondrup, K., *Songs of the Sixth Dalai Lama* (1981), Dharmasala 1996.

Dorje, Gyurme, *Tibet Handbook,* Bath 1996.

Edou, Jérôme, *Machid Labdrön and the Foundations of Chöd,* New York 1996.

Erhart, Franz-Karl, The Role of the »Treasure Discoverers« and Their Writings in the Search for the Himalayan Sacred Lands, in: *The Tibet Journal* 19, 3 (1994).

Feuerstein, Georg, *Heilige Narren: über die Weisheit ungewöhnlicher Lehrer,* Frankfurt/M. 1996.

Fontana, David, *The Secret Language of Symbols: A Visual Key to Symbols and their Meanings,* London 1993.

Foster, Barbara + Michael, *Forbidden Journey: The Life of Alexandra David-Neel,* San Francisco 1989.

French, Patrick, *Tibet, Tibet: A Personal History of a Lost Land,* London 2004.

Getty, Adele, *Göttin: Mutter des Lebens,* München 1993.

Govinda, Lama Anagarika, *Der Weg der weissen Wolken,* Zürich 1969.

Govinda, Lama Anagarika, *Foundations of Tibetan Mysticism,* London 1969.

Gutschow, Kim, *Being a Buddhist Nun: The Struggle for Enlightenment in the Himalayas,* Cambridge, Mass. 2004.

Gyatso, Palden, *Ich, Palden Gyatso, Mönch aus Tibet,* Bergisch-Gladbach 1997.

Hall, Nor, *The Moon & the Virgin: A voyage towards self-discovery and healing,* London 1991.

Harrer, Heinrich, *Sieben Jahre in Tibet,* München 2004.

Hilton, James, *Der verlorene Horizont* [1933], München 2003.

Human Rights Watch (Hg.), *Tibet seit 1950: Schweigen, Gefängnis oder Exil,* Frankfurt/M. 2000.

Karko, Kate, *Namma: meine große Liebe in Tibet,* München 2004.

Kindred, Glennie, *Earth Wisdom,* London 2004.

Kingdon Ward, Frank, Himalayan Enchantment, London 1990.

Le Page, Victoria, *Königreich Shambhala: die Wahrheit über das heilige Zentrum der Welt,* Kreuzlingen, München 2001.

Le Sueur, Alec, *Running a Hotel on the Roof of the World: Five Years in Tibet,* Chichester 1998.

Li, Zhisui, *Ich war Maos Leibarzt: die persönlichen Erinnerungen des Dr. Li Zhisui an den Vorsitzenden,* Bergisch-Gladbach 1994.

Lyte, Charles, *Frank Kingdon-Ward: The Last of the Great Plant Hunters,* London 1989.

Mackenzie, Vicki, *Das Licht, das keinen Schatten wirft: die Lebensgeschichte einer Frau aus dem Westen auf der Suche nach Vollkommenheit,* Bern, München 2001.

McCue, Gary, *Trekking in Tibet: A Traveler's Guide,* Seattle 1999.

McCurry, Steve, *The Path to Buddha: A Tibetan Pilgrimage,* London 2003.

McGowan, William, Last Tango in Kathmandu, in: *Men's Journal,* März 2000.

Murphy, Dervla, *Tibetan Foothold,* London 1966.

Norbu, Namkhai, *The Crystal and the Way of Light,* London 1993.

Pachen, Ani + Adelaide Donnelly, *Licht im Dunkel der Nacht: Eine tibetische Nonne kämpft für die Freiheit,* Frankfurt/M. 2002.

Pommaret, Françoise, The Mon-pa revisited: In Search of Mon, in: Huber, Toni (Hg.), *Sacred Spaces and Powerful Places in Tibetan Culture,* Dharmasala 1999, S. 52–73.

Pranavananda, Swami, *Kailas-Manasarovar* (1949), New Delhi 1983.

Rawson, Philip, *Sacred Tibet,* London 1991.

Rinpoche, Sogyal, *Das tibetische Buch vom Leben und Sterben: ein Schlüssel zum tieferen Verständnis von Leben und Tod*, überarb. + aktualisierte Fassung, Bern 2003.

Roerich, Nicholas, *Shambhala: das geheime Weltzentrum im Herzen Asiens*, Freiburg/Br. 1988.

Sheldrake, Rupert + Matthew Fox, *Die Seele ist ein Feld: der Dialog zwischen Wissenschaft und Spiritualität*, Bern 2001.

Simmer-Brown, Judith, *Dakini's Warm Breath: The Feminine Principle in Tibetan Buddhism*, Boston 2001.

Snelling, John, *The Sacred Mountain: The Complete Guide to Tibet's Mount Kailas*, London 1990.

Teasdill, Wendy, *Walking to the Mountain: A Pilgrimage to Tibet's Holy Mount Kailash*, Hongkong 2000.

Trungpa, Chögyam, *Das Buch vom meditativen Leben: die Shambhala-Lehren vom Pfad des Kriegers zur Selbstverwirklichung im täglichen Leben*, Bern 1986.

Yun, Xu, *Empty Cloud: The Autobiography of the Chinese Zen Master*, Dorset 1988.

Dank

Dieses Buch ist im Laufe vieler Jahre entstanden. Als Erstes möchte ich meiner Familie danken: meinen Eltern Tony und Patricia für ihre unendliche Liebe, Geduld und ihren Rat; meinen beiden Schwestern, Jane (für den Titel) und Sarah (dafür, dass sie als Erste nach Lhasa gereist ist und mich mit ihren Fotos inspiriert hat); ihren Ehemännern, Tris für sein großes Interesse und Pete für seine klugen redaktionellen Vorschläge; Aden für seine liebevolle Unterstützung in den letzten Stadien der Reise.

Besonderer Dank gebührt folgenden Menschen für ihre Freundschaft, Ratschläge und Ermutigungen im Laufe der Jahre – besonders Nicki Kempston, Julia Thomas und Jane Walker, die immer für mich da waren, wenn ich meinen Weg aus den Augen verloren hatte, Michael Amendolia, Tattwa Bodha (Dominique Bechet), Dorset Campbell-Ross, Anna Davidovich, Will Ellsworth-Jones, Tashi Gyatso, Marie Hayes, Luke Hey, John Hutchin, Paul Kennedy (Sarito), Sophie und Tim Knock, John Lazarus, John May, Swami Nischalananda Saraswati, Gina Offredi, Suzy Parker, Amanda Perry-Bolt, Carol und Karma Phuntsok, Ali Reynolds, Michael Sexton, Tracey Sims, Bernadette Vallely, Alan Wherry und Belinda Wiggs.

Ken Cox schulde ich Dank für seine Einladung, nach der roten Lilie zu suchen, und für seine Geduld beim Erklären der botanischen Fragen sowie für die sorgfältige Durchsicht der ersten Kapitel. Jane Bradish-Ellames danke ich für ihre Hilfe bei der Umsetzung einer Idee in die Tat, Mick Brown dafür, dass er immer daran geglaubt hat, dass dieses Buch zustande kommen wird, Kate Saunders für ihre Zeit, Ratschläge und Kritik am Manuskript; Kats Edwards für

Freundschaft, Nachsicht und Überleben aller Härten entlang des Wegs; Charles Manson (Yeshi) für die großzügige Teilhabe an seinem buddhistischen Wissen; David Burlinson für seine Hilfe bei meiner ersten Tibetreise und Ian Baker für die Chance, nach Pemako zu kommen; Seiner Heiligkeit dem Dalai Lama und auch Jean Rasmussen für ihre Einwilligung zu einem Interview.

Ich möchte auch meine Anerkennung für Emma Soames, ehemalige Herausgeberin des *Telegraph Magazine,* und Sarah Miller, Herausgeberin von *Condé Nast Traveller,* zum Ausdruck bringen. In beiden Zeitschriften erschienen erste Versionen der Artikel über die rote Lilie und Pemako.

Nicht unerwähnt lassen möchte ich auch die Mithilfe des Tibet Information Network (das es leider nicht mehr gibt). Tibetischunterricht erhielt ich von Ani Dawa in Dharmasala und Tinley Dhondup in Kathmandu. Das Tibetan Centre for Human Rights und folgende Personen waren mir mit ihren Vorschlägen und Beiträgen zum Manuskript unendlich hilfreich: Dhondup Chophel, Gil Gillenwater, Norma Levine, Michele Martin, Tenzin Palmo, Tsering Shakya und Jan Willis.

Ein besonderer Dank gebührt Toby Eady für sein Interesse vom ersten Tag an und natürlich meiner Agentin Jessica Woollard – die sofort Feuer und Flamme war und scharfsinnige Korrekturen beitrug – sowie meiner Lektorin Judith Kendra für ihren Einsatz für das Buch, behutsames Lektorieren und ihr intuitives Verständnis für Ani und mich. Dank an Sue Lascelles für das Hüten des Manuskripts in den letzten Stadien, an Morag Lyall fürs Korrekturlesen und an alle bei Rider.

Schließlich stehe ich noch in der Schuld all jener Tibeter, die mir auf meinen Reisen geholfen, mich unterstützt haben – auf sichtbare und unsichtbare Weise – und die oft auf eigenes Risiko für mich übersetzten, mit mir reisten und sich mir anvertrauten. Um ihre

Identität geheimzuhalten, kann ich sie nicht namentlich nennen, aber Lucky, Sunny und Uncle werden wissen, wer sie sind. Ein Dankeschön an alle anderen Freunde und Fremden in Lhasa, deren Erfahrungen und Geschichten mein Buch eine Stimme gibt. Und natürlich danke ich Ani, für ihre Segnungen, ihren Mut und die Großzügigkeit ihres Geistes, die mir eine solche Inspiration war – und bis heute ist.

**NATIONAL GEOGRAPHIC TASCHENBÜCHER
VON FREDERKING & THALER**

ABENTEUER ORIENT

Bruno Baumann
Abenteuer Seidenstraße
Auf den Spuren alter Karawanenwege
ISBN 978-3-89405-254-6

Eine Reise über die berühmteste Handelsroute dieser Welt. Bruno Baumann folgt den verzweigten Pfaden und Wegen der Seidenstraße und berichtet nicht nur über die Kultur und Geschichte der Route sondern auch über seine persönlichen Erfahrungen auf dem Weg vom Nahen Osten nach China.

Oss Kröher
Das Morgenland ist weit
Die erste Motorradreise vom Rhein zum Ganges
ISBN 978-3-89405-165-5

Deutschland, 1951: Zwei Pfälzer, jung und wagemutig, wollen raus aus dem Nachkriegsmuff. Im alten Seitenwagen-Motorrad machen sie sich auf die kühne Fahrt nach Indien. Ihr spritziger und sinnlicher Bericht ist getragen von mitreißender Aufbruchsfreude.

Philippe Valéry
Der verheißungsvolle Weg
Zu Fuß von Marseille bis nach Kaschgar
ISBN 978-3-89405-273-7

Philippe Valéry ist dem Zauber des Orients erlegen und hat sich einen Traum erfüllt: Er wandert von Frankreich bis nach China. 2 Jahre, 10000 Kilometer, unzählige Begegnungen und Erlebnisse. Der mitreißende Bericht einer abenteuerlichen Reise!

So spannend wie die Welt.

**NATIONAL GEOGRAPHIC
FREDERKING & THALER**
www.frederking-thaler.de

REISEN · MENSCHEN · ABENTEUER

**NATIONAL GEOGRAPHIC TASCHENBÜCHER
VON FREDERKING & THALER**

DIE ERKUNDUNG DER WELT

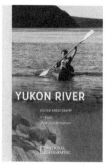

Dieter Kreutzkamp
Yukon River
Im Kajak allein zum Beringmeer
ISBN 978-3-89405-146-4

Yukon River – der Name weckt Erinnerungen an den Goldrausch und die Romane von Jack London. Über 3.000 Kilometer legt der Autor mit dem Kajak auf diesem reißenden Strom zurück und begegnet Lachsfängern, Flößern und Indianern.

Carmen Rohrbach
Im Reich der Königin von Saba
Auf Karawanenwegen im Jemen
ISBN 978-3-89405-179-2

Nach Erfahrungen auf allen Kontinenten beschließt die Abenteurerin Carmen Rohrbach, sich den Traum ihrer Kindheit zu erfüllen: Allein durch den geheimnisvollen Jemen. Mit viel Intuition und Hintergrundwissen schildert sie das Leben der Menschen, vor allem der Frauen.

Fergus Fleming / Annabel Merullo
Legendäre Expeditionen
50 Originalberichte
ISBN 978-3-89405-838-8

Die großen Entdecker der Geschichte in Originalberichten und -illustrationen: eine buntgemischte Gruppe aus Forschern, Seefahrern, einsamen Wanderern und Abenteurern, die Außerordentliches leisteten. Unterhaltsam, überraschend und absolut authentisch.

So spannend wie die Welt.

**NATIONAL GEOGRAPHIC
FREDERKING & THALER**
www.frederking-thaler.de

REISEN · MENSCHEN · ABENTEUER

**NATIONAL GEOGRAPHIC TASCHENBÜCHER
VON FREDERKING & THALER**

FRAUEN UNTERWEGS

REISEN · MENSCHEN · ABENTEUER

Odette du Puigaudeau
Barfuß durch Mauretanien
Eine wagemutige Forscherin durchquert
die Wüste – 1934
ISBN 978-3-89405-279-9

Das Abenteuer ihres Lebens: Odette du
Puigaudeau fährt 1934 auf einem Kutter
von der Bretagne nach Mauretanien. Von
dort zieht die mutige Reisende zu Fuß
und auf dem Kamel durch die Westsahara,
die Heimat der Wüstennomaden.

Carmen Rohrbach
Im Reich der Königin von Saba
Auf Karawanenwegen im Jemen
ISBN 978-3-89405-179-2

Nach Erfahrungen auf allen Kontinenten
erfüllt sich die Abenteurerin Carmen Rohrbach den Traum ihrer Kindheit: Allein durch
den geheimnisvollen Jemen. Mit viel Intuition und Hintergrundwissen schildert sie das
Leben der Menschen, vor allem der Frauen.

Josie Dew
Tour de Nippon
Mit dem Fahrrad allein durch Japan
ISBN 978-3-89405-174-7

Josie Dew ist nicht unterzukriegen: Seit
Jahren radelt die Engländerin durch die Welt
und berichtet davon auf humorvolle Weise.
Diesmal erkundet sie Japan – und ihre
Schilderungen von Land und Leuten sind
so spannend wie ihre Reiseerlebnisse.

So spannend wie die Welt.

**NATIONAL GEOGRAPHIC
FREDERKING & THALER**
www.frederking-thaler.de

**NATIONAL GEOGRAPHIC TASCHENBÜCHER
VON FREDERKING & THALER**

IM BLICKPUNKT ASIEN

Milda Drüke
Die Gabe der Seenomaden
Bei den Wassermenschen in Südostasien
ISBN 978-3-89405-218-8

Der Traum vom Aussteigen – Milda Drüke macht ihn wahr. In Südostasien sucht sie nach dem merkwürdigsten Volk der Welt: Die Bajos kennen keinen Reichtum und keinen Neid, und ihre Heimat ist das offene Meer. Wochenlang lebt sie mit den Seenomaden auf ihren kleinen Hausbooten.

Josie Dew
Tour de Nippon
Mit dem Fahrrad allein durch Japan
ISBN 978-3-89405-174-7

Josie Dew ist nicht unterzukriegen: Seit Jahren radelt die Engländerin durch die Welt und berichtet davon auf humorvolle Weise. Diesmal erkundet sie Japan – und ihre Schilderungen von Land und Leuten sind so spannend wie ihre Reiseerlebnisse.

Louisa Waugh
Hohe Berge, tiefe Täler, weites Land
Mein Jahr mit Nomaden in der Mongolei
ISBN 978-3-89405-291-1

Der preisgekrönte Bericht der englischen Journalistin Louisa Waugh über ihr Jahr in der Mongolei. Im entlegenen Dorf Tsengel im äußersten Westen der Mongolei lebt und arbeitet sie mit den offenherzigen Bewohnern und schildert den eigentümlichen Reiz dieses unberührten Landes.

So spannend wie die Welt.

NATIONAL GEOGRAPHIC
FREDERKING & THALER
www.frederking-thaler.de

REISEN · MENSCHEN · ABENTEUER

**NATIONAL GEOGRAPHIC TASCHENBÜCHER
VON FREDERKING & THALER**

IN DER STILLE DER WILDNIS

Konrad Gallei/Gaby Hermsdorf
Blockhaus-Leben
Fünf Jahre in der Wildnis von Kanada
ISBN 978-3-89405-014-6

Konrad Gallei konnte sich seinen Traum erfüllen: Mitten in der Wildnis Kanadas baut er mit Freunden ein Blockhaus, komplett ausgestattet mit eigenem Garten, Hühnern und Kaninchen. Doch trotz sorgfältiger Planung fordert bald Unvorhergesehenes alle Phantasie und Kreativität.

Chris Czajkowski
Blockhaus am singenden Fluss
Eine Frau allein in der Wildnis Kanadas
ISBN 978-3-89405-193-8

Unerschrocken macht sich die Autorin Chris Czajkowski auf, rodet in tiefster Wildnis ein Stück Land und zimmert sich – ohne besondere Vorkenntnisse – eine Blockhütte. So einsam und mühsam ihr Tagewerk auch ist, Chris wird immer reich belohnt durch die Schönheit der unberührten Natur.

Dieter Kreutzkamp
Husky-Trail
Mit Schlittenhunden durch Alaska
ISBN 978-3-89405-080-1

Zwei Winter lebt Dieter Kreutzkamp mit Familie in Blockhäusern am Tanana- und Yukon-River. Besonders die faszinierenden Hunde Alaskas, die Huskys, haben es ihm angetan. So zieht er allein mit seinen Schlittenhunden durch die weiße Wüste. Höhepunkt ist das berühmte Iditarod-Rennen...

So spannend wie die Welt.

**NATIONAL GEOGRAPHIC
FREDERKING & THALER**
www.frederking-thaler.de

REISEN · MENSCHEN · ABENTEUER

NATIONAL GEOGRAPHIC TASCHENBÜCHER
VON FREDERKING & THALER

MAGISCHES INDIEN

REISEN · MENSCHEN · ABENTEUER

Tahir Shah
Der Zauberlehrling von Kalkutta
Reise durch das magische Indien
ISBN 978-3-89405-286-7

Eine Erkundungsreise durch den indischen Subkontinent, auf der Suche nach dem Magischen, Wunderbaren. Je weiter der Zauberlehrling Tahir Shah auf seiner Reise voranschreitet, umso mehr muss er erkennen, dass Indien mit westlichem Wissen nicht zu verstehen ist.

Tor Farovik
Indien und seine tausend Gesichter
Menschen, Mythen, Landschaften
ISBN 978-3-89405-282-9

»Dieses Buch geht weit über eine übliche Reiseschilderung hinaus. Eine Offenbarung, geprägt von Erzählfreude, echtem Respekt und Liebe zur indischen Gesellschaft.«
Aftenposten

Ilija Trojanow
Der Sadhu an der Teufelswand
Reportagen aus einem anderen Indien
ISBN 978-3-89405-153-2

In farbigen Reportagen führt uns Ilija Trojanow durch die Vielfalt Indiens – zu ungewöhnlichen Festen, kaum bekannten Gemeinschaften, skurrilen Ereignissen und schließlich in die brodelnde Metropole Bombay.

So spannend wie die Welt.

NATIONAL GEOGRAPHIC
FREDERKING & THALER
www.frederking-thaler.de